TRAINING

Gymnasium

Chemie
Fit für die Oberstufe

Kutzi · Rojacher · Steinhofer

Autorin und Autoren

Katrin Kutzi studierte Biologie und Chemie für das Lehramt am Gymnasium in Regensburg. Nach dem Referendariat trat sie 2009 eine Planstelle am Anne-Frank-Gymnasium Erding an. Dort unterrichtet sie, neben allen anderen Jahrgangsstufen in Chemie, Biologie und Natur und Technik, seit dem ersten Oberstufenjahrgang im 8-jährigen Gymnasium regelmäßig Chemie-Kurse. Das Bewusstsein, wie wichtig ein fundiertes Grundwissen für den Erfolg in der Oberstufe ist, war für sie die Motivation, an diesem Buch mitzuwirken.

Jürgen Rojacher unterrichtet seit 2008 am Anne-Frank-Gymnasium Erding. Als Fachbetreuer Biologie unterrichtet er Biologie und Chemie, sowohl im sprachlichen als auch im naturwissen-schaftlichen Zweig des Gymnasiums. Regelmäßig führt er seine Schülerinnen und Schüler in Oberstufenkursen zum Abitur. In der Mittelstufe legt er großen Wert auf das Einüben und Sichern von Grundwissen und übergeordneten Basiskonzepten, da diese eine wichtige Grund-lage zum erfolgreichen Absolvieren der Oberstufe sind.

Harald Steinhofer ist seit dem Schuljahr 2004/2005 Lehrer für die Fächer Biologie, Natur und Technik und Chemie am Anne-Frank-Gymnasium Erding. Als Fachbetreuer Chemie unterrichtet er regelmäßig Oberstufen-Kurse und führte bereits viele Schülerinnen und Schüler zum Abitur. Aus dieser Erfahrung heraus weiß er, dass für die Lernenden ein solides Faktenwissen aus der Mittelstufe und die sichere Beherrschung der Basiskonzepte die Grundsteine für eine erfolgrei-che Oberstufe sind.

© 2019 STARK Verlag GmbH, Claudius-Keller-Str. 3c, 81669 München, info@stark-verlag.de
www.stark-verlag.de
1. Auflage 2018

Inhalt

Vorwort

Teilchen und Stoffe 1

1   Überblick über die verschiedenen Teilchenarten 2

2   Atome und Modellvorstellungen 3
2.1   Der Aufbau der Atome – die Entwicklung der Atommodelle 3
2.2   Die Besetzung der Schalen mit Elektronen 7
2.3   Das Element Kohlenstoff und seine Modifikationen 9
2.4   Das gekürzte Periodensystem der Elemente 11
🖉   Aufgaben 14
📝   Zusammenfassung und Selbsteinschätzung der Grundkenntnisse .. 16

3   Symbol- und Formelsprache in der Chemie 18
🖉   Aufgaben 21
📝   Zusammenfassung und Selbsteinschätzung der Grundkenntnisse .. 22

4   Moleküle und molekulare Stoffe 23
4.1   Molekülformel und Nomenklatur 23
4.2   Elektronenpaarbindung und Molekülorbitale 24
🖉   Aufgaben 27
📝   Zusammenfassung und Selbsteinschätzung der Grundkenntnisse .. 29

5   Ionen – Teilchen der Salze 30
🖉   Aufgaben 33
📝   Zusammenfassung und Selbsteinschätzung der Grundkenntnisse .. 34

6   Metalle 35
🖉   Aufgaben 36
📝   Zusammenfassung und Selbsteinschätzung der Grundkenntnisse .. 37

7   Struktur und Eigenschaften 38
🖉   Aufgaben 41
📝   Zusammenfassung und Selbsteinschätzung der Grundkenntnisse .. 43

Energieumsatz bei chemischen Reaktionen 45

1 Der Energiebegriff 46
1.1 Die innere Energie 46
1.2 Die Reaktionsenergie 47
✐ Aufgaben 47
📝 Zusammenfassung und Selbsteinschätzung der Grundkenntnisse .. 48

2 Energieumsatz und Energiediagramme 49
2.1 Exotherme Reaktionen 49
2.2 Endotherme Reaktionen 50
2.3 Aktivierung chemischer Reaktionen 50
✐ Aufgaben 52
📝 Zusammenfassung und Selbsteinschätzung der Grundkenntnisse .. 55

Chemische Reaktionen 55

1 Reaktionsgleichungen und Arten von Reaktionen 56
1.1 Allgemeines zum Aufstellen von Reaktionsgleichungen 56
1.2 Aufstellen von Reaktionsgleichungen 57
1.3 Reaktionstypen 58
✐ Aufgaben 59
📝 Zusammenfassung und Selbsteinschätzung der Grundkenntnisse .. 62

2 Gleichgewichtsreaktionen 63
✐ Aufgaben 64
📝 Zusammenfassung und Selbsteinschätzung der Grundkenntnisse .. 65

3 Säure-Base-Reaktionen 66
3.1 Wesentliche Fachbegriffe 66
3.2 Säuren und saure Lösungen 69
3.3 Basen und basische (alkalische) Lösungen 71
3.4 Die Neutralisation 72
3.5 Stoffmengenkonzentration und pH-Wert 73
3.6 Titrationen 75
✐ Aufgaben 76
📝 Zusammenfassung und Selbsteinschätzung der Grundkenntnisse .. 80

4 Redoxreaktionen 82
4.1 Wesentliche Fachbegriffe 82
4.2 Die Oxidationszahl 83
4.3 Aufstellen von Redoxgleichungen 84

4.4 Grundlagen der Elektrochemie 87

✎ Aufgaben 91

📝 Zusammenfassung und Selbsteinschätzung der Grundkenntnisse .. 93

Quantitative Aspekte chemischer Reaktionen 95

1 Mengenangaben in der Chemie 96
1.1 Masse 96
1.2 Stoffmenge 97
✎ Aufgaben 97

2 Molare Einheiten 98
2.1 Molare Masse 98
2.2 Molares Volumen 99
2.3 Stoffmengenkonzentration 99
✎ Aufgaben 100

3 Rechnen mit Reaktionsgleichungen 101
✎ Aufgaben 102
📝 Zusammenfassung und Selbsteinschätzung der Grundkenntnisse .. 104

Organische Chemie 105

1 Einführung und Überblick 106

2 Kohlenwasserstoffe 107
2.1 Stoffklassen der Kohlenwasserstoffe 107
2.2 Strukturen der Kohlenwasserstoffe –
    Alkane, Alkene und Alkine im Vergleich 107
2.3 Benennung der Kohlenwasserstoffe 112
2.4 Physikalische Eigenschaften der Kohlenwasserstoffe 114
2.5 Reaktionen der Kohlenwasserstoffe 117
✎ Aufgaben 121
📝 Zusammenfassung und Selbsteinschätzung der Grundkenntnisse .. 124

3 Sauerstoffhaltige Kohlenwasserstoffe 125
3.1 Stoffklassen der sauerstoffhaltigen Kohlenwasserstoffe 125
3.2 Strukturen der sauerstoffhaltigen Kohlenwasserstoffe
    im Vergleich 125
3.3 Benennung der sauerstoffhaltigen Kohlenwasserstoffe 128
3.4 Physikalische Eigenschaften der sauerstoffhaltigen
    Kohlenwasserstoffe 130

3.5 Reaktionen der sauerstoffhaltigen Kohlenwasserstoffe 134

✏️ Aufgaben 144

📓 Zusammenfassung und Selbsteinschätzung der Grundkenntnisse .. 149

4 Biomoleküle **150**

4.1 Überblick 150

4.2 Fette 150

4.3 Kohlenhydrate 153

4.4 Aminosäuren und Proteine 157

✏️ Aufgaben 159

📓 Zusammenfassung und Selbsteinschätzung der Grundkenntnisse .. 162

5 Tabellarische Übersichten **163**

Lösungen **167**

Stichwortverzeichnis 209

Quellenverzeichnis 213

Autoren:

Katrin Kutzi (Organische Chemie)

Jürgen Rojacher (Chemische Reaktionen, Quantitative Aspekte chemischer Reaktionen)

Harald Steinhofer (Teilchen und Stoffe, Energieumsatz bei chemischen Reaktionen)

Vorwort

Liebe Schülerin, lieber Schüler,

mit Chemie haben Sie für die Oberstufe die Naturwissenschaft gewählt, die sich mit dem Aufbau, den Eigenschaften und der Umwandlung von Stoffen beschäftigt. Im Unterricht werden Sie sich mit einigen für Sie komplett neuen Themen wie Farbstoffen, Kunststoffen und Reaktionsgeschwindigkeiten bzw. einigen bisher nur kurz angesprochenen Themen wie Gleichgewichtsreaktionen beschäftigen.

In den letzten drei bzw. beiden Jahren haben Sie zum Teil sehr detailliertes Faktenwissen aus den verschiedensten Bereichen der Chemie, aber auch viele grundlegende Basiskonzepte erlernt und eingeübt. Genau auf diesen Grundlagenkenntnissen aus der Mittelstufe baut nun der Lehrplan der Oberstufe und damit der zu behandelnde Stoff im Fach Chemie auf: Aromatische Kohlenwasserstoffe, Biomoleküle, Säure-Base-Reaktionen und Redoxreaktionen.

Unser Ziel war es, ein Buch zu schreiben, das

- knapp und prägnant die wesentlichen **Grundlagen zusammenfasst**,
- diese Inhalte trotzdem umfangreich und anschaulich erklärt,
- und mit **vielen Übungsaufgaben** am Ende jedes Themenbereiches und anhand **ausführlicher Lösungen** eine selbstständige Kontrolle des Lernerfolges bietet.

Durch die umfassende Wiederholung des Chemiestoffes aus der Mittelstufe und durch die selbstständige Bearbeitung der zahlreichen Übungsaufgaben sind Sie bestens auf die Chemie in der Oberstufe vorbereitet.

Viel Spaß und viel Erfolg in der gymnasialen Oberstufe wünschen Ihnen der Stark-Verlag und die Autoren!

Teilchen und Stoffe

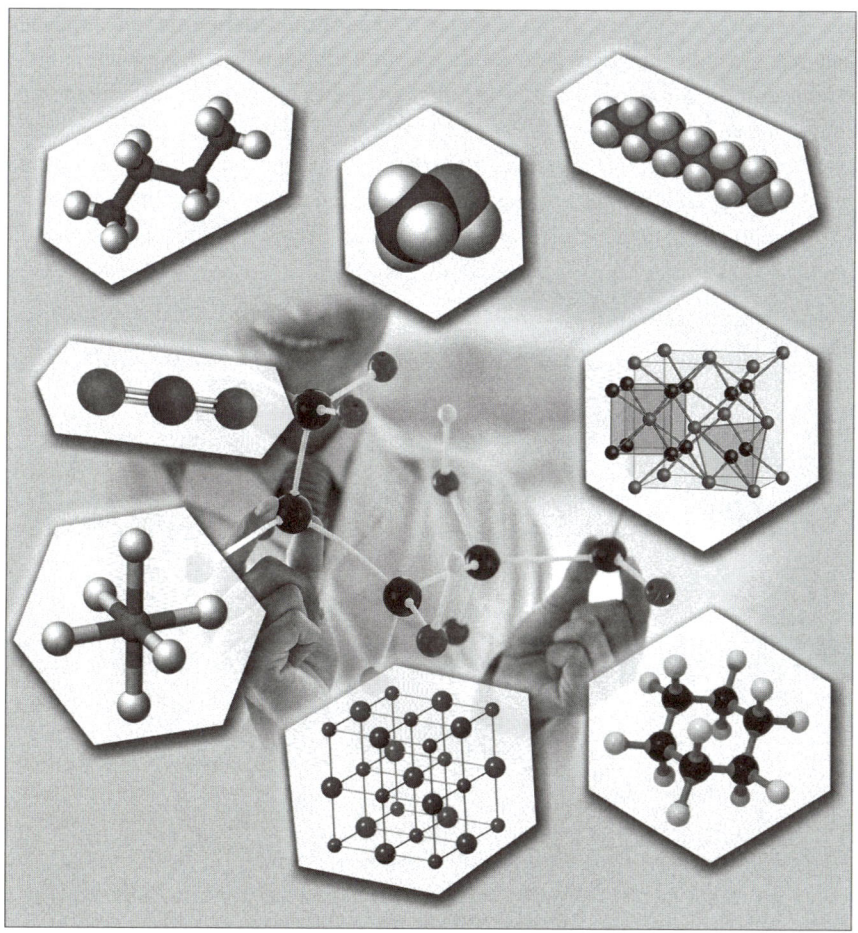

Stoffe sind aus Teilchen aufgebaut – aus Atomen, Molekülen oder Ionen.
Die Abbildung zeigt verschiedene Möglichkeiten, um diese Teilchen modellhaft abzubilden. Modelle dienen in der Chemie dazu, bestimmte Vorstellungen oder Erscheinungen auf vereinfachte Weise zu erklären.

1 Überblick über die verschiedenen Teilchenarten

Die Naturwissenschaft **Chemie** befasst sich mit Stoffen, genauer gesagt mit den Eigenschaften und der Veränderung von **Stoffen**. Alle diese Stoffe sind aus **Teilchen** aufgebaut, die durch das sogenannte Teilchenmodell beschrieben werden können. Wie jede Modellvorstellung kann auch diese viele Phänomene und Sachverhalte veranschaulichen, dabei wird die Wirklichkeit aber sehr stark vereinfacht. Deshalb benötigt man zum besseren Verständnis komplexer Zusammenhänge genauere Informationen über den Aufbau der kleinsten Teilchen und die unterschiedlichen Teilchenarten. Der Chemiker unterscheidet mit Atomen, Molekülen und Ionen insgesamt drei Teilchenarten (siehe Abb. 1).

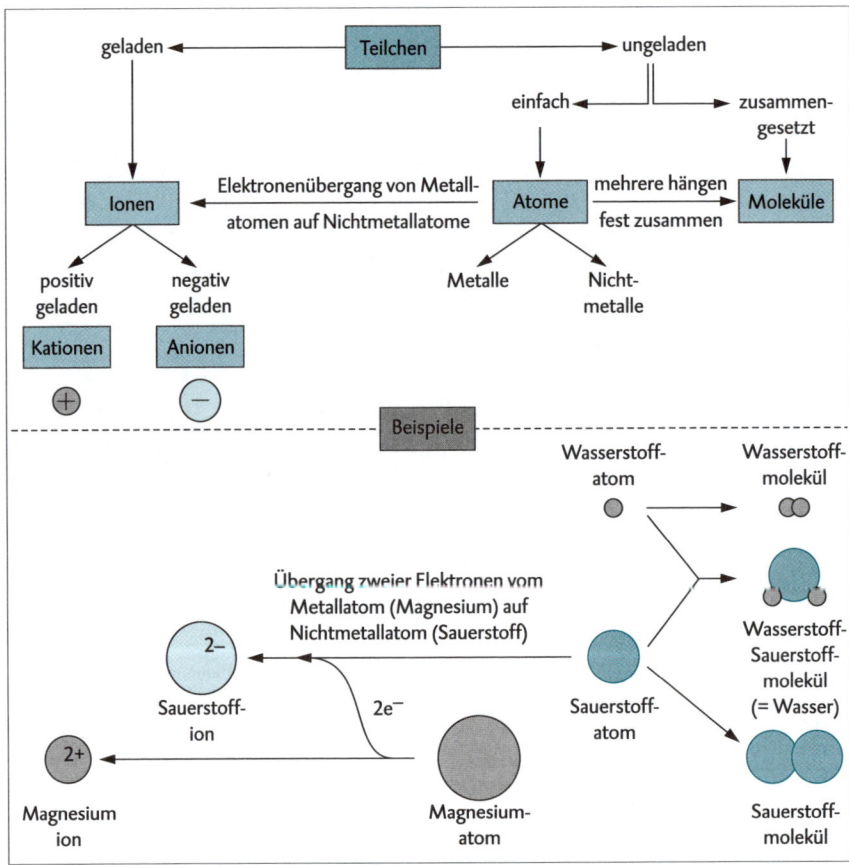

Abb. 1: Alle Stoffe sind aus Teilchen (Atomen, Molekülen oder Ionen) aufgebaut.

2 Atome und Modellvorstellungen

2.1 Der Aufbau der Atome – die Entwicklung der Atommodelle

Das Atommodell nach DALTON

Bereits in der Antike wurde das erste Teilchenmodell entwickelt: Der griechische Philosoph DEMOKRIT nahm an, dass alle Stoffe aus unsichtbaren kleinen Teilchen aufgebaut sind, die nicht weiter teilbar (griech. *átomos*) sind. Der englische Naturforscher J. DALTON griff diese Idee im 19. Jahrhundert wieder auf und formulierte daraus eine **Atomhypothese** mit folgenden wichtigen Kernaussagen:

- Elemente bestehen aus Atomen: kleinsten, nicht weiter teilbaren Teilchen.
- Es gibt gleich viele verschiedene Atomsorten wie Elemente.
- Alle Atome eines Elements sind gleich und besitzen die gleiche Masse.
- Atome können durch chemische Vorgänge weder vernichtet noch erzeugt werden.
- Bei chemischen Reaktionen werden Atome voneinander getrennt, neu angeordnet und in einem ganz bestimmten Zahlenverhältnis verknüpft.

Das Kern-Hülle-Modell

Im 19. Jahrhundert entwickelte der Physiker E. RUTHERFORD mithilfe seines berühmten Streuversuchs eine auf DALTON aufbauende Modellvorstellung vom Bau eines Atoms: das sogenannte **Kern-Hülle-Modell** (oder auch Planetenmodell, siehe Abb. 2). Danach enthält jedes Atom einen sehr kleinen, positiv geladenen Atomkern, der die Atommasse ent-

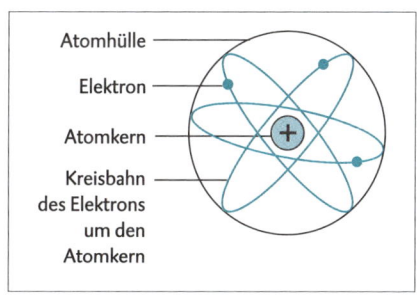

Abb. 2: Atommodell von RUTHERFORD

hält. Protonen und Neutronen befinden sich im Atomkern. Der Kern ist von einer nahezu masselosen Atomhülle umgeben, in der sich die negativ geladenen Elektronen befinden, die auf festgelegten Bahnen um den Atomkern kreisen.

Bausteine der Atome

Ein Atom ist ein elektrisch neutrales Teilchen, das aus einem Atomkern, dem sogenannten Nukleon, und der Atomhülle besteht. Der Atomkern setzt sich aus den Kernteilchen (Nukleonen) zusammen. Diese werden unterteilt in elektrisch positiv geladene **Protonen (p^+)** und in nicht geladene, neutrale **Neutronen (n)**. Die Atommasse wird in der atomaren Masseneinheit u angegeben (siehe auch S. 98) und ergibt sich näherungsweise aus der Summe der Massen der Protonen und Neutronen des Atoms. Beide Kernteilchen besitzen eine relative Masse von 1 u. In der Atomhülle befinden sich die nahezu masselosen, elektrisch negativ geladenen **Elektronen (e^-)**.

Aus dem **Periodensystem der Elemente** (PSE; siehe S. 11 f.) lässt sich die Anzahl und Art der Bausteine einfach ermitteln: Jedes Element wird im PSE durch ein **Elementsymbol** dargestellt (siehe Abb. 3). Aus der Angabe der **Protonenzahl** (= Kernladungszahl, Ordnungszahl; Symbol Z) kann die Anzahl der Protonen direkt entnommen werden.

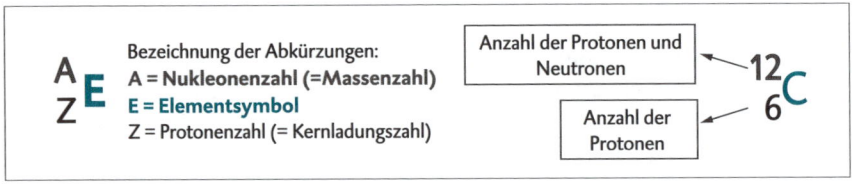

Abb. 3: Symbolschreibweise eines Atoms eines beliebigen Elementes (links) und des Kohlenstoffs (rechts)

Außerdem lässt sich die Anzahl der Elektronen sowie der Neutronen ableiten:

- Die Anzahl der Elektronen eines Atoms entspricht der Protonenzahl, da ein Atom elektrisch ungeladen ist.
- Die Anzahl der Neutronen kann durch Berechnung ermittelt werden, indem man von der **Nukleonenzahl** (= Massenzahl; Symbol A) die Anzahl der Protonen abzieht.

Jedes Atom kann einem bestimmten der derzeit 118 bekannten Elemente zugeordnet werden und bildet die kleinste Einheit eines Elements. Alle Atome eines Elements besitzen immer die gleiche Elektronen- und Protonenzahl, nur die Anzahl der Neutronen und damit die Masse kann sich unterscheiden. Solche Atome mit abweichender Neutronenzahl werden als **Isotope** bezeichnet. Ändert sich die Zahl der Elektronen, so ist das Atom nicht länger elektrisch neutral und wird als Ion bezeichnet (siehe S. 30 ff.).

Das Schalenmodell nach Bohr

Der dänische Physiker **N. Bohr** erweiterte das Kern-Hülle-Modell zum **Schalenmodell** (siehe Abb. 4). Nach diesem Modell umkreisen die nahezu masselosen, negativ geladenen Elektronen den Atomkern auf geschlossenen Schalen (Energiestufen), zwischen denen sie unter Energieaufnahme oder -abgabe wechseln können. Die Energiestufen sind umso energiereicher, je weiter sie vom Kern entfernt sind.

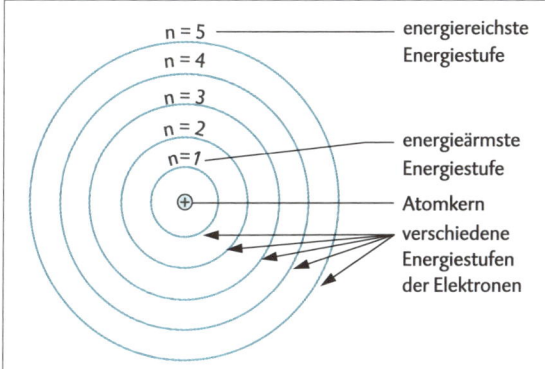

Abb. 4: Bohr'sches Atommodell

Jede Energiestufe wird im Periodensystem durch die **Hauptquantenzahl n** gekennzeichnet. Die Hauptquantenzahl $n = 1$ gibt die energieärmste und damit die dem Atomkern am nächsten liegende Energiestufe an, die nächsthöhere Energiestufe besitzt den Wert 2 usw.

Anhand der Formel $2n^2$ lässt sich für alle Energiestufen n die maximal mögliche Anzahl der Elektronen berechnen, die sich auf der jeweiligen Energiestufe befinden können. In der 1. Periode mit der Energiestufe der Hauptquantenzahl $n = 1$ können sich also maximal zwei Elektronen befinden, in der 2. Periode mit der Energiestufe der Hauptquantenzahl $n = 2$ dagegen maximal acht.

Laut der **Aufbauregel** beginnt die Besetzung der verschiedenen Energiestufen mit Elektronen immer mit der energieärmsten Energiestufe, also $n = 1$. Erst wenn diese mit zwei Elektronen voll besetzt ist, wird die nächsthöhere Energiestufe ($n = 2$) mit Elektronen gefüllt. Die Anordnung der Elektronen auf den Energiestufen der Atomhülle wird als **Elektronenkonfiguration** bezeichnet und durch die Elektronenkonfigurationsschreibweise angegeben. Beim Kohlenstoffatom mit sechs Elektronen lautet diese $1^2 2^4$, da die 1. Energiestufe mit zwei Elektronen und die 2. Energiestufe mit vier Elektronen besetzt ist.

Das Orbitalmodell

Anfang des 20. Jahrhunderts wurde aufgrund weiterer Forschungsergebnisse im Bereich der Quantenmechanik ein erweitertes Atommodell, das **Orbitalmodell** vorgeschlagen. Die Elektronenschalen bzw. Energiestufen werden in weitere Energieniveaus unterteilt, denen sogenannte **Orbitale** zugeordnet werden. Unter einem Orbital versteht man einen Aufenthaltsraum von maximal zwei Elektronen mit bestimmter räumlicher Struktur, in dem sich mit einer bestimmten Wahrscheinlichkeit das Elektron bzw. die beiden Elektronen befinden. Es gibt **s-, p-, d- und f-Orbitale**. Diese können mathematisch beschrieben und grafisch dargestellt werden (siehe Abb. 5). Nur die s- und p-Orbitale und wenige Aspekte der d-Orbitale sind Teil des Schulstoffs.

Die Größe der Orbitale steigt mit der zugehörigen Energiestufe n. s-Orbitale sind kugelförmig, während p-Orbitale eine Hantelform aufweisen. Aufgrund verschiedener Ausrichtungsmöglichkeiten entlang der Achsen x, y, und z im dreidimensionalen Raum unterscheidet man zwischen p_x, p_y und p_z-Orbitalen, die energetisch gleichwertig sind (siehe Abb. 5 rechts).

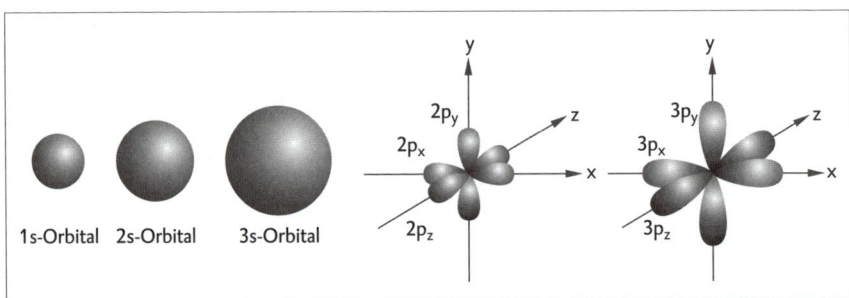

Abb. 5: s- und p-Orbitale verschiedener Energiestufen

Mit dem Orbitalmodell lassen sich neben der Ausbildung von Elektronenpaarbindungen auch die räumlichen Strukturen von Molekülen erklären (siehe S. 26).

2.2 Die Besetzung der Schalen mit Elektronen

Elektronenbesetzung und Elektronenkonfigurationsschreibweise

Die Elektronenbesetzung der verschiedenen Energieniveaus erfolgt nach dem sogenannten **Schachbrett-Code** (siehe Abb. 6). Für Kohlenstoff lautet die genaue Elektronenkonfiguration also $1s^2 2s^2 2p^2$.

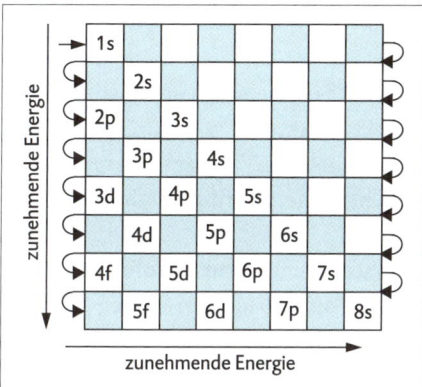

Abb. 6: Der sogenannte Schachbrett-Code gibt die Reihenfolge an, nach der die Orbitale mit Elektronen besetzt werden. Daraus ergibt sich folgende Reihenfolge:
1s 2s 2p 3s 3p 4s 3d 4p 5s 4d 5p 6s 4f usw.

Um die Elektronenkonfigurationsschreibweise zu vereinfachen, werden die niedrigeren Energieniveaus oftmals mithilfe der Elektronenkonfiguration des jeweiligen nächsten Edelgases, welches weniger Elektronen aufweist, in eckigen Klammern abgekürzt. Für das Beispiel Calcium mit 20 Elektronen wird deshalb häufig anstelle von $1s^2 2s^2 2p^6 3s^2 3p^6 4s^2$ die Schreibweise [Ne] $4s^2$ verwendet.

Es muss beachtet werden, dass manche Energieniveaus von niedrigeren Schalen über denen von höheren Schalen liegen. Ein solches Beispiel ist das 4s-Niveau, das trotz höherer Hauptquantenzahl energetisch niedriger liegt als das 3d-Niveau (siehe Abb. 6 zum Schachbrett-Code).

Insbesondere bei den Nebengruppen treten Ausnahmen auf, die entsprechenden Elektronenbesetzungen können meistens einfach aus dem Periodensystem entnommen werden. Die Erklärung dieses Phänomens ist jedoch nicht mehr Teil des Schulstoffs.

Valenzelektronen

Die höchstbesetzte Energiestufe wird als Außenschale oder **Valenzschale** bezeichnet. Die entsprechenden Elektronen der Valenzschale sind die sogenannten Außenelektronen oder **Valenzelektronen**, deren Anzahl für jedes Element direkt aus dem Periodensystem entnommen werden kann: Die **Haupt-gruppen** werden von links nach rechts mit römischen Ziffern durchnumme-riert. Diese gibt die Zahl der Valenzelektronen an (siehe Tab. 1).

Anzahl der Valenz-elektronen	I	II	III	IV	V	VI	VII	VIII
Element	Li	Be	B	C	N	O	F	Ne

Tab. 1: Valenzelektronenzahl für die Elemente der 2. Periode

Die Valenzelektronen sind entscheidend für das unterschiedliche Reaktions-verhalten der Atome. Alle Elemente einer Hauptgruppe zeigen also ein ähn-liches Reaktionsverhalten, da sie die gleiche Anzahl an Valenzelektronen besit-zen, auch wenn sich diese auf unterschiedlichen Energiestufen befinden, da die Hauptquantenzahl n mit jeder Periode ansteigt.

Um die Zahl der Valenzelektronen eines Atoms zu veranschaulichen, bietet sich die **Valenzstrichschreibweise** (LEWIS-Formel) an. Bei dieser Schreib-weise werden einzelne Elektronen als Punkte und Elektronenpaare als Striche dargestellt (siehe Tab. 2). Dabei werden die ersten vier Elektronen als Einzel-elektronen an alle vier Seiten des Elementsymbols eingetragen. Erst bei mehr als 4 Elektronen erfolgt die Elektronenpaarung zu Strichen.

Anzahl der Valenz-zelektronen	I	II	III	IV	V	VI	VII	VIII
Element	Li •	• Be •	• B •	• C •	• N •	I O I	I F •	I Ne I

Tab. 2: Valenzelektronenschreibweise für die Elemente der 2. Periode

Die Valenzstrichschreibweise wird auch für Moleküle angewendet. Hierbei markieren Striche zwischen zwei Atomen Elektronenpaarbindungen, die ebenfalls aus zwei Elektronen bestehen (siehe S. 25 f.).

Die Edelgaskonfiguration

Die Edelgase Helium, Neon, Argon, Krypton, Xenon und Radon bilden die 8. Hauptgruppe im PSE und bestehen aus einzelnen Atomen. Da sie unterei-nander keine Bindungen eingehen und nur höchst selten mit anderen Atomen reagieren, werden sie als reaktionsträge bezeichnet und besitzen weder eine Wertigkeit (siehe S. 12) noch einen Wert für die Elektronegativität (siehe S. 13 f.). Der Grund hierfür liegt in ihrem sehr stabilen, energiearmen Zustand:

Die Edelgase besitzen jeweils eine Valenzschale mit zwei Valenzelektronen (Helium mit dem sogenannten Elektronenduplett) bzw. acht Valenzelektronen, dem **Elektronenoktett**. Die entsprechende Elektronenkonfiguration 1^2 (He) bzw. n^8 wird als Edelgaszustand oder **Edelgaskonfiguration** bezeichnet.

Erreichen des Edelgaszustands

Alle Atome streben danach, in chemischen Reaktionen die stabile Edelgaskonfiguration zu erreichen. Dieser energiearme Zustand kann z. B. durch den Übergang von Elektronen von einem Atom zu einem anderen Atom erreicht werden:

- **Elektronenaufnahme** (siehe S. 84 f.): Atome der Elemente der V., VI. und VII. Hauptgruppen nehmen so viele Elektronen in ihre höchste Energiestufe auf, bis das Elektronenoktett erreicht ist, und bilden damit negativ geladene Ionen, sogenannte Anionen.
- **Elektronenabgabe** (siehe S. 84 f.): Atome der Elemente der I., II. und III. Hauptgruppen geben so viele Elektronen aus ihrer höchsten Energiestufe ab, bis das Elektronenduplett bzw. -oktett erreicht ist, und bilden damit positiv geladene Ionen, sogenannte Kationen.

Bei den Atomen der IV. Hauptgruppe lässt sich keine eindeutige Voraussage treffen, ob Elektronen abgegeben oder aufgenommen werden. Zu dieser Hauptgruppe zählt das Element Kohlenstoff, das insbesondere in der organischen Chemie eine große Bedeutung hat.

2.3 Das Element Kohlenstoff und seine Modifikationen

Kohlenstoff existiert elementar in unterschiedlichen Erscheinungsformen, den sogenannten **Modifikationen**. Am bekanntesten sind dabei die Modifikationen von Graphit und Diamant, die sich durch die Anordnung der Kohlenstoffatome im Atomgitter unterscheiden. Dadurch ergeben sich unterschiedliche Atomabstände im Gitter, auf denen unter anderem die unterschiedlichen Eigenschaften beruhen:

- Beim **Diamant** (siehe Abb. 7, links) ergibt sich ein regelmäßiges, nach allen Raumrichtungen gleich stabiles Kohlenstoffgitter. Die kostbaren Edelsteine sind glasklar mit einer hohen Lichtbrechung. Diamanten leiten den elektrischen Strom nicht und sind sehr hart.
- Beim **Graphit** (siehe Abb. 7, rechts) sind die Kohlenstoffatome in flachen, übereinanderliegenden Schichten angeordnet, die leicht gegeneinander ver-

schoben werden können. Graphit absorbiert Licht, wodurch sich die schwarze Farbe und der metallische Glanz ergeben. Außerdem leitet er den elektrischen Strom.

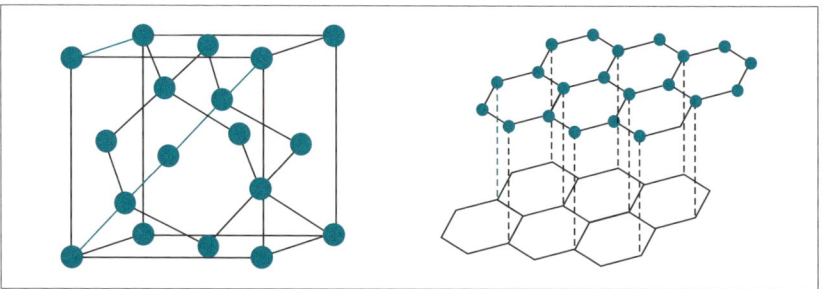

Abb. 7: Die Kohlenstoffgitter der beiden Modifikationen: Diamant (links) und Graphit (rechts)

Abb. 8: Mögliche Erscheinungsformen: Diamant (links) und Graphit (rechts)

Das Kohlenstoffatom besitzt sechs Protonen und als ungeladenes Atom auch sechs Elektronen. Nach der Aufbauregel wird die Energiestufe n = 1 zuerst mit zwei Elektronen voll besetzt. Anschließend erfolgt die Besetzung der Energiestufe n = 2 mit vier Elektronen. Die Elektronenkonfiguration lautet deshalb $1^2 2^4$. Durch Übergang von Elektronen von einem Atom zu einem anderen Atom ist es möglich, dass das Kohlenstoffatom Edelgaskonfiguration erreicht:

- **Elektronenaufnahme** (siehe S. 84 f.): Durch Aufnahme von vier Elektronen in die höchste Energiestufe wird die Edelgaskonfiguration von Neon mit $1^2 2^8$ erreicht, es wird ein vierfach-negativ geladenes Kohlenstoffanion gebildet.
- **Elektronenabgabe** (siehe S. 84 f.): Durch Abgabe von vier Elektronen aus der höchsten Energiestufe wird die Edelgaskonfiguration von Helium mit 1^2 erreicht, es wird ein vierfach-positiv geladenes Kohlenstoffkation gebildet.

Neben dem Übergang von Elektronen gibt es jedoch auch noch die Möglichkeit, dass Elektronen geteilt werden. Das Kohlenstoffatom geht in nahezu allen seinen Verbindungen vier Elektronenpaarbindungen (siehe S. 24 f.) ein (siehe dazu auch Organische Chemie, ab S. 107).

2.4 Das gekürzte Periodensystem der Elemente

Die derzeit bekannten 118 Elemente sind im Periodensystem der Elemente (PSE) nach der Protonenzahl (siehe S. 4) in Perioden angeordnet. Dabei werden Elemente mit ähnlichen chemischen Eigenschaften in Gruppen (8 Hauptgruppen, 10 Nebengruppen) zusammengefasst. Aus dem PSE lassen sich viele Informationen entnehmen, im Hinblick auf die Oberstufe wird im Folgenden jedoch nur auf die Hauptgruppen des gekürzten PSE eingegangen.

Einteilung der Elemente

Aus der Stellung der Elemente im Periodensystem lässt sich ableiten, ob eher metallische oder nichtmetallische Eigenschaften vorliegen (siehe Abb. 9). Eine theoretische Diagonale, die durch die **Halbmetalle** Bor, Silicium, Arsen, Tellur und Astat verläuft, trennt dabei die Elemente mit metallischem Charakter (siehe dazu auch S. 35 f.) von denen mit ausgeprägtem Nichtmetallcharakter. Die Halbmetalle liegen mit ihren Eigenschaften wie der elektrischen Leitfähigkeit, der Wärmeleitfähigkeit, dem metallischen Glanz und der Verformbarkeit zwischen den jeweiligen Eigenschaften der Metalle und Nichtmetalle. Das PSE dient vor allem als Übersicht und bietet viele Zusatzinformationen und Daten zu den jeweiligen Elementen.

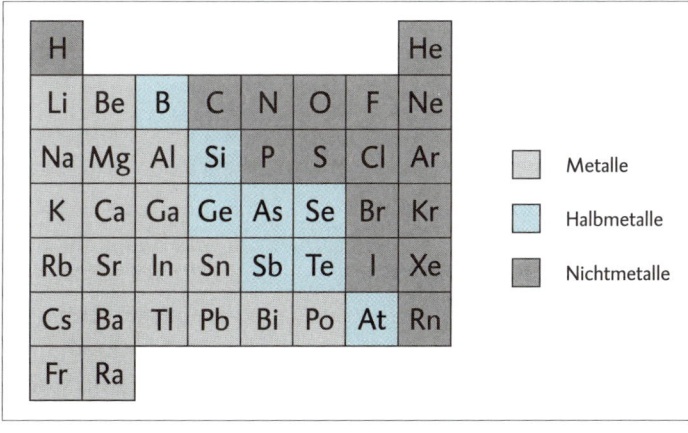

Abb. 9: Gekürztes Periodensystem mit Metallen, Halbmetallen und Nichtmetallen

Die Wertigkeit

Die Zusammensetzung bei Verbindungen ist nicht beliebig. Beispielsweise existiert für die Verbindung aus Aluminium und Sauerstoff nur die chemische Formel Al_2O_3. Ebenso gibt es für die Verbindung, die aus Magnesium und Schwefel entsteht, nur die Formel MgS. Hierzu hat man den Begriff der **Wertigkeit** definiert: Die Wertigkeit eines Elements bezeichnet die Anzahl der Wasserstoffatome, die ein Atom des Elements (theoretisch) binden kann.

Mithilfe dieser Zahl kann man chemische Formeln aufstellen und korrekt benennen (siehe auch S. 59 f.).

Die Wertigkeit der Elemente der Hauptgruppen lässt sich direkt aus dem **Periodensystem** bestimmen: Bei den Elementen der ersten vier Hauptgruppen entspricht die Wertigkeit meist ihrer Hauptgruppennummer. Von Hauptgruppe V bis VII nimmt die Wertigkeit wieder jeweils um eins ab. Die Elemente der VIII. Hauptgruppe, die Edelgase besitzen die Wertigkeit 0; oft wird für diese Hauptgruppe auch gar keine Wertigkeit angegeben (siehe Tab. 3).

Hauptgruppennummer	I	II	III	IV	V	VI	VII	VIII
Wertigkeit	I	II	III	IV	III	II	I	0

Tab. 3: Die Wertigkeiten der Hauptgruppenelemente (abgesehen von wenigen Ausnahmefällen)

Alle Nebengruppenelemente und wenige Hauptgruppenelemente besitzen mehrere Wertigkeiten.

Trends innerhalb der Hauptgruppen

Im Folgenden werden wichtige Elementeigenschaften und die jeweiligen vorliegenden Trends im Periodensystem erläutert (siehe Abb. 10).

- **Zahl der Hauptschalen:** Die Zahl der Hauptschalen bleibt innerhalb jeder Periode konstant, in den Hauptgruppen nimmt die Anzahl von oben nach unten hin zu.

- **Zahl der Valenzelektronen:** Die Zahl der Valenzelektronen bleibt innerhalb einer Hauptgruppe gleich, sie steigt jedoch innerhalb jeder Periode an.

- **Ionisierungsenergie:** Darunter versteht man die Mindestenergie, die benötigt wird, um ein Elektron vollständig aus dem Atom und damit aus dem Anziehungsbereich des Kerns zu entfernen.
  Die Ionisierungsenergie nimmt innerhalb jeder Hauptgruppe von oben nach unten ab. Die Valenzelektronen sind aufgrund der steigenden Anzahl der Energiestufen immer weiter vom Kern entfernt und erfahren deshalb eine

geringere Anziehung durch den positiv geladenen Kern. Innerhalb jeder Periode nimmt die Ionisierungsenergie jedoch von links nach rechts zu, da die Anziehungskraft des Kerns auf die Valenzelektronen wächst, weil sowohl die Kernladungszahl als auch die Zahl der Elektronen eines jeden Elements zunimmt. Deshalb wird immer mehr Energie benötigt, um die elektrostatische Wechselwirkung zwischen dem positiven Atomkern und den negativ geladenen Valenzelektronen zu überwinden und die Valenzelektronen aus der äußersten Schale zu entfernen.

- **Elektronenaffinität:** Hierdurch wird die Neigung eines Atoms bezeichnet, ein Elektron aufzunehmen.
  Die Elektronenaffinität nimmt innerhalb jeder Hauptgruppe mit der steigenden Zahl der besetzten Energiestufen von oben nach unten ab. Da der Atomradius größer wird, verringert sich die Anziehungskraft des Kerns auf die Valenzelektronen und die Aufnahme eines Elektrons wird erschwert. Innerhalb jeder Periode nimmt die Elektronenaffinität von links nach rechts zu. Die Anziehungskraft des Kerns auf die Valenzelektronen wächst, was die Aufnahme eines weiteren Elektrons erleichtert.

- **Atomradius:** Dieser nimmt innerhalb jeder Hauptgruppe mit der steigenden Zahl der besetzten Energiestufen von oben nach unten zu. Innerhalb einer Periode nimmt der Atomradius von links nach rechts ab. Dies liegt an der erhöhten elektrostatischen Wechselwirkung zwischen dem positiven Atomkern und den negativ geladenen Valenzelektronen, weswegen sich die Elektronenhülle zusammenzieht und der Atomradius sich verkleinert.

- **Elektronegativität:** Unter diesem Begriff versteht man die Fähigkeit eines Atoms, Elektronen innerhalb einer Elektronenpaarbindung an sich zu ziehen.
  Die Elektronegativität ist abhängig von der Kernladungszahl eines Atoms und dem Atomradius. Sie nimmt also innerhalb einer Hauptgruppe von unten nach oben und innerhalb einer Periode von links nach rechts zu. Mit Fluor befindet sich das elektronegativste Element im PSE rechts oben. Die Elektronegativität der beteiligten Atome ist ein Anhaltspunkt für die Polarität einer Elektronenpaarbindung (siehe dazu auch S. 27). Die Edelgase stellen eine Ausnahme dieser Regel dar, für diese Elemente wird kein Wert für die Elektronegativität angegeben, da sie praktisch keine Verbindungen eingehen (siehe S. 8).

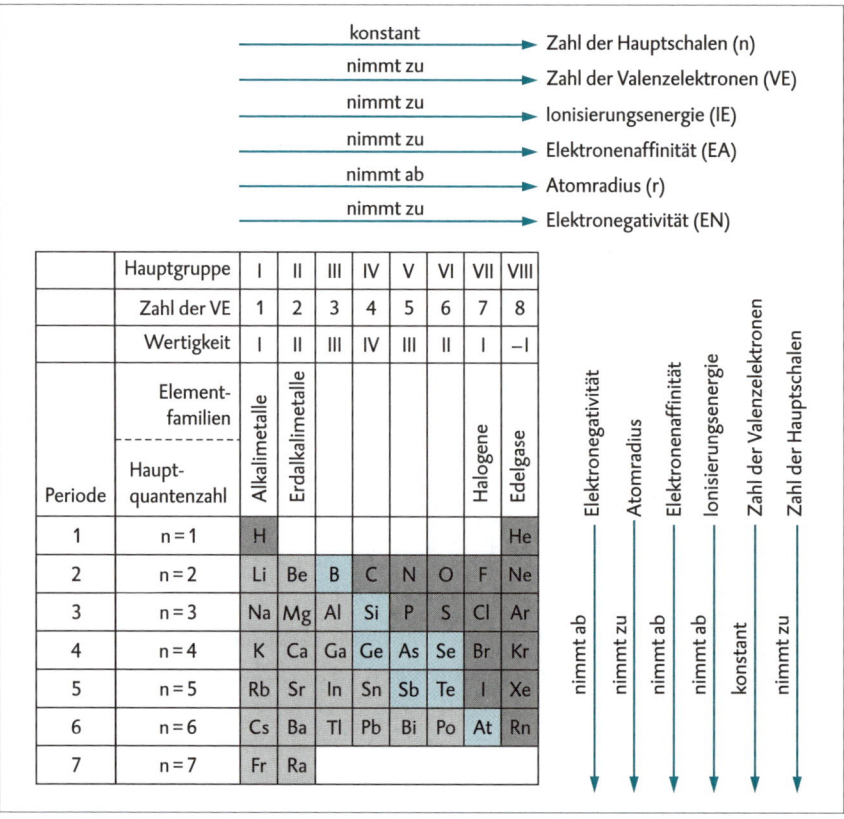

Abb. 10: Trends einiger Elementeigenschaften innerhalb der Hauptgruppen

Aufgaben

1 Geben Sie die vier Kernaussagen der Atomhypothese nach DALTON an und beschreiben Sie, welche Aussagen nach heutigem Wissensstand falsch sind!

2 Atommodelle sind Vorstellungen vom Aufbau der Atome, die sich im Laufe der Zeit gemäß dem jeweiligen Wissensstand verändert haben.

   a Vergleichen Sie die Atommodelle von RUTHERFORD und BOHR hinsichtlich Gemeinsamkeiten und Unterschiede.

   b Definieren Sie, was man unter einem Orbital versteht.

3 Ergänzen Sie die tabellarische Übersicht der Atombausteine.

Baustein	Symbol	Ladung	Masse	Aufenthaltsbereich im Atom
			1 u	
	n			
			0,0006 u	

4 Durch die Symbolschreibweise im Periodensystem der Elemente werden die Bausteine der Atome eines Elementes angegeben.

a Benennen Sie die Symbole Z und A mit Fachbegriffen!

b Geben Sie für die folgenden Elemente die jeweilige Zahl an Protonen, Neutronen und Elektronen an, ohne dabei das PSE zurate zu ziehen. Stellen Sie dann die jeweilige Elektronenkonfiguration auf.

$$^{31}_{15}P \qquad ^{19}_{9}F \qquad ^{32}_{16}S$$

c Leiten Sie aus der folgenden Symbolschreibweise die Atombausteine dieses speziellen Kohlenstoffatoms ab.

$$^{14}_{6}C$$

d Laut Periodensystem der Elemente ist für das Kohlenstoffatom die Nukleonenzahl A jedoch mit der Zahl 12 angegeben. Geben Sie den Fachbegriff für diese Abweichung an und erläutern Sie diesen.

5 Gold gehört zu den Edelmetallen.

a Geben Sie die Elektronenkonfigurationsschreibweise der Goldatome unter Berücksichtigung der Aufbauregel an.

b Vergleichen Sie das Ergebnis mit der Elektronenkonfiguration, die im PSE angegeben ist, und diskutieren Sie mögliche Unterschiede.

6 Sauerstoff und Stickstoff sind wichtige Elemente, deren Atome in vielen Verbindungen vorkommen.

a Geben Sie die Symbolschreibweise für beide Elemente im Periodensystem an und stellen Sie die jeweilige Elektronenkonfigurationsschreibweise für die Atome der beiden Elemente auf.

b Vergleichen Sie die Atome der beiden Elemente hinsichtlich wichtiger Tendenzen, die man dem PSE entnehmen kann.

Zusammenfassung und Selbsteinschätzung der Grundkenntnisse

Themenbereich   ☺   ☺   ☹

- **Bausteine der Atome** ☐ ☐ ☐
  Der Atomkern besteht aus den Nukleonen: positiv geladene **Protonen** und ungeladene **Neutronen**, die jeweils eine relative Masse von 1 u besitzen. Die Atomhülle enthält die nahezu masselosen, negativ geladenen **Elektronen**.

- **Atommodelle** ☐ ☐ ☐
  Der Atomkern ist sehr klein, positiv geladen und enthält aufgrund der Nukleonen fast die gesamte Atommasse.
  Nach dem Kern-Hülle-Modell ist der Atomkern von einer nahezu massefreien Atomhülle umgeben, in der sich die negativ geladenen Elektronen befinden. Nach dem Schalenmodell befinden sich die Elektronen in der Atomhülle auf festgelegten Energiestufen. Laut Orbitalmodell sind diese Energiestufen unterteilt in Aufenthaltsräume für ein bis maximal zwei Elektronen.

- **Isotope** ☐ ☐ ☐
  Isotope eines Elements besitzen zwar gleiche Elektronen- und Protonenanzahl, aber aufgrund der verschiedenen Neutronenanzahl unterscheiden sie sich in der Nukleonenzahl und damit in der Atommasse.

- **Valenzelektronen** ☐ ☐ ☐
  Die Elektronen der jeweils höchstbesetzten Energiestufe eines Atoms werden als Valenzelektronen bezeichnet und bestimmen das chemische Reaktionsverhalten eines Atoms.

- **Elektronenkonfiguration** ☐ ☐ ☐
  Die Elektronen des jeweiligen Elements werden nach der Aufbauregel auf die verschiedenen Energiestufen und -niveaus verteilt.

- **Wertigkeit** ☐ ☐ ☐
  Unter dem Begriff Wertigkeit eines Elements versteht man die Anzahl der Wasserstoffatome, die ein Atom des Elements binden kann. Die Wertigkeit lässt sich üblicherweise direkt aus dem PSE ableiten.

(Fortsetzung siehe nächste Seite)

Themenbereich

☺   😐   ☹

- **PSE**

  Die Ordnung der Elemente erfolgt nach steigender Protonenzahl. Dabei sind die Elemente mit gleicher Anzahl an Valenzelektronen und damit mit ähnlichen chemischen Eigenschaften in
  senkrechten Hauptgruppen angeordnet.
  Alle Elemente mit gleicher Valenzschale befinden sich dagegen in
  der entsprechenden waagerecht angegebenen Periode.
  Die Elektronegativität, also die Fähigkeit eines Atoms, Bindungs-
  elektronen an sich zu ziehen, steigt innerhalb einer Periode von
  links nach rechts und innerhalb einer Hauptgruppe von unten
  nach oben.

3 Symbol- und Formelsprache in der Chemie

Chemische Formeln

Die international verständliche Symbolschreibweise der **Elemente** geht auf den schwedischen Wissenschaftler Berzelius zurück. Er schlug vor, den Anfangsbuchstaben des lateinischen bzw. griechischen Elementnamen zu verwenden, um ein **Elementsymbol** darzustellen. Da viele Elemente gleiche Anfangsbuchstaben besitzen, bestehen viele Elementsymbole aus zwei Buchstaben, wobei der zweite ebenfalls aus dem (meist lateinischen oder griechischen) Namen entnommen wurde und kleingeschrieben wird.

Reagieren Elemente miteinander, so entsteht eine **Verbindung**. Die zugehörige **chemische Formel** besteht aus den jeweiligen Elementsymbolen und einem Index; einer tiefgestellten Zahl, die sich auf das davorstehende Element bezieht (siehe Abb. 11). Die Zahl 1 wird hierbei grundsätzlich weggelassen.

$$A_x B_y C_z$$

A, B, C = Elementsymbole
x, y, z = Indices

Abb. 11: Chemische Formel, bestehend aus Elementsymbolen und zugehörigen Indices

Man unterscheidet zwischen **Molekülformel** und **Verhältnisformel**. Die Molekülformel gibt die genaue Zusammensetzung eines Moleküls an, während die Verhältnisformel nur das Ionenverhältnis der Verbindung liefert.

Die **Reihenfolge der Elemente** innerhalb der chemischen Formel einer Verbindung folgt strengen Regeln. Bei Salzen, also Verbindungen aus Metall- und Nichtmetallionen, wird das Elementsymbol des Metalls vor das des Nichtmetalls geschrieben. In der Mittelstufe wurde für Moleküle, also Verbindungen aus Nichtmetallatomen, meist folgende Reihenfolge von Elementen auswendig gelernt, bei der nur die in der Schule am häufigsten gebräuchlichen Elemente genannt werden:

vorne   Si, C, P, N, H, S, I, Br, Cl, O, F   **hinten** ⟶

Prinzipiell ist dies richtig, lässt sich aber natürlich nicht auf alle Verbindungen anwenden. Grundsätzlich gilt: Elemente, deren Atome in der Verbindung eine **positive Oxidationszahl** haben, werden vorangestellt, anschließend werden diejenigen mit **negativer Oxidationszahl** aufgeführt (zu den Oxidationszahlen siehe S. 85).

Befinden sich mehrere Atomgruppen (meist Molekülionen) in einer Verbindung, so setzt man diese in **Klammern** und schreibt den passenden Index hinter die Klammer. So lautet beispielsweise die chemische Formel für Calciumphosphat $Ca_3(PO_4)_2$. Die Calciumionen liegen zu den Phosphationen im Verhältnis $3:2$ vor. Die Formeln von wichtigen Atomgruppen und deren Namen sind in Tabelle 6 auf S. 20 zusammengefasst.

Die Nomenklatur

Chemiker verwenden für die **Nomenklatur** (= Benennung) von Verbindungen häufig sogenannte Trivialnamen wie etwa Wasserstoffperoxid (H_2O_2) oder Ammoniak (NH_3). Diese historisch begründete Namensgebung lässt keinen Rückschluss auf die Zusammensetzung zu. Bei einer Benennung nach festen Regeln lässt sich die Formel eines Stoffes hingegen direkt aus dem Namen herauslesen:

- Die **Anzahl der Atome** wird in Molekülformeln durch griechische Zahlwörter angegeben (siehe Tab. 4):

1	2	3	4	5	6	7	8	9	10
mono	di	tri	tetra	penta	hexa	hepta	octa	nona	deca

Tab. 4: Griechische Zahlwörter als Vorsilben bei der Nomenklatur von chemischen Verbindungen

Die griechischen Zahlwörter werden dem zugehörigen Elementnamen vorangestellt. So lautet der chemisch korrekte Name für Wasser eigentlich Diwasserstoff(mono)oxid. Jedoch müssen die Zahlwörter nicht zwangsweise im korrekten chemischen Namen angegeben sein, insbesondere „mono-" wird genau wie der Index 1 üblicherweise **weggelassen**.

- Die Elemente, deren Atome in der Verbindung eine positive Oxidationszahl aufweisen, werden mit dem **deutschen Namen**, die mit negativer mit einem Teil des **lateinischen** bzw. **griechischen** Namens aufgelistet (siehe Tab. 5).

Element	Name		Element	Name
Kohlenstoff	**Carb**oneum		Iod	**Iod**um
Phosphor	**Phos**phorus		Brom	**Brom**um
Stickstoff	**Nitro**genium		Chlor	**Chlor**um
Wasserstoff	**Hydr**ogenium		Sauerstoff	**Oxy**genium
Schwefel	**Sulf**ur		Fluor	**Fluor**um

Tab. 5: Spezielle Namen einiger Elemente für die Nomenklatur von chemischen Verbindungen

- Negativ geladene Atome/Atomgruppen erhalten die **Endsilbe -id**. Dies verdeutlicht den negativen Charakter dieses Atoms bzw. dieser Atomgruppe. Einzelne besondere Atomgruppen (Molekülionen) tragen in ihren Namen bereits andere Endungen, wie z. B. SO_4^{2-} (Sulfat). In solchen Fällen wird auf die Endung -id verzichtet (siehe Tab. 6).

Formel	Name
OH^-	Hydroxid
H_3O^+	Oxonium
SO_4^{2-}	Sulfat
SO_3^{2-}	Sulfit
CO_3^{2-}	Carbonat

Formel	Name
PO_4^{3-}	Phosphat
PO_3^{3-}	Phosphit
NO_3^-	Nitrat
NO_2^-	Nitrit
NH_4^+	Ammonium

Tab. 6: Ausgewählte Molekülionen und deren Nomenklatur

Organische Verbindungen, also Verbindungen, die vor allem aus Kohlenstoff, Wasserstoff und Sauerstoff bestehen, besitzen ihre eigene Nomenklatur, die im entsprechenden Kapitel dieses Buches genauer besprochen wird (siehe S. 114 f. und S. 130 f.).

Das Aufstellen von chemischen Formeln mithilfe der Wertigkeit

Möchte man die chemische Formel für eine binäre Verbindung ermitteln, so schreibt man die beiden Elementsymbole nebeneinander und notiert die jeweilige Wertigkeit über dem passenden Elementsymbol. Anschließend werden die Indices bestimmt, indem man jeweils die Wertigkeit des anderen Elements einsetzt, wobei eine 1 nicht geschrieben wird. Bei Salzen müssen die Indices dann gekürzt werden, falls dies möglich ist.

Beispiele

Magnesiumchlorid: $\overset{II \; I}{MgCl} \Longrightarrow MgCl_2$

Zinnoxid: $\overset{IV \; II}{SnO} \Longrightarrow Sn_2O_4 \Longrightarrow SnO_2$

Die Atome bzw. Ionen einiger Hauptgruppenelemente und fast aller Nebengruppenelemente besitzen in unterschiedlichen Verbindungen **verschiedene Wertigkeiten**. Um die entsprechenden Verbindungen eindeutig zu benennen und die richtigen chemischen Formeln aufzustellen, gibt es zwei Möglichkeiten:

- Bei Stoffen, die aus Molekülen aufgebaut sind, werden die **griechischen Zahlwörter** dem jeweiligen Elementnamen vorangestellt, wie beispielsweise bei CO_2 (Kohlenstoffdioxid). Sind die Zahlenverhältnisse der Atome in der Verbindung durch den Namen vorgegeben, so darf man im Index nicht kürzen, auch wenn dies möglich wäre. Hydrazin (Distickstofftetrahydrid) besitzt deshalb die chemische Formel N_2H_4 und nicht NH_2.

- Bei Ionenverbindungen wird die Wertigkeit des Metallkations nach seinem Elementnamen als **römische Ziffer** in Klammern angehängt, wie bei Fe_2O_3 (Eisen(III)-oxid) oder CuO (Kupfer(II)-oxid).

Bei Ionen entspricht der Betrag ihrer Ladung der Wertigkeit des Ions. So sind beispielsweise Sulfat- und Carbonationen (SO_4^{2-} und CO_3^{2-}) jeweils zweiwertig, während Ammonium- und Nitrationen (NH_4^+ und NO_3^-) jeweils einwertig sind.

In den folgenden Kapiteln werden bei den entsprechenden Stoffarten (Molekülen, Metallen und Salzen) noch auf die jeweiligen Besonderheiten bei der Nomenklatur hingewiesen und Beispiele aufgezeigt.

Aufgaben

7 Suchen Sie die Elementbezeichnungen bzw. die Elementnamen aus dem PSE heraus und notieren Sie diese.
B, Brom, Al, F, Eisen, Cu, Co, Quecksilber, Mn, Silicium, Kalium, Ca, Blei

8 In einer Liste der Chemiesammlung wurden folgende chemische Formeln angegeben:
Al_2O_3, $(NH_4)_2S$, H_2O_2, CH_4
  a Geben Sie das Zahlenverhältnis der Atome, Atomgruppen oder Ionen in der jeweiligen Verbindung an.
  b Benennen Sie die Verbindungen nach den offiziellen Nomenklatur-Regeln und ordnen Sie, falls vorhanden, übliche Trivialnamen zu.

9 Stellen Sie die chemischen Formeln für folgende Verbindungen auf:
Magnesiumnitrid, Eisen(II)-oxid, Aluminiumsulfid, Kaliumoxid, Wasserstoffperoxid, Butan, Tetraphosphordecaoxid, Calciumnitrat, Ammoniumhydroxid

10 Es sind folgende chemische Formeln gegeben:
PbO_2, ZnS, SO_3, SO_2, $FeCl_3$, $Fe(OH)_3$, $CuSO_4$
  a Ermitteln Sie die Wertigkeiten der Elemente in den jeweiligen Verbindungen.
  b Benennen Sie die zugehörigen Stoffe nach IUPAC und achten Sie darauf, dass diese eindeutig sind.

Zusammenfassung und Selbsteinschätzung der Grundkenntnisse

Themenbereich ☺ ☺ ☹

- **Elementsymbol**
Ein Elementsymbol wird dargestellt, indem man den Anfangsbuchstaben seines lateinischen oder griechischen Namens verwendet. Häufig wird ein zweiter Buchstabe des Namens kleingeschrieben angehängt.

- **Chemische Formel**
In der chemischen Formel schreibt man die Elementsymbole der
Elemente nebeneinander, deren Atome zu der Verbindung reagiert haben. Die Formel gibt Auskunft über das Teilchenverhält-
nis in der Verbindung. In der chemischen Formel werden zuerst
Teilchen mit positiver Oxidationszahl, dann diejenigen mit negativer Oxidationszahl geschrieben.

- **Nomenklatur von Verbindungen**
Das in der chemischen Formel erstgenannte Element wird mit
seinem deutschen Namen benannt, das zweitgenannte mit dem
lateinischen bzw. griechischen Wortstamm angefügt. Bei Molekülen werden die griechischen Zahlwörter dem jeweiligen Element vorangestellt. Als Endung wird dem negativen Element
(bzw. Atomgruppe) die Endung -id angehängt. Molekülionen
tragen häufig eigene Endungen.
Bei Salzen wird die Wertigkeit des Metallkations oft im Namen
mit angegeben, wenn es mehrere Möglichkeiten gibt.

- **Chemische Formel von Verbindungen aufstellen**
Nach Aufstellen der Elementsymbole bzw. Atomgruppen in der
richtigen Reihenfolge werden die jeweiligen Wertigkeiten ermittelt.

4 Moleküle und molekulare Stoffe

Moleküle sind mehratomige Teilchen aus mindestens zwei Atomen und stellen die kleinsten Teilchen der molekularen Stoffe dar. Die einfachsten Beispiele für solche molekularen Stoffe sind die aus **zweiatomigen Molekülen** aufgebauten Elemente **Wasserstoff, Stickstoff, Sauerstoff** und die **Halogene** Fluor, Chlor, Brom und Iod. Auch alle **Verbindungen** aus verschiedenen **Nichtmetallelementen** (siehe dazu S. 11, PSE) wie z. B. Ammoniak (NH_3), Wasser (H_2O) oder Kohlenstoffdioxid (CO_2), aber auch komplexere organische Stoffe (siehe dazu S. 107 ff., Organik) wie Methan (CH_4), Ethanol (C_2H_5OH), Essigsäure (CH_3COOH) oder auch Glucose ($C_6H_{12}O_6$) sind molekular aufgebaut.

4.1 Molekülformel und Nomenklatur

Die für Moleküle verwendete **Molekülformel** gibt die exakte Zusammensetzung des Teilchens an: Sie besteht aus den Elementsymbolen und den zugehörigen Indices. Daraus lässt sich schließen, welche Atome sich miteinander verbunden haben und wie oft die jeweiligen Atomsorten im Molekül auftreten. Beispielsweise ist ein Kohlenstoffdioxidmolekül (CO_2) aus einem Kohlenstoffatom (der Index 1 wird immer weggelassen) und zwei Sauerstoffatomen zusammengesetzt, während ein Methanmolekül (CH_4) neben dem Kohlenstoffatom noch vier Wasserstoffatome enthält.

Zur Aufstellung der Molekülformel kann die Wertigkeit herangezogen werden (siehe S. 12). Es muss beachtet werden, dass bei Molekülen die Indices der Molekülformel **niemals gekürzt** werden dürfen (anders als bei Salz-Verhältnisformeln, siehe dazu S. 31). Das Molekül des Stoffs Distickstofftetraoxid besteht beispielsweise aus zwei Stickstoffatomen und vier Wasserstoffatomen und erhält somit die Molekülformel N_2O_4. Würde man hier kürzen, würde man fälschlicherweise die chemische Formel für NO_2, also Stickstoffdioxid aufstellen, das eine ganz andere Verbindung mit ganz anderen Eigenschaften darstellt.

Die Benennung der Moleküle erfolgt nach den bereits bekannten Regeln (siehe S. 19 f.). Für die Nomenklatur von organischen Molekülen gibt es weitere, deutlich komplexere Regeln, diese werden im Kapitel „Organik" für die einzelnen Stoffklassen beschrieben.

4.2 Elektronenpaarbindung und Molekülorbitale

Moleküle entstehen durch die Ausbildung mindestens eines gemeinsamen Elektronenpaares, der sogenannten **Elektronenpaarbindung** (gleichbedeutende Begriffe sind Atombindung oder kovalente Bindung; siehe dazu S. 9).

Zur chemischen Verknüpfung zu einem Molekül steuert jedes Nichtmetallatom ein Elektron bei. Dazu verschmelzen unter Abgabe von Energie zwei einfach besetzte Atomorbitale zu einem **Molekülorbital** (siehe Abb. 12). Das Elektronenpaar, welches sich in einer gemeinsamen Elektronenhülle befindet, wird als bindendes Elektronenpaar bezeichnet. Diese negativ geladenen Elektronen befinden sich zwischen den positiv geladenen Atomrümpfen und halten durch die Anziehung der Ladungen die Atome zusammen.

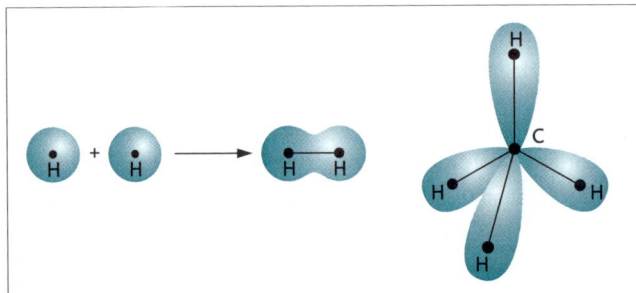

Abb. 12: Beim Wasserstoffmolekül (links) überlappen zwei Atomorbitale von zwei Wasserstoffatomen zu einem bindenden Molekülorbital. Im Methanmolekül (rechts) liegen vier bindende Molekülorbitale vor.

Die an der jeweiligen Bindung beteiligten Atome teilen sich also zwei Elektronen, die sich in einem gemeinsamen Molekülorbital befinden. Jedes Atom erreicht auf diese Weise den Edelgaszustand. Die energiereichen und reaktiven Nichtmetallatome verbinden sich zu energieärmeren und damit stabileren Molekülen.

Es gibt verschiedene Arten von Elektronenpaarbindungen:
- **Einfachbindung:** ein Elektronenpaar in einem Molekülorbital
- **Doppelbindung:** zwei Elektronenpaare in zwei Molekülorbitalen
- **Dreifachbindung:** drei Elektronenpaare in drei Molekülorbitalen

Der Abstand zwischen den beiden an einer Atombindung beteiligten Atomkerne nimmt von der Einfachbindung über die Doppelbindung bis zur Dreifachbindung hin ab, der Betrag der Bindungsenergie nimmt jedoch zu. Je kleiner der Abstand zwischen den Atomen und je größer der Betrag der Bindungsenergie ist, umso stärker ist die Elektronenpaarbindung. Aus diesem Grund ist beispielsweise Stickstoff ein sehr reaktionsträges Molekül, da für jede Reaktion zunächst die im N_2-Molekül vorliegende Dreifachbindung gespalten werden muss. Die Umsetzung von Stickstoff und Wasserstoff zu Ammoniak stellt u. a. deshalb einen sehr energieaufwendigen großtechnischen Prozess dar („HABER-BOSCH-Verfahren"), dies wird in der Oberstufe genauer behandelt.

Valenzstrichformel

Moleküle können durch die **Valenzstrichformelschreibweise** angegeben werden. Dabei werden sowohl die bindenden als auch die nichtbindenden (= freie) Elektronenpaare durch Striche symbolisiert (siehe Abb. 13).

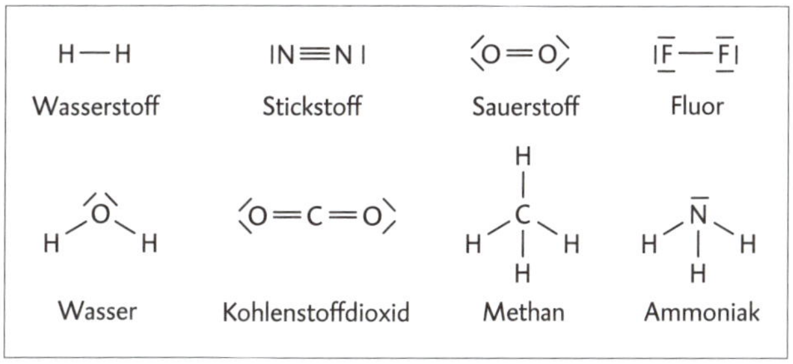

H—H	IN≡NI	⟨O=O⟩	IF̄—F̄I
Wasserstoff	Stickstoff	Sauerstoff	Fluor

H $\diagdown$O$\diagup$ H   ⟨O=C=O⟩   H—C—H (Methan, mit H oben und unten)   H—N̄—H (Ammoniak, mit H oben)

Wasser   Kohlenstoffdioxid   Methan   Ammoniak

Abb. 13: Beispiele für die Valenzstrichformelschreibweise zweiatomiger Moleküle (oben) und Verbindungen aus verschiedenen Atomen (unten)

Für das Aufstellen von Valenzstrichformeln ist ein systematisches Vorgehen nötig (siehe Tab. 7).

Vorgehen	Beispiel Sauerstoff O_2	Beispiel Methan CH_4
Summe vorhandener Valenzelektronen (VE) berechnen	$2 \cdot 6$ VE = 12	$4 \cdot 1$ VE + $1 \cdot 4$ VE = 8
Summe (für Edelgaszustand) benötigter Elektronen berechnen	$2 \cdot 8$ VE = 16	$4 \cdot 2$ VE + $1 \cdot 8$ VE = 16
Anzahl der bindenden Elektronen berechnen: vorhandene – benötigte Elektronen	$16 - 12 = 4$	$16 - 8 = 8$
Anzahl der **Bindungen** berechnen: Bindende Elektronen : 2	$4 : 2 = 2$ $\Rightarrow$ 2 Bdg.	$8 : 2 = 4$ $\Rightarrow$ 4 Bdg.
Anzahl der nichtbindenden Elektronen berechnen: vorhandene – bindende Elektronen	$12 - 4 = 8$	$8 - 8 = 0$
Anzahl der **nichtbindenden Elektronenpaare** berechnen: Anzahl freie Elektronen : 2	$8 : 2 = 4$ $\Rightarrow$ 4 nichtbindende Elektronenpaare	$0 : 2 = 0$ $\Rightarrow$ 0 nichtbindende Elektronenpaare
Valenzstrichformel	⟨O=O⟩	H—C—H (mit H oben und unten)

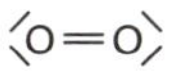

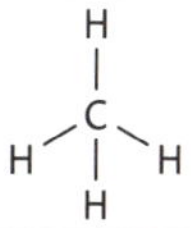

Tab. 7: Aufstellen der Valenzstrichformelschreibweise für das Sauerstoff- bzw. das Methanmolekül

Zunächst muss die Summe der Valenzelektronen ermittelt werden, die alle in der Verbindung vorhandenen Atome einbringen. Von dieser Zahl wird die Summe aller zum jeweiligen Elektronenoktett bzw. -duplett benötigten Valenzelektronen abgezogen. Die Differenz ergibt die Anzahl der **bindenden Elektronen**, durch Halbierung dieser Summe erhält man die Anzahl der Elektronenpaarbindungen (siehe Tab. 7).

Neben den bindenden Elektronen werden in der Valenzstrichformelschreibweise auch die **nichtbindenden**, also freien Elektronenpaare angegeben. Dazu werden von der Summe der vorhandenen Valenzelektronen (VE) die Anzahl der bindenden Elektronen abgezogen und das Ergebnis halbiert (siehe Tab. 7).

Alle Atome streben dabei ein Elektronenoktett bzw. -duplett an. Dabei können gegebenenfalls sogar in Molekülen Ladungen auftreten.

Molekülgeometrie

Die räumliche Struktur von Molekülen lässt sich durch das **Elektronenpaarabstoßungsmodell (EPA-Modell)** erklären:

- Die negativ geladenen Elektronenpaare stoßen sich so weit wie möglich voneinander ab, wobei die Orbitale nichtbindender Elektronenpaare etwas mehr Raum als die von bindenden Elektronenpaaren benötigen.
- Doppel- und Dreifachbindung werden wie Einfachbindung angesehen.

Dadurch ergeben sich typische Molekülgeometrien wie linear (z. B. CO_2, O_2), trigonal planar (z. B. BF_3), gewinkelt (z. B. H_2O, H_2S), tetraedrisch (z. B. CH_4), trigonal-pyramidal (z. B. NH_3), trigonal-bipyramidal (z. B. PCl_5) und oktaedrisch (z. B. SF_6). In Abb. 14 sind einige gängige Beispiele gezeigt. Daneben existieren noch einige weitere, komplizierte Geometrien von Molekülen, die jedoch nicht mehr Teil des Schulstoffs sind.

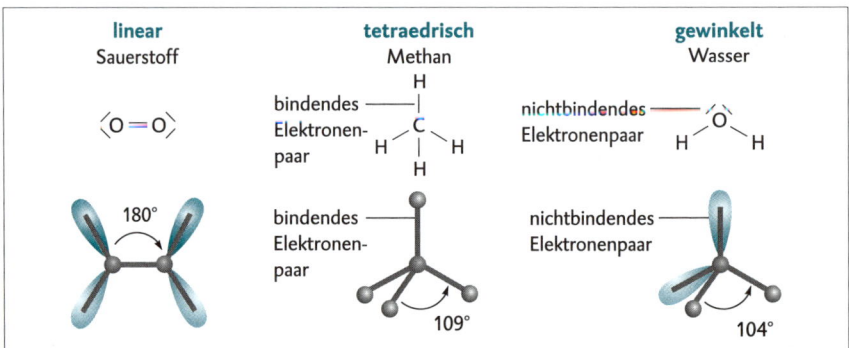

Abb. 14: Der räumliche Bau des Sauerstoffmoleküls (links), Methanmoleküls (Mitte) und Wassermoleküls (rechts). Durch den größeren Raumbedarf der nichtbindenden Orbitale beim Wassermolekül wird der Tetraederwinkel gestaucht.

Polare Bindungen und polare Moleküle

Bei der Ausbildung von Elektronenpaarbindungen unterscheidet man zwei Fälle infolge ihrer Elektronegativität (siehe S. 14):

- zwischen Atomen **gleicher Elektronegativität:** Die Reaktionspartner verfügen gleichberechtigt über die bindenden Elektronenpaare, man spricht von einer **unpolaren Elektronenpaarbindung.** Beispiele sind alle zweiatomigen Moleküle eines Elements wie Wasserstoff, Stickstoff, Sauerstoff und die Halogene.

- zwischen Atomen **ungleicher Elektronegativität:** Das bindende Elektronenpaar wird stärker in Richtung des elektronegativeren Reaktionspartners gezogen, man spricht von einer polaren **Elektronenpaarbindung.** Die beteiligten Atome tragen Teilladungen (Partialladungen): Atome elektronegativere Elemente wie Fluor, Sauerstoff, Chlor und Stickstoff sind partial negativ (δ^-) geladen, der andere Bindungspartner ist partial positiv (δ^+) geladen.

In Molekülen mit mehreren polaren Bindungen ergeben sich dabei zwei Möglichkeiten (siehe Abb. 15). Bei einer symmetrischen Anordnung der Ladungsschwerpunkte wie beispielsweise bei Methan fallen diese zusammen, das **unpolare Molekül** ist damit elektrisch neutral. Fallen die Ladungen aufgrund des räumlichen Baus jedoch nicht zusammen, spricht man von einem **polaren Molekül oder Dipolmolekül.** Die Auswirkungen von polaren Bindungen auf die Moleküleigenschaften und dadurch auch auf die Stoffeigenschaften werden im Kapitel 7 ab S. 38 genauer besprochen.

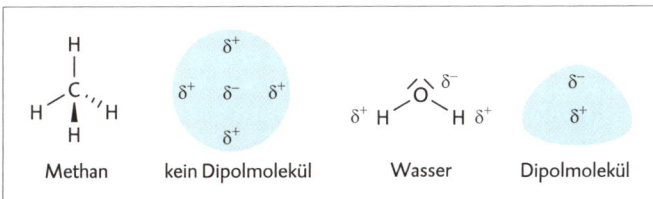

Methan   kein Dipolmolekül   Wasser   Dipolmolekül

Abb. 15: Molekülbau und Polarität: Das Methanmolekül als unpolares Molekül (links), das Wassermolekül als Dipolmolekül (rechts)

Aufgaben

11 Ergänzen Sie den folgenden Text über die Entstehung eines Wasserstoffmoleküls sinnvoll unter Verwendung von Fachbegriffen.

Verbinden sich zwei Wasserstoffatome zu einem Wasserstoffmolekül, so

durchdringen sich die beiden mit _____

besetzten _____. Für die Elektronen

entsteht durch Überlappung ein gemeinsamer Aufenthaltsbereich, das

_____, das beide Atomkerne um-

schließt. Die hohe Dichte an _____

Ladung bewirkt die Anziehung zwischen den beiden _____

_____ geladenen Atomkernen.

12 Schwefeldichlorid wird hauptsächlich als Chlorierungsmittel bei Synthesen verwendet.
  a Geben Sie die Molekülformel von Schwefeldichlorid an. Erläutern Sie außerdem, welche Informationen der Name bzw. die Molekülformel liefert.
  b Erstellen Sie die Valenzstrichformel für das Molekül. Beschreiben Sie dazu das Vorgehen.
  c Leiten Sie anhand des EPA-Modells die Molekülgeometrie für Schwefeldichlorid ab und begründen Sie diese.
  d Erläutern Sie anhand der Valenzstrichformel, was man unter dem Begriff „Elektronenpaarbindung" versteht.

13 N_2O_5 bildet farblose Kristalle.
  a Benennen Sie das Molekül. Welche Informationen lassen sich aus dem Namen bzw. der Molekülformel entnehmen?
  b Leiten Sie die Valenzstrichformel für das Molekül ab.

14 Bei den Alkanen handelte es sich um eine wichtige Stoffklasse der organischen Chemie. Neben Methan (CH_4) gehören dazu auch Ethan (C_2H_6) und Propan (C_3H_8).
Leiten Sie anhand des EPA-Modells die Valenzstrichformel für die genannten Alkane ab.

15 Das Dipolmoment in der Chemie ist ein Maß für die Stärke eines Dipolmoleküls und damit auch für dessen Polarität.

a Erklären Sie den Begriff „Dipolmolekül".

b Welche der folgenden Moleküle sind Dipole? Begründen Sie die Antwort mithilfe von Valenzstrichformeln unter Berücksichtigung der Molekülstruktur:

HI, CO_2, CH_4, CH_3Cl

Zusammenfassung und Selbsteinschätzung der Grundkenntnisse

Themenbereich	☺	☺	☹
• **Molekül** Dabei handelt es sich um ein elektrisch neutrales, mehratomiges Teilchen. Durch die Molekülformel bzw. Molekülbenennung wird konkret angegeben, welche Atome sich verbunden haben und wie viele Atome eines Elements am Molekül beteiligt sind.	☐	☐	☐
• **Elektronenpaarbindung** Die Bindung in Molekülen erfolgt durch ein bis drei gemeinsame Elektronenpaare. Dies wird auch als Atombindung oder kovalente Bindung bezeichnet.	☐	☐	☐
• **Valenzstrichformel** Schreibweise, bei der neben den Elementsymbolen auch die bindenden bzw. nichtbindenden Valenzelektronen angegeben werden (einzelne Elektronen durch Punkte; Paare durch Striche).	☐	☐	☐
• **Molekülgeometrie** Die Ableitung der Molekülgeometrie erfolgt nach dem EPA-Modell: Hierbei ordnen sich Elektronenpaare im größtmöglichen Abstand zueinander an.	☐	☐	☐
• **Dipolmolekül** Molekül, welches mindestens eine polare Elektronenpaarbindung besitzt und bei dem positive und negative Ladungsschwerpunkte nicht zusammenfallen.	☐	☐	☐

5   Ionen – Teilchen der Salze

Ionen sind elektrisch geladene Atome oder Moleküle. Alle Stoffe, die aus Ionen aufgebaut sind, werden **Salze** genannt. Bei anorganischen Salzen werden die positiv geladenen Kationen von Metallatomen und die negativ geladenen Anionen von Nichtmetallatomen gebildet. Alle Verbindungen, bei denen mindestens ein Anion oder Kation aus einer organischen Verbindung besteht (siehe S. 107 ff.), bezeichnet man als organische Salze.

In der Regel kann man Salze daran erkennen, dass sie bei Raumtemperatur aufgrund des Ionengitters auf Teilchenebene kristallin vorliegen.

Ionenbindung und Ionengitter

Die Ionenladungen innerhalb eines Kristalles heben sich gegenseitig auf, Salze sind daher im festen Zustand ungeladen. Zwischen Kationen und Anionen herrschen jedoch durch die unterschiedlichen Ladungen der Ionen starke elektrostatische Wechselwirkungen. Dieser Bindungstyp wird **Ionenbindung** genannt.

Die elektrostatischen Wechselwirkungen zwischen den Ionen sind umso größer, je höher die Ladung der Ionen und je kleiner der Abstand zwischen den Ionen ist. Sie wirken außerdem nach allen Seiten gleichmäßig. Deshalb ordnen sich die Ionen zu einem Verband mit regelmäßiger Anordnung zusammen, dem **Ionengitter** (siehe Abb. 16 links). In diesem sind die Kationen und Anionen an bestimmten Plätzen fixiert und daher nicht frei beweglich. Die Anzahl der direkten Nachbarn an Gegenionen in einem Ionengitter wird durch die **Koordinationszahl** angegeben. Im Fall von Natriumchlorid beträgt die Koordinationszahl für beide Ionen jeweils sechs (siehe Abb. 16 Mitte; rechts).

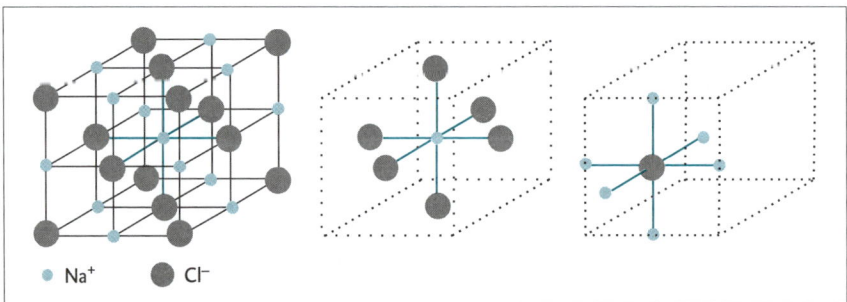

Abb. 16: Ionengitter von Natriumchlorid (links). Verdeutlichung der Koordinationszahl 6 für Natriumkationen (mittig) und Chloridanionen (rechts)

Verhältnisformel und Nomenklatur

Salzkristalle bestehen aus sehr großen, regelmäßigen Ionengittern, die aus so vielen Ionen zusammengesetzt sind, dass sich keine konkrete Zahl an Kationen oder Anionen bestimmen lässt. Allerdings lagern sich die Ionen in charakteristischen Zahlenverhältnissen zusammen. Für Salze werden deshalb **Verhältnisformeln** mit den kleinstmöglichen Indices verwendet. Die Verhältnisformel für Kochsalz lautet NaCl und gibt damit an, dass im Kochsalzkristall Na^+- und Cl^--Ionen im Verhältnis $1:1$ vorliegen. Die Ionenladungen innerhalb eines Kristalles heben sich gegenseitig auf. Salze sind daher im festen Zustand ungeladen.

Die fachliche **Nomenklatur** (= Benennung) von Salzen erfolgt nach festen Regeln ähnlich wie bei der Benennung von Molekülverbindungen (siehe S. 23).

- Für die Bezeichnung des Metallkations wird der Elementname übernommen.
- Nichtmetallanionen werden mit einem Teil des lateinischen bzw. griechischen Namens aufgelistet (siehe Tab. 5 S. 19).
- Verbindungen aus zwei Elementen, sogenannte binäre Verbindungen, werden durch die Endung **-id** gekennzeichnet, die die negative Ladung des Anions repräsentiert.
- Häufig handelt es sich bei den Anionen jedoch um Molekülionen, diese bekommen meist die Endung **-at**: z.B. Phosphat (PO_4^{3-}), Sulfat (SO_4^{2-}) oder Carbonat (CO_3^{2-}).

Chemiker verwenden also für die Benennung von Salzen üblicherweise keine Trivialnamen wie etwa Kochsalz, sondern die korrekte Nomenklatur, in diesem Fall Natriumchlorid. Um die Salze bei Bedarf (v. a. bei vielen Metallen aus den Nebengruppen) noch genauer zu benennen, ist es üblich, im Namen die **Wertigkeit** (siehe S. 12) des Kations im Klammern anzugeben. So kann man beispielsweise die verschiedenen Oxide des Eisens unterscheiden: Eisen(II)-oxid (FeO) und Eisen(III)-oxid (Fe_2O_3).

Um Verhältnisformeln für ein Salz A_xB_y mithilfe der Wertigkeiten aufzustellen gilt die Beziehung Wertigkeit (A) $\cdot$ x = Wertigkeit (B) $\cdot$ y. Bei den genannten Oxiden haben Eisen und Sauerstoff zu zwei unterschiedlichen Salzen reagiert. Sauerstoff ist in Oxiden immer zweiwertig, Eisen beim Eisen(II)-oxid zweiwertig und beim Eisen(III)-oxid dreiwertig. Dadurch ergibt sich für das Eisen(II)-oxid die Verhältnisformel FeO und für Eisen(III)-oxid Fe_2O_3.

Physikalische Eigenschaften

Salze sind zwar hart, aber spröde. Aufgrund der Abstoßung gleich geladener benachbarter Ionen sind sie leicht in kleinere Salzkristalle zu zerteilen. Viele Salze sind in Wasser mehr oder weniger gut löslich, aber nahezu unlöslich in organischen Lösungsmitteln wie Alkoholen, Aceton oder Benzin. Weitere typische Eigenschaften lassen sich durch den Bindungstyp erklären: Salze besitzen relativ hohe Schmelz- und Siedetemperaturen, und ihre Lösungen und Schmelzen weisen eine hohe elektrische Leitfähigkeit auf, die im Feststoff jedoch nicht vorhanden ist.

Synthese von Salzen

Metalle und Nichtmetalle treten in Verbindung als Salze auf. Die **Metallatome** wirken als **Elektronendonatoren** und geben ihre Valenzelektronen ab. Sie bilden Kationen und erreichen dadurch die Edelgaskonfiguration (siehe S. 8). Die Valenzelektronen werden dabei vollständig an die Nichtmetallatome abgegeben, die dadurch ebenfalls die Edelgaskonfiguration erreichen. Die **Nichtmetallatome** wirken als **Elektronenakzeptoren** und bilden Anionen.

Bei der Reaktion (siehe Abb. 17) des Metallatoms Natrium mit dem Nichtmetallatom Chlor findet nach dem Donator-Akzeptor-Prinzip ein Elektronenübergang statt: Beide Ionen besitzen nach der Reaktion acht Valenzelektronen und haben somit den Edelgaszustand von Neon bzw. Argon erreicht. Dadurch bildet sich eine Metall-Nichtmetall-Verbindung, in diesem Fall Kochsalz.

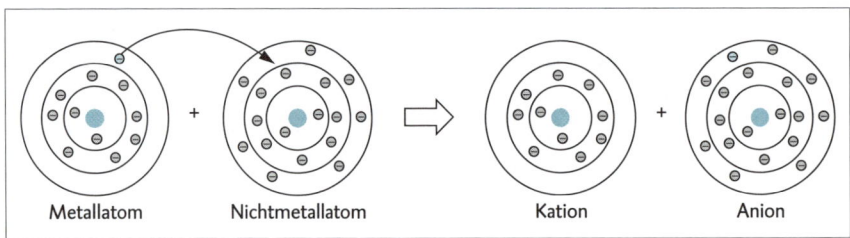

Metallatom   Nichtmetallatom   Kation   Anion

Abb. 17: Schematische Darstellung des Elektronenübergangs bei einer Salzsynthese

Zur Aufstellung der Reaktionsgleichung (siehe S. 58 f.) muss jedoch berücksichtigt werden, dass elementares Chlor nur als zweiatomiges Molekül vorkommt. Die schematische Darstellung in Abb. 17 stellt deshalb eine Vereinfachung dar, die stöchiometrisch korrekte Gleichung lautet:

$$2\,Na + Cl_2 \longrightarrow 2\,Na^+ + 2\,Cl^-$$

Diese Schreibweise wird auch als **Ionengleichung** bezeichnet. Im Vergleich dazu ist hier noch einmal die gebräuchlichere Schreibweise der Reaktionsgleichung angegeben:

$$2\,Na + Cl_2 \longrightarrow 2\,NaCl$$

Aufgaben

16 In einem Schulbuch steht zu lesen: „Alle Elemente sind aus Atomen aufgebaut, alle Verbindungen dagegen bestehen aus Molekülen." Nehmen Sie zu dieser Aussage Stellung.

17 Grenzen Sie die Begriffe „Ion" und „Salz" klar voneinander ab.

18 Erklären Sie anhand der folgenden Abbildungen folgende Eigenschaften:
  a die hohe elektrische Leitfähigkeit von Salzen in Lösung.

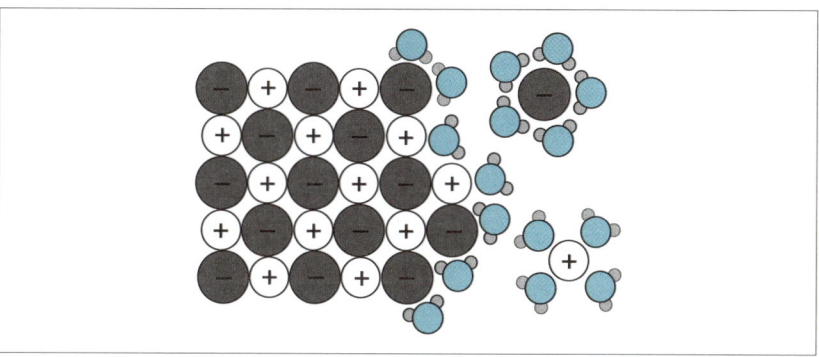

  b die hohe Sprödigkeit von Salzen.

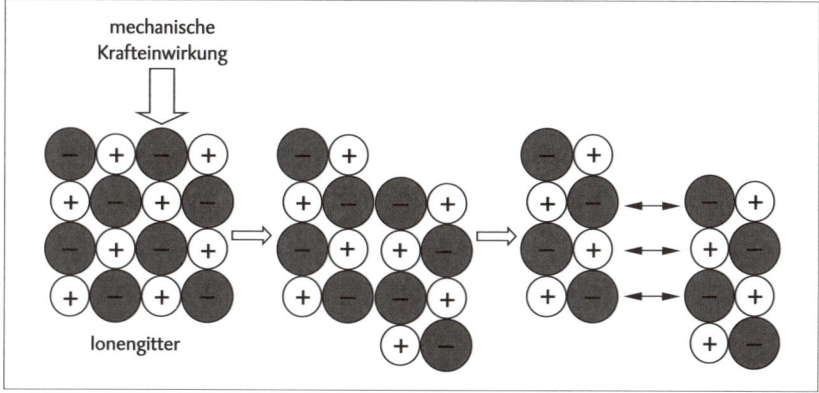

19 Tragen Sie in die folgende Tabelle mögliche Formeln von Atomen und Ionen ein!

Element	Formel Atom	Formel Ion
Wasserstoff		
Sauerstoff		
Fluor		
Kohlenstoff		
Natrium		

20 Trivialnamen lassen keine Rückschlüsse auf die Verhältnisformel zu.
a Ermitteln Sie die Wertigkeiten der Elemente in den folgenden Verbindungen:
OF_2, ICl, $GaBr_3$
b Benennen Sie die folgenden Verbindungen:
PbI_2, Sb_2O_5, Al_4C_3
c Geben Sie die Verhältnisformel für die folgenden Verbindungen an:
Calciumbromid, Kaliumfluorid, Aluminiumchlorid

Zusammenfassung und Selbsteinschätzung der Grundkenntnisse

Themenbereich	☺	☺	☹
• **Ionen und Salze** Bei einem Ion handelt es sich um ein elektrisch geladenes Atom bzw. Molekül. Durch die Verhältnisformel bzw. die korrekte Benennung von Salzen wird angegeben, welche Elemente sich verbunden haben und in welchem Verhältnis diese jeweils im Salz vorkommen.	☐	☐	☐
• **Ionenbindung und Ionengitter** Die elektrostatische Anziehungskraft zwischen den Ionen fixiert Kationen und Anionen in einem Ionengitter fest an ihren Plätzen.	☐	☐	☐
• **Eigenschaften** Salze sind Verbindungen, die aus regelmäßig angeordneten Ionen bestehen. Sie zeigen Eigenschaften wie hohe Schmelz- und Siedetemperaturen und gute elektrische Leitfähigkeit, sofern sie als Lösungen und Schmelzen vorliegen.	☐	☐	☐

6 Metalle

Metalle stellen den größten Anteil innerhalb der Elemente dar. Im gekürzten Periodensystem der Elemente (siehe S. 11) befinden sie sich im Bereich links und unterhalb der diagonalen Linie der Halbmetalle vom Bor zum Astat, wobei der metallische Charakter von oben nach unten bzw. von rechts nach links zunimmt. Außerdem sind alle Nebengruppenelemente Metalle.

Metallgitter und metallische Bindung

Metalle sind **atomare Stoffe:** Sie bestehen aus Metallatomen, die sich zu einem **Metallgitter** zusammenlagern. Der Zusammenhalt lässt sich dadurch erklären, dass die Metallatome ihre Valenzelektronen abgeben, die sich als **Elektronengas** frei beweglich über das ganze Gitter aus positiv geladenen Atomrümpfen verteilen (siehe Abb. 18 links). Die Atomrümpfe bilden dabei möglichst dichte Kugelpackungen (siehe Abb. 18 rechts).

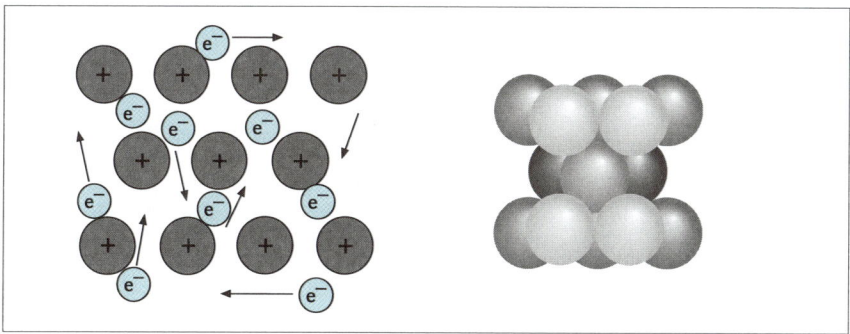

Abb. 18: Metallbindung durch das Elektronengas (links) und dichteste Kugelpackung (rechts)

Die elektrostatischen Anziehungskräfte zwischen dem negativ geladenen Elektronengas und positiv geladenen Atomrümpfen halten den Verband zusammen. Diesen Bindungstyp nennt man **metallische Bindung**. Die Verbände sind aus so vielen Atomen zusammengesetzt, dass sich kein Index bestimmen lässt. Für die chemische Formel der Metalle werden deshalb vereinfacht nur die Elementsymbole verwendet.

Die Verbindungen verschiedener Metalle miteinander heißen **Legierungen**, die häufig völlig andere physikalische und chemische Eigenschaften aufweisen als die reinen Metalle. Beispielsweise werden Legierungen von Kupfer mit anderen Metallen, vor allem mit Zinn, als Bronze bezeichnet. Eine spezielle Kupfer-Zink-Legierung dagegen heißt Messing.

Physikalische Eigenschaften

Metalle zeigen typische Eigenschaften wie Undurchsichtigkeit und eine glänzende Oberfläche, die durch die gleichmäßige Lichtreflexion entsteht. Aufgrund der zwar dichten Kugelpackung, aber der leichten Verschiebbarkeit der Atomrümpfe zeigen Metalle eine große Dichte und eine gute Verformbarkeit (Duktilität). Weitere Eigenschaften lassen sich durch das frei bewegliche Elektronengas erklären:

- gute elektrische Leitfähigkeit
- gute thermische Leitfähigkeit
- relativ hohe Schmelz- und Siedetemperaturen

Chemische Eigenschaften

Metalle treten in Verbindung mit Nichtmetallen als **Kationen** auf. Die Metallatome wirken als **Elektronendonatoren** und geben ihre Valenzelektronen ab, dabei wird die Edelgaskonfiguration erreicht. Die Valenzelektronen werden vollständig an die Nichtmetallatome abgegeben und es bildet sich ein Salz, eine Metall-Nichtmetallverbindung (siehe Ionen, S. 30 f.).

Anhand ihrer Reaktionsfreudigkeit werden Metalle eingeteilt in

- edle Metalle, wie Gold, Silber, Platin oder Kupfer, und
- unedle Metalle, wie Natrium, Magnesium, Eisen, Aluminium oder Blei.

Unedle Metalle gehen relativ leicht chemische Reaktionen ein. Sie lösen sich in verdünnter Säure unter Bildung von Wasserstoff und einem Salz auf. Außerdem reagieren sie bei Anwesenheit von Wasser schnell mit Sauerstoff (Korrosion). **Edle Metalle** dagegen sind weitgehend beständig gegenüber Oxidations- und Reduktionsmitteln (siehe S. 85 f.).

Aufgaben

21 Silicium ist nach Sauerstoff das zweithäufigste Element der Erdhülle und ein wichtiges Grundmaterial für die meisten Produkte der Halbleiterindustrie.

a Ermitteln Sie anhand des PSE die wesentlichen Aussagen zum Atombau.

b Silicium steht im PSE zwischen den Elementen Aluminium und Phosphor. Diskutieren Sie, mit welchem Element Silicium größere Übereinstimmungen bezüglich der Eigenschaften haben wird.

22 Unedle Metalle wie Zink bilden mit Salzsäure Wasserstoff.
  a Formulieren Sie die Reaktionsgleichung für den beschriebenen Vorgang.
  b Erklären Sie dieses Reaktionsverhalten und begründen Sie die Beständigkeit
    edler Metalle gegenüber verdünnten Säuren.

23 Die linke Abbildung zeigt die schematische Darstellung eines Versuches mit
  Lithium. Die rechte Abbildung zeigt einen Vergleichsaufbau mit einer Batterie.

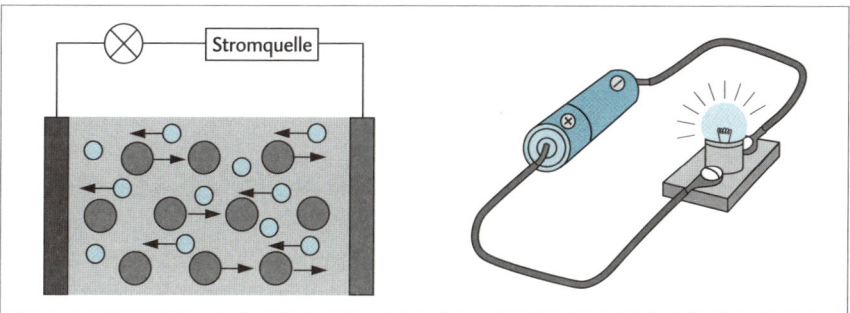

  a Beschriften Sie die linke Abbildung.
  b Beschreiben Sie die Beobachtung, die man beim abgebildeten Versuch ver-
    mutlich macht.
  c Geben Sie eine Erklärung für die von Ihnen vermutete Beobachtung an.

 ## Zusammenfassung und Selbsteinschätzung der Grundkenntnisse

Themenbereich	☺	☺	☹
• **Metalle** Metalle sind chemische Elemente, die unten links im PSE stehen und Eigenschaften wie Metallglanz, hohe Schmelz- und Siedetemperaturen, gute elektrische und thermische Leitfähigkeit zeigen.	☐	☐	☐
• **Metallische Bindung und Metallgitter** Metalle sind Elektronendonatoren. Die positiv geladenen Atomrümpfe werden im Metallgitter von negativ geladenem Elektronengas (= delokalisierte Elektronen) zusammengehalten.	☐	☐	☐

7 Struktur und Eigenschaften

Eines der Basiskonzepte des Chemieunterrichtes ist das Struktur-Eigenschafts-Konzept. Dieses besagt, dass sich die physikalischen und chemischen Eigenschaften von Stoffen sehr häufig auf ihre chemische Struktur zurückführen lassen.

Als **zwischenmolekulare** oder **intermolekulare** Wechselwirkungen bezeichnet man die Wechselwirkungen zwischen einzelnen Teilchen. Diese sind üblicherweise sehr viel schwächer als chemische Bindungen, die als **intra**molekulare Kräfte nicht zu diesen Wechselwirkungen zählen. Zwischenmolekulare Wechselwirkungen beeinflussen Stoffeigenschaften wie die Schmelz- und Siedetemperaturen sowie die Löslichkeit, sind aber auch für den Aggregatzustand des jeweiligen Stoffes oder Effekte wie die Oberflächenspannung verantwortlich.

Man unterscheidet die verschiedenen Arten von Wechselwirkungen anhand der Ladung bzw. Polarität der beteiligten Teilchen. Tabelle 8 liefert hierzu einen Überblick.

Art	beteiligte Teilchen	Stärke der Wechselwirkung
VAN-DER-WAALS-Kräfte	spontane und induzierte Dipole	sehr schwach, da die Polarisierung der Teilchen nur sehr kurzzeitig auftritt
Dipol-Dipol-Wechselwirkungen	permanente Dipole	schwach, da die Ladung der polarisierten Teilchen relativ klein ist
Ion-Dipol-Wechselwirkungen	Dipole und Ionen	stark, da die Ionenladung größer ist als die von Dipolmolekülen
Wasserstoffbrücken	spezielle permanente Dipole: Moleküle mit Wasserstoffatomen, die mit einem freien Elektronenpaar stark elektronegativer Elemente wechselwirken (O, N, F)	sehr stark, da die Polarisierung des Wasserstoffatoms durch den hohen Elektronegativitätsunterschied sehr stark ist

Tab. 8: Übersicht über verschiedene intermolekulare Wechselwirkungen

- **VAN-DER-WAALS-Kräfte:** Diese schwächste Wechselwirkung tritt bei allen Teilchenarten auf und steigt mit zunehmender Teilchenmasse bzw. -oberfläche an. Sie beruht auf dem Auftreten von spontanen und induzierten Dipolen in den Teilchen, die aufgrund einer minimalen, spontan auftretenden Schwankung der Elektronendichte entstehen, wodurch die Elektronendichte in Nachbarteilchen beeinflusst wird (siehe Abb. 19). Die kurzfristigen elektrostatischen Anziehungskräfte zwischen spontanen und induzierten Dipolen sind vor allem bei unpolaren Molekülen und Edelgasen ausschlaggebend.

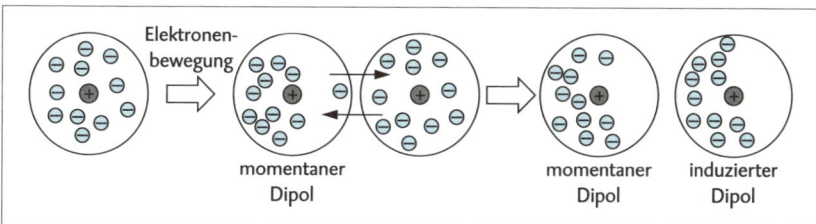

Abb. 19: Auftreten von spontanen Dipolen und Induzieren von benachbarten Atomen

- **Dipol-Dipol-Wechselwirkungen:** Die elektrostatischen Anziehungskräfte zwischen permanenten Dipolen sind deutlich stärker als die VAN-DER-WAALS-Kräfte, da diese dauerhaft auftreten und die polarisierten Teilchen somit über die Zeit gemittelt größere Ladungen aufweisen.

- **Ion-Dipol-Wechselwirkungen:** Im Vergleich zu Dipol-Dipol-Wechselwirkungen sind diese intermolekularen Wechselwirkungen stärker, da die beteiligten Ionen echte, ganze Ladungen aufweisen, während Dipole nur teilgeladen sind. Ein bekanntes Beispiel der Dipol-Ionen-Wechselwirkungen sind die Anziehungskräfte zwischen der Hydrathülle und den solvatisierten Ionen.

- **Wasserstoffbrücken:** Sie sind die stärksten intermolekularen Wechselwirkungen und stellen ein Spezialfall von Wechselwirkungen zwischen zwei permanenten Dipolen dar. Sie treten bei allen Molekülen auf, bei denen Wasserstoffatome an Sauerstoff-, Stickstoff- oder Fluoratomen gebunden sind (siehe Abb. 20).

Aufgrund der großen Elektronegativitätsunterschiede wird die Elektronenpaarbindung stark polarisiert und das Wasserstoffatom stark positiv teilgeladen (positive Partialladung). Es bildet sich nun eine starke elektrostatische Anziehungskraft zwischen dem stark positiv teilgeladenen Wasserstoffatom des einen Teilchens und einem freien Elektronenpaar des stark negativ teilgeladenen O-, N- oder F-Atoms eines anderen Teilchens aus.

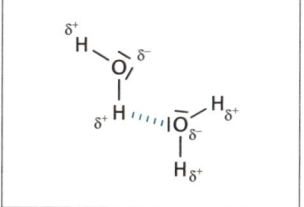

Abb. 20: Eine Wasserstoffbrücke zwischen zwei Wassermolekülen

Auch in unserem Organismus spielen die Wasserstoffbrücken eine große Rolle, zum Beispiel bei den Grundbausteinen der DNA. Dies wird in der Oberstufe in Biologie und Chemie genauer behandelt.

Auswirkungen auf die Stoffeigenschaften

Die Art der jeweils vorliegenden Wechselwirkungen hat starken Einfluss auf die Eigenschaften der Teilchen bzw. der zugehörigen Stoffe.

Bei den **Schmelz- bzw. Siedetemperaturen** muss die vorliegende Anziehungskraft überwunden werden: Je stärker die Wechselwirkungen zwischen den Teilchen sind, desto mehr Energie muss zur Überwindung dieser aufgewendet werden und desto höher liegen die Schmelz- und Siedetemperaturen des Stoffes.

Bei **Lösungsvorgängen** gilt die Regel „Ähnliches löst sich in Ähnlichem", da sich zwischen den Teilchen Wechselwirkungen ausbilden müssen.

- **Hydratation** bedeutet, dass sich eine kugelförmige Hülle aus Wassermolekülen (Hydrathülle) um die Teilchen des gelösten Stoffes bildet. Bei Salzen ordnen sich die Wassermoleküle mit dem positiv teilgeladenen Molekülteil um die Anionen und mit dem negativ teilgeladenen Molekülteil um die Kationen an. Es bilden sich Ion-Dipol-Wechselwirkungen aus (siehe Abb. 21 links).

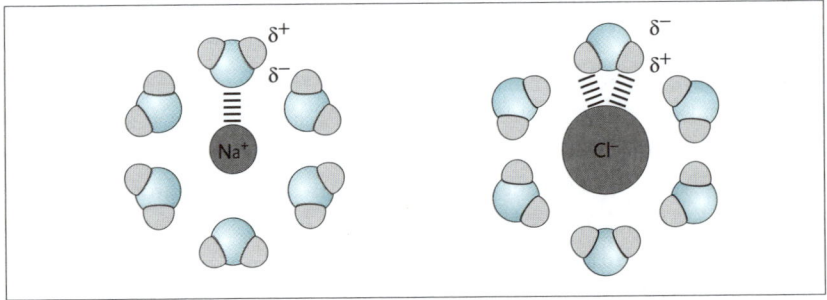

Abb. 21: Hydratation von Natriumchlorid, links: Natriumion, rechts: Chloridion

- **Unpolare Stoffe**, also Stoffe, bei denen nur VAN-DER-WAALS-Kräfte vorherrschen, lösen sich nur in unpolaren Lösungsmitteln wie Öl oder Benzin. Sie sind lipophil bzw. hydrophob (siehe S. 118 f.).

- **Polare Stoffe**, also Stoffe mit Dipol-Dipol-Wechselwirkungen wie beispielsweise Wasserstoffbrücken, lösen sich gut in polaren Lösungsmitteln wie Wasser. Sie sind hydrophil bzw. lipophob.

24 Unterschiedliche Stoffe besitzen auch unterschiedliche Eigenschaften. Diese Eigenschaften lassen sich auf unterschiedliche Strukturen zurückführen. Vervollständigen Sie die folgende Tabelle:

Beispiel	Aluminiumchlorid	Natrium	Wasserstoff
Bindungsart			
Bindungspartner			
Anordnung der Bausteine			
Beispiel			
Ursache des Zusammenhalts			

25 Zwischenmolekulare Wechselwirkungen bestimmen maßgeblich die physikalischen Eigenschaften eines Stoffes.

a Ergänzen Sie die folgende Tabelle mit Fachausdrücken. Nennen Sie außerdem Beispiele und geben Sie die Tendenz der Stärke an.

Zwischenmolekulare Wechselwirkungen	Stärke der Wechselwirkung	Beispiel
_____ nur bei H-Verbindungen mit F, O, N		
_____ sind umso stärker, je kleiner das Ion und je größer die Ionenladung ist		
_____ nehmen mit steigender EN-Differenz der Bindungspartner ab		
_____ vor allem bei unpolaren Molekülen; nehmen mit der Moleküloberfläche bzw. der Molekülmasse zu		

b Die Siedetemperaturen zweier Stoffe werden mit $-196\,^{\circ}C$ und $+19,5\,^{\circ}C$ bestimmt. Ordnen Sie diesen Siedetemperaturen die Stoffe mit der Summenformel N_2 und HF unter Berücksichtigung der Molekülstruktur zu und begründen Sie Ihre Entscheidung.

c Auch die Löslichkeit von Stoffen beispielsweise in Wasser wird durch zwischenmolekulare Wechselwirkungen beeinflusst. Erläutern Sie diese Aussage unter Verwendung geeigneter Fachbegriffe.

26 Die folgende Tabelle zeigt die Molare Masse und Siedetemperatur (t_b) einiger Stoffe mit unterschiedlicher Polarität.

	$M\ (g \cdot mol^{-1})$	$t_b\ (^{\circ}C)$
Methan CH_4	16	−161
Wasser H_2O	18	100
Propan C_3H_8	44	−42
Ethanol C_2H_5OH	46	78

a Erklären Sie, wovon und in welcher Weise die Siedetemperatur eines Stoffes abhängig ist.

b Interpretieren Sie die unterschiedlichen Siedetemperaturen von Stoffen mit ähnlicher Molarer Masse aus der Tabelle.

c Erklären Sie, weshalb die Molare Masse bei den Überlegungen zu Teilaufgabe b nicht außer Acht gelassen werden darf.

27 Ethanol (C_2H_5OH) wird umgangssprachlich oft gleichgesetzt mit Alkohol und ist sowohl mit Wasser als auch mit Benzin mischbar.

a Stellen Sie die Valenzstrichformelschreibweise für Ethanol auf.

b Erläutern Sie, warum Ethanol technisch in großen Mengen als Lösungsmittel verwendet wird.

Zusammenfassung und Selbsteinschätzung der Grundkenntnisse

Themenbereich   ☺   ☺   ☹

- **VAN-DER-WAALS-Kräfte**   ☐   ☐   ☐
  Elektrostatische Anziehungskräfte bei spontanen und dadurch induzierten Dipolmolekülen, die vor allem bei unpolaren Molekülen und Edelgasen ausschlaggebend sind.

- **Dipol-Dipol-Wechselwirkung**   ☐   ☐   ☐
  Überbegriff für die erhöhte elektrostatische Anziehungskraft zwischen verschiedenen Dipolmolekülen.

- **Ion-Dipol-Wechselwirkung**   ☐   ☐   ☐
  Starke elektrostatische Anziehungskraft zwischen einem geladenen Ion mit der entgegengesetzten Partialladung eines polaren Moleküls.

- **Wasserstoffbrücken**   ☐   ☐   ☐
  Dieser Spezialfall der Dipol-Dipol-Wechselwirkungen stellt die stärkste zwischenmolekulare Anziehungskraft dar. Sie beruht auf einer elektrostatischen Wechselwirkung zwischen einem stark positiv polarisierten Wasserstoffatom und dem freien Elektronenpaar eines stark negativ polarisierten Atoms eines anderen Moleküls.

- **Schmelz- und Siedetemperaturen bzw. Löslichkeit**   ☐   ☐   ☐
  Sie beruhen auf der Wechselwirkung zwischen den Molekülen bzw. zwischen gelöstem Stoff und Lösungsmittel.

Energieumsatz bei chemischen Reaktionen

Die wichtigste Energiequelle und somit die Grundlage des Lebens auf der Erde ist das Sonnenlicht. Grüne Pflanzen sind in der Lage, die Energie des Sonnenlichts durch Fotosynthese zu verwerten und in chemische Energie umzuwandeln.

1 Der Energiebegriff

Jede chemische Reaktion ist durch eine **Stoffumwandlung** und eine **Energie-umwandlung** gekennzeichnet: Edukte reagieren zu Produkten (siehe S. 58) in einer exothermen oder endothermen Reaktion (siehe S. 47).

Energie ist eine grundlegende physikalische Größe und wird mit der international gültigen Einheit **Joule** (J) angegeben. Sie ist definiert als die Fähigkeit, Arbeit zu verrichten oder Kräfte auszuüben. Um ein Massestück mit einem Gewicht von 100 Gramm einen Meter hochzuheben, wird eine Energiemenge von 1 Joule benötigt.

Laut **Energieerhaltungssatz** kann Energie weder erzeugt noch verbraucht werden. Die verschiedenen Energieformen (z. B. Lichtenergie, elektrische Energie, Wärmeenergie oder eben chemische Energie) können jedoch ineinander umgewandelt werden. In folgendem Diagramm ist ein Beispiel für die Umwandlung verschiedener Energieformen ineinander gezeigt.

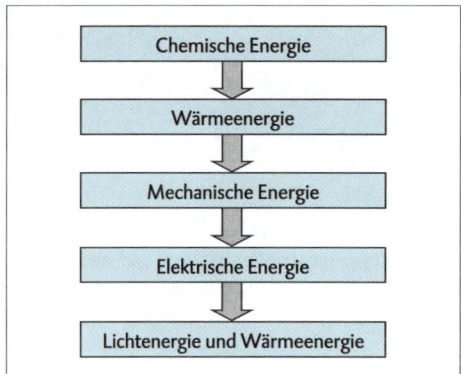

Abb. 22: Schematische Darstellung der Energieumwandlung bei der Erzeugung von Licht durch eine Glühbirne aus fossilen Brennstoffen

1.1 Die innere Energie

Unter dem Begriff der **chemischen Energie** werden eine Vielzahl an Energieformen zusammengefasst, die bei chemischen Reaktionen freigesetzt werden können. Der Begriff ist jedoch nicht eindeutig abgegrenzt.

Präzise definiert dagegen ist der Begriff der **inneren Energie** E_i als die gesamte für chemische Reaktionen zur Verfügung stehende Energie eines ruhenden Körpers. Die innere Energie eines Reaktionssystems ändert sich, wenn dieses mit seiner Umgebung Wärme oder Arbeit austauscht.

1.2 Die Reaktionsenergie

Chemische Reaktionen sind immer mit einem Energieumsatz verbunden. Die Änderung der inneren Energie ΔE_i wird als **Reaktionsenergie** bezeichnet und entspricht der Differenz aus der inneren Energie der Produkte und derjenigen der Edukte: $\Delta E_i = E_i$ **(Produkte) – E_i (Edukte).**

Damit ergeben sich zwei Möglichkeiten:

- die Reaktionsenergie hat ein negatives Vorzeichen ($\Delta E_i < 0$), die Reaktion ist somit exotherm (siehe S. 49)
- die Reaktionsenergie hat ein positives Vorzeichen ($\Delta E_i > 0$), die Reaktion ist somit endotherm (siehe S. 50)

Chemische Reaktionen führen neben einem Energieumsatz auch zu einer Stoffänderung. Deshalb ist es immer wichtig zu wissen, wie viele Teilchen bei einer Reaktion reagieren (siehe S. 99), denn die Werte der Reaktionsenergie werden auf den molaren Stoffumsatz bezogen. Für die Reaktionsenergie ergibt sich somit die Einheit $J \cdot mol^{-1}$.

Aufgaben

28 Beschreiben Sie die einzelnen Schritte der Energieumwandlung bei der Verbrennung von Kraftstoff im Automotor.

29 In der abgebildeten Versuchsapparatur reagiert Salzsäure mit Magnesium zu Magnesiumchlorid und Wasserstoff. Die rechte Abbildung zeigt die Versuchsapparatur nach der Reaktion.

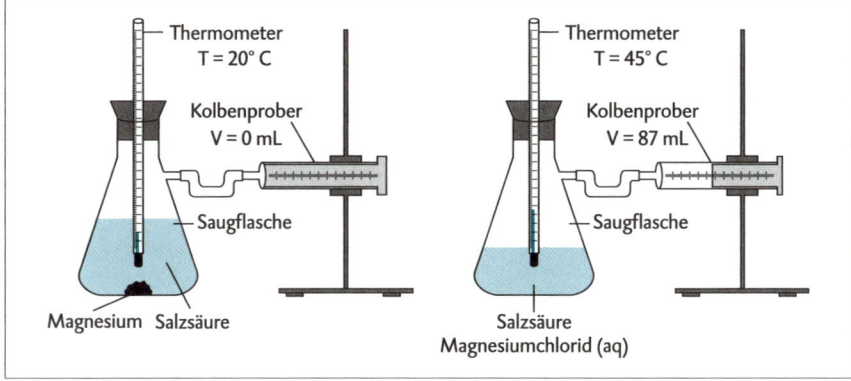

a Vergleichen Sie die Abbildungen mit den Versuchsapparaturen vor und nach der Reaktion.

b Beim Versuch wird während der Reaktion Energie freigesetzt. Beschreiben Sie die Auswirkungen auf die innere Energie der beteiligten Stoffe. Leiten Sie zwei Energieformen ab, die dabei auftreten.

30 Leiten Sie mathematisch her, ob es sich bei den folgenden Beispielen um exotherme oder endotherme Reaktionen handelt.

	CH_4	CO_2	H_2O (g)	H_2O (l)	O_2	H_2
E_i (kJ · mol^{-1})	−74,8	−393,0	−245,1	−285,7	0	0

a Das Gas Methan verbrennt mit Luftsauerstoff zu Kohlenstoffdioxid und gasförmigem Wasser.

b Flüssiges Wasser reagiert zu Sauerstoff und Wasserstoff.

c Stellen Sie eine Hypothese auf, warum für Wasser zwei unterschiedliche Zahlenwerte angegeben sind. Erklären Sie den Unterschied der beiden Zahlenwerte.

 ## Zusammenfassung und Selbsteinschätzung der Grundkenntnisse

Themenbereich	☺	😐	☹
• **Energie** Energie kann weder erzeugt noch verbraucht werden. Verschiedene Energieformen können jedoch ineinander umgewandelt werden.	☐	☐	☐
• **Innere Energie** Gesamte in einem ruhenden Körper enthaltene Energie.	☐	☐	☐
• **Reaktionsenergie** Energieumsatz einer chemischen Reaktion, der sich aus der Differenz an innerer Energie zwischen den Produkten und Edukten ergibt.	☐	☐	☐

2 Energieumsatz und Energiediagramme

Bei chemischen Reaktionen werden Bindungen zwischen Atomen geknüpft oder gelöst. Diese Vorgänge laufen auf der Teilchenebene immer unter Energiebeteiligung ab: Während bei der Ausbildung neuer Bindungen Energie frei wird, muss für die Spaltung von Bindungen Energie aufgewendet werden.

Im Unterricht werden auf der Stoffebene von allen möglichen Energieformen fast ausschließlich chemische Reaktionen betrachtet, bei denen Wärme (griech. *thermós*) aufgenommen oder abgegeben wird. Bezüglich der Energiebeteiligung verwendet man in der Schule vereinfacht grundsätzlich die Fachbegriffe **exotherm** und **endotherm**. Eigentlich beziehen sich diese beiden Begriffe nur auf die Wärme, die bei einer Reaktion aufgenommen oder abgegeben wird. Sind andere Energieformen beteiligt wie etwa Licht, müsste man korrekterweise von exo- und endoenergetisch sprechen, dies ist jedoch unüblich.

Um das Energieprofil einer chemischen Reaktion in übersichtlicher Form darzustellen, werden die innere Energie der Edukte und Produkte in einem **Energie-Reaktionskoordinaten-Diagramm** gegen die Reaktionskoordinate aufgetragen.

2.1 Exotherme Reaktionen

Bei einer **exothermen** Reaktion erfolgt durch eine chemische Reaktion eine **Abgabe** von Energie (Wärmeenergie, Lichtenergie, usw.) an die Umgebung. Die innere Energie der Edukte wird beispielsweise in Wärme umgewandelt, die die Umgebung erwärmt.

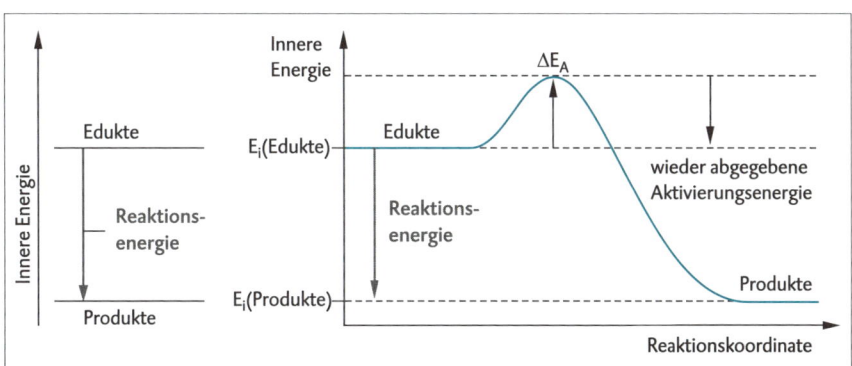

Abb. 23: Energieschema (links) und Energiediagramm (rechts) einer exothermen Reaktion

Die Produkte der chemischen Reaktion enthalten also **weniger** innere Energie als die Edukte. Der Wert der Reaktionsenergie ΔE_i hat somit ein **negatives** Vorzeichen.

2.2 Endotherme Reaktionen

Bei einer **endothermen** Reaktion erfolgt durch eine chemische Reaktion eine ständige **Aufnahme** von Energie (Wärmeenergie, Lichtenergie, usw.) aus der Umgebung. Diese Energie wird in innere Energie der Produkte umgewandelt, die Umgebung kühlt ab.

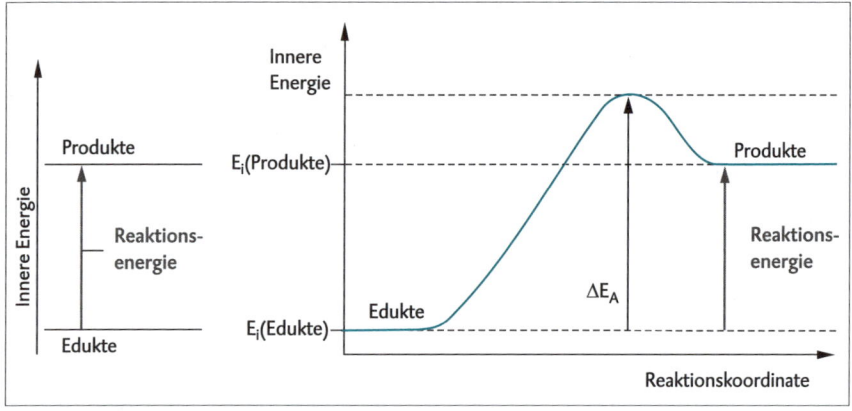

Abb. 24: Energieschema (links) und Energiediagramm (rechts) einer endothermen Reaktion

Die Produkte enthalten also **mehr** innere Energie als die Edukte. Der Wert der Reaktionsenergie ΔE_i hat somit ein **positives** Vorzeichen.

2.3 Aktivierung chemischer Reaktionen

Einige chemische Reaktionen verlaufen freiwillig. Das heißt, dass sie sofort ablaufen, sobald die Edukte zusammenkommen. Auf der Teilchenebene bedeutet dies, dass Teilchen der Edukte zusammenstoßen und in einer exothermen Reaktion spontan zu stabileren Produkten reagieren. Die meisten exothermen und auch endothermen Reaktionen laufen jedoch erst nach einer **Aktivierung** ab, da die Teilchen mit einer für die Reaktion spezifischen **Mindestenergie** (E_{min}) zusammenstoßen müssen.

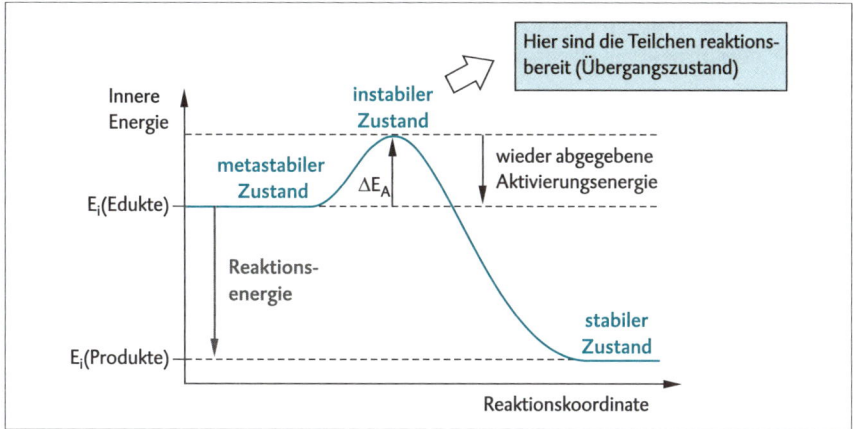

Abb. 25: Energiediagramm einer exothermen Reaktion mit Übergangszustand

Unter Aktivierung einer exothermen Reaktion versteht man, dass die Edukt-teilchen aus einem metastabilen Zustand in einen reaktionsbereiten Zustand, den Übergangszustand, gebracht werden. Hat die Reaktion zwischen den Teilchen erst einmal begonnen, so führt die frei werdende Energie dazu, dass weitere Teilchen den reaktionsbereiten Zustand erreichen. Die Reaktion läuft nun unter Energieabgabe vollständig ab.

Neben den exothermen Reaktionen müssen jedoch auch endotherme Reaktionen aktiviert werden. Diese Aktivierungsenergie ist dabei der Energiebetrag, der zusätzlich zur über die gesamte Reaktionszeit zuzuführende Reaktionsenergie aufgewendet werden muss.

Der Temperatureinfluss

Die gängigste Möglichkeit zur Aktivierung in der Chemie ist die **Energiezufuhr**. Der Energiebetrag, der aufgewendet werden muss, um die Reaktion zu starten, ist die **Aktivierungsenergie (ΔE_A)**. Sie entspricht also dem Energiebetrag, der benötigt wird, um den reaktionsbereiten Zustand der Teilchen zu erreichen, den sogenannten Übergangszustand. Nur dann besitzen die Teilchen die für die Reaktion spezifische Mindestenergie.

Zumeist erfolgt die Aktivierung von Reaktionen durch Zufuhr von Wärme. Durch eine Temperaturerhöhung wird die Bewegung der Teilchen gesteigert, dadurch erhöht sich sowohl der Energieinhalt der Teilchen als auch die Zahl der für die Reaktion notwendigen Zusammenstöße der Eduktteilchen.

Nach der sogenannten Reaktionsgeschwindigkeit-Temperatur-Regel (RGT-Regel) verdoppelt bis dreifacht sich die Reaktionsgeschwindigkeit bei einer Erhöhung der Temperatur um 10 °C.

Katalyse

Eine weitere Möglichkeit zur Aktivierung besteht in der Zugabe eines Katalysators. Darunter versteht man Stoffe, die durch einen veränderten Reaktionsweg die **Aktivierungsenergie senken.** Dadurch erreichen bei gleichbleibender Temperatur mehr Eduktteilchen die notwendige Mindestenergie. Es befinden sich also mehr Teilchen im reaktionsbereiten Zustand und die Reaktion wird beschleunigt.

Der Katalysator selbst wird bei der Reaktion nicht verbraucht und geht damit nicht in die Reaktionsgleichung ein. Da sich die Edukte und Produkte nicht ändern, ändert ein Katalysator auch nicht die Gesamtreaktionsenergie, sondern nur die Aktivierungsenergie.

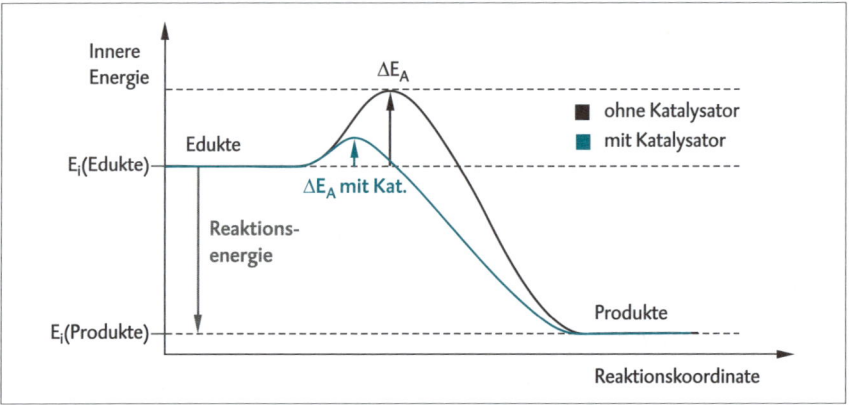

Abb. 26: Energiediagramm einer exothermen Reaktion mit und ohne Katalysator

Aufgaben

31 Erklären Sie die beiden folgenden Beobachtungen unter Verwendung geeigneter Fachbegriffe.

a In einem kleinen Becherglas, welches auf einer feuchten Tischplatte steht, werden zwei unterschiedliche Feststoffe gemischt. Nach einer Zeit ist das Becherglas auf der Tischplatte festgefroren.

b Beim Gasfeuerzeug wird Butan mit Sauerstoff zu Kohlenstoffdioxid und Wasser verbrannt.

32 Ein Stück Magnesiumband verbrennt erst nach dem Entzünden selbstständig.
   a Erläutern Sie, ob es sich hierbei um eine exotherme oder endotherme Reaktion handelt.
   b Fertigen Sie für die beschriebene Reaktion ein beschriftetes Energie-Reaktionskoordinaten-Diagramm an und zeichnen Sie alle Ihnen bekannten Energien ein.
   c Geben Sie den Fachbegriff für die Notwendigkeit des Entzündens an. Erklären Sie auf der Teilchenebene diese Notwendigkeit.

33 Überprüfen Sie nachfolgende Behauptungen und entscheiden Sie, ob diese richtig oder falsch sind. Korrigieren Sie alle falschen Aussagen.

	richtig	falsch
Die Aktivierungsenergie ist der Energiebetrag, der häufig bei exothermen Reaktionen frei wird.	☐	☐
Bei einer endothermen Reaktion enthalten die Produkte mehr innere Energie als die Edukte.	☐	☐
Der Betrag der inneren Energie ist bei einer endothermen Reaktion größer als die Aktivierungsenergie.	☐	☐
Metastabile Gemische reagieren spontan zu einem stabilen Zustand.	☐	☐

34 Wasserstoffperoxid ist eine chemische Verbindung, die in einer exothermen Reaktion zu Wasser und Sauerstoff reagiert. Man kann Wasserstoffperoxid als wässrige Lösung jedoch längere Zeit aufbewahren, ohne dass sie sich zersetzt. Gibt man den Stoff Braunstein dazu, so läuft die chemische Reaktion zu Wasser und Sauerstoff spontan ab.
   a Erläutern Sie die Wirkungsweise des zugesetzten Braunsteins.
   b Zeichnen Sie ein beschriftetes Energiediagramm für die beiden Reaktionen.
   c Wasserstoffperoxid muss kühl gelagert werden. Entwickeln Sie eine begründete Hypothese, ob diese Vorschrift sinnvoll ist.

35 Ammoniak gehört zu den weltweit mengenmäßig am meisten hergestellten Chemikalien und ist ein wichtiger Grundstoff für die chemische Industrie. Die Synthese gelingt in einem energieaufwendigen Prozess aus den Elementen Wasserstoff und Stickstoff.
Im folgenden Energiediagramm haben sich einige Fehler eingeschlichen. Verbessern Sie diese.

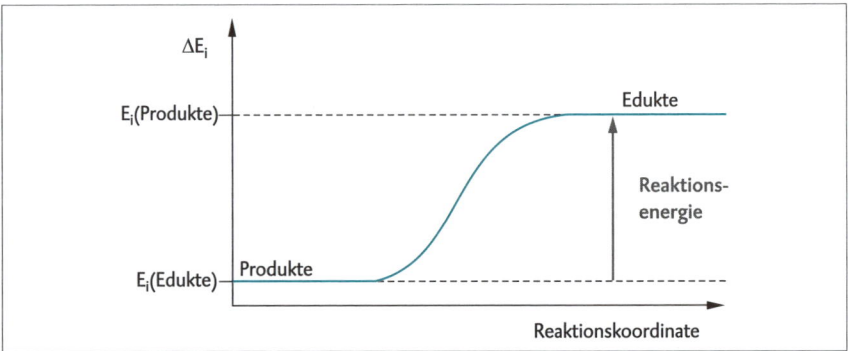

Zusammenfassung und Selbsteinschätzung der Grundkenntnisse

Themenbereich	☺	☺	☹
• Chemische Reaktionen sind durch **Stoff- und Energieänderungen** gekennzeichnet.	☐	☐	☐
• **Exotherme Reaktion** Die innere Energie der Produkte ist geringer als die der Edukte; die Differenz wird meist in Form von Wärme an die Umgebung abgegeben.	☐	☐	☐
• **Endotherme Reaktion** Die innere Energie der Produkte ist höher als die der Edukte; die Differenz wird meist in Form von Wärme fortlaufend von der Umgebung aufgenommen.	☐	☐	☐
• **Aktivierungsenergie** Durch kurzfristige Zufuhr von Energie kann in einem metastabilen System eine Reaktion ausgelöst werden.	☐	☐	☐
• **Katalyse** Die Beschleunigung der Reaktionsgeschwindigkeit durch einen Katalysator, der die Aktivierungsenergie eines metastabilen Stoffgemisches durch einen veränderten Reaktionsweg herabsetzt.	☐	☐	☐

Chemische Reaktionen

Unser Alltag ist geprägt von chemischen Reaktionen: Beim Feuerwerk werden bunte Lichteffekte mithilfe von speziellen Metallsalzen und Explosivstoffen erzeugt. Die Farbgebung erfolgt durch das Anregen von Elektronen. Auch bei Redoxreaktionen, wie hier durch das Rosten des Eisens dargestellt, spielt der Übergang von Elektronen eine große Rolle. Neben Umsetzungen im Labor im Reagenzglas finden auch beim Kochen chemische Reaktionen statt, in dem gezeigten Beispiel denaturieren die im Ei enthaltenen Proteine und erzeugen so eine Trübung des Eiweißes.

1 Reaktionsgleichungen und Arten von Reaktionen

Chemische Reaktionen sind in unserer Umgebung und in der Natur allgegenwärtig. Schon beim Frühstücken verdauen wir die Nahrung und „verbrennen" sie anschließend mithilfe vieler chemischen Reaktionen, die unter dem Begriff Zellatmung zusammengefasst sind. Viele Kleidungstücke enthalten Kunststoffe, die mithilfe von chemischen Prozessen gewonnen werden. Der Bus oder das Auto auf dem Schulweg werden mit Verbrennungsmotoren angetrieben, in denen Benzin mit Sauerstoff reagiert. Auch wenn sich diese Vorgänge voneinander unterscheiden, handelt es sich bei allen um chemische Reaktionen.

1.1 Allgemeines zum Aufstellen von Reaktionsgleichungen

Beim Grillen im Sommer verwendet man meist Holzkohle, deren Hauptbestandteil Kohlenstoff ist. Bei der Verbrennung reagiert die Kohle mit dem Sauerstoff aus der Luft unter Freisetzung einer großen Menge Energie in Form von Wärme. Lässt man im Labor Kohlenstoff mit einer ausreichenden Menge reinem Sauerstoff reagieren, so verbrennt dieser scheinbar rückstandsfrei. Das liegt daran, dass bei der Reaktion Kohlenstoffdioxid entsteht, das als farbloses Gas quasi unsichtbar ist.

Anhand dieses Beispiels lassen sich die Charakteristika einer chemischen Reaktion verdeutlichen:
- Bei einer chemischen Reaktion werden **Ausgangsstoffe, die Edukte**, verbraucht und **Endstoffe, die Produkte,** gebildet.
  Kohlenstoff und Sauerstoff werden verbraucht und es entsteht Kohlenstoffdioxid.
- Bei Edukten und Produkten handelt es sich um **Reinstoffe**. Da bei einer chemischen Reaktion die Stoffe ineinander umgewandelt werden, kann man eine **Veränderung der Stoffeigenschaften** erkennen.
  Der Feststoff Kohlenstoff verschwindet scheinbar, da er mit Sauerstoff zum gasförmigen Kohlenstoffdioxid reagiert.
- Chemische Reaktionen sind immer an einen **Energieumsatz** geknüpft (siehe S. 46 ff.).
  Bei der Reaktion zwischen Kohlenstoff und Sauerstoff wird sehr viel Energie freigesetzt. Dies kann anhand der Wärme, die ein Kohlefeuer abstrahlt, direkt wahrgenommen werden.

- Prinzipiell sind chemische Reaktionen **umkehrbar**.
  Die Umkehrung von chemischen Reaktionen ist häufig jedoch sehr umständlich und nur im Labor möglich. Im Falle von der Reaktion von Kohlenstoffdioxid zu elementarem Kohlenstoff ist ein enorm hoher Energiebetrag nötig, der im Labor nur schwer erzeugt werden kann. Dennoch gibt es auch im Alltag viele Prozesse, bei denen chemische Reaktionen umgekehrt werden können. Werden Akkumulatoren entladen, so laufen chemische Reaktionen ab, die Energie liefern. Beim Laden des Akkus laufen die gleichen Reaktionen in umgekehrter Weise ab.

Um chemische Vorgänge darzustellen, formulieren Chemiker weltweit **Reaktionsgleichungen**. Sie verwenden eine Formelsprache (siehe S. 18 ff.), um Elemente und Verbindungen darzustellen. Das Prinzip der Reaktionsgleichung kann aber auch mithilfe einer **Wortgleichung** verdeutlicht werden. Bei dem oben beschriebenen Vorgang reagieren Kohlenstoff und Sauerstoff zu Kohlenstoffdioxid. Bei der Reaktionsgleichung und der Wortgleichung schreibt man die Edukte links von dem Reaktionspfeil, die Produkte rechts davon. Gibt es mehrere Edukte oder Produkte, setzt man ein „+"-Zeichen zwischen die Stoffe. Die Gleichung wird „Kohlenstoff und Sauerstoff reagieren zu Kohlenstoffdioxid" gelesen.

Kohlenstoff + Sauerstoff ⟶ Kohlenstoffdioxid

1.2 Aufstellen von Reaktionsgleichungen

Reaktionsgleichungen werden ähnlich aufgestellt wie Wortgleichungen. Die Elementsymbole oder chemischen Formeln der Edukte notiert man links vom Reaktionspfeil, die der Produkte rechts vom Pfeil. Gibt es mehrere Edukte oder Produkte, setzt man zwischen die Symbole oder Formeln ein „+"-Zeichen.
Es muss beachtet werden, dass folgende Elemente nicht atomar vorliegen, sondern aus zweiatomigen Molekülen bestehen: Wasserstoff (H_2), Sauerstoff (O_2), Stickstoff (N_2) und die Elemente der VII. Hauptgruppe (F_2, Cl_2, Br_2, I_2). Diese Elemente kann man sich leicht mit einer Eselsbrücke merken. Verwendet man deren Elementsymbole, so lässt sich daraus **HOFBrINCl** als Akronym bilden.
Sind die Elementsymbole und Verbindungen notiert, überprüft man die Anzahl der Atome für die einzelnen Elemente. Sind sie nicht identisch, gleicht man die Atomzahlen mithilfe von Koeffizienten aus (siehe Beispiel). Dies sind Faktoren, die vor das jeweilige Elementsymbol oder vor eine Formel geschrie-

ben werden. Der Koeffizient gilt für die gesamte chemische Formel als Faktor. Man ermittelt die Atomzahlen, indem man den jeweiligen Index mit dem Koeffizienten multipliziert. Beispielsweise sind in 2 H_2O vier Wasserstoff- und zwei Sauerstoffatome enthalten.

Beispiel

Natrium + Chlor ⟶ Natriumchlorid

1. Elementsymbole und Formeln notieren:

   Na + Cl_2 ⟶ NaCl

2. Anzahl an Atomen überprüfen und ausgleichen:

   2 Na + Cl_2 ⟶ 2 NaCl

1.3 Reaktionstypen

Prinzipiell werden in der Chemie drei Reaktionstypen unterschieden. Reagieren zwei oder mehr Reinstoffe (in der Regel Elemente) zu einem neuen Reinstoff, spricht man von einer **Synthese**. Die Zerlegung einer Verbindung bezeichnet man als **Analyse**. Bei der **Umsetzung** entstehen aus zwei oder mehr Edukten zwei oder mehr Produkte. Im Prinzip ist sie eine Kopplung von Analyse und Synthese. Abbildung 27 zeigt eine grafische Veranschaulichung der Reaktionstypen mit je einem Beispiel.

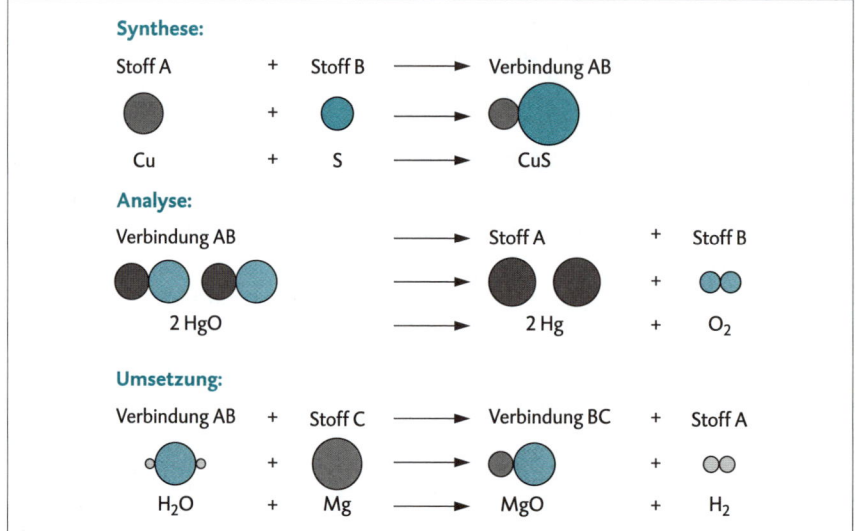

Abb. 27: Überblick über die Reaktionstypen chemischer Reaktionen

Chemische Verbindungen lassen sich prinzipiell mithilfe einer Analyse in andere Reinstoffe zersetzen. Kann ein Reinstoff chemisch nicht weiter zersetzt werden, handelt es sich um einen elementaren Stoff. Die chemischen Elemente sind im Periodensystem aufgelistet. Manche Verbindungen können jedoch aus praktischen Gründen nicht wieder zersetzt werden, da die dafür nötige Energie mit den vorhandenen Mitteln im Labor nicht aufgewendet werden kann.

Aufgaben

36 Ordnen Sie die Vorgänge chemischen und physikalischen Reaktionen zu, indem Sie die Vorgänge mit den passenden Reaktionen mittels Linien verbinden.

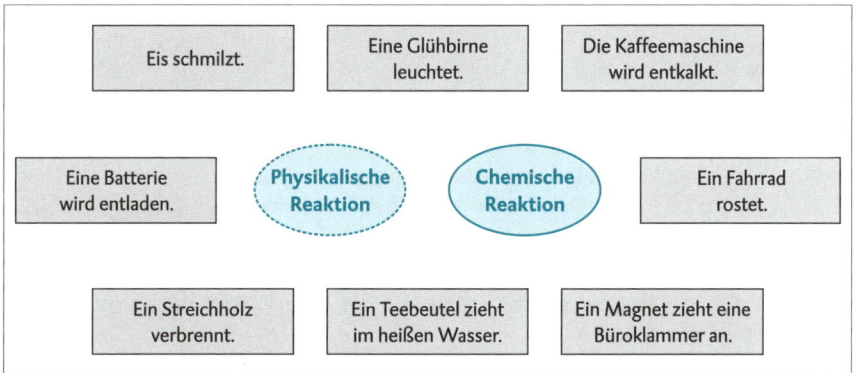

37 Nennen Sie die Eigenschaften von chemischen Reaktionen.

38 Im folgenden Text wird Wasserstoff als möglicher Energieträger der Zukunft beschrieben:

„Wasserstoff wird häufig als Energieträger der Zukunft bezeichnet. Allerdings befindet sich kaum Wasserstoff in unserer Atmosphäre, weshalb er erst gewonnen werden muss. Hierzu wird Wasser mithilfe von elektrischer Energie, die z. B. aus Solaranlagen stammt, in die Gase Wasserstoff und Sauerstoff zerlegt. Der so gewonnene Wasserstoff könnte beispielsweise zu Tankstellen transportiert werden, wo er von Fahrzeugen getankt wird. Im Motor kann der Wasserstoff zusammen mit dem Sauerstoff aus der Luft reagieren, wodurch als Abgas nur Wasser entsteht. Die Energie aus der Verbrennung des Wasserstoffs kann zum Antrieb des Fahrzeugs genutzt werden."

a Kennzeichnen und erläutern Sie die im Text enthaltenen Charakteristika von chemischen Reaktionen.

b Formulieren Sie die Wortgleichungen zu den ablaufenden chemischen Reaktionen.

39 Überprüfen Sie die folgenden Aussagen zum Aufstellen von Reaktionsgleichungen auf ihre Richtigkeit. Kreuzen Sie die richtigen Aussagen an und verbessern Sie die falschen.

☐ Die Produkte werden links vom Reaktionspfeil geschrieben, die Edukte rechts davon.

_____

☐ Gibt es mehrere Edukte oder Produkte, werden sie durch ein „+" Zeichen verbunden.

_____

☐ Um die Atomzahlen in chemischen Gleichungen richtigzustellen, muss man den Index der einzelnen Verbindungen verändern.

_____

☐ Um die Atomzahlen in chemischen Gleichungen richtigzustellen, muss man den passenden Koeffizienten vor die Elementsymbole bzw. chemischen Formeln verändern.

_____

☐ Der Koeffizient gilt als Faktor für die gesamte chemische Formel.

_____

☐ Der Reaktionspfeil wird als „ist gleich" gelesen.

_____

40 Stellen Sie zu folgenden Reaktionen die Reaktionsgleichungen auf.

a Wasserstoff und Sauerstoff reagieren zu Wasser.

b Eisen reagiert mit Iod zu Eisen(III)-iodid (siehe S. 31).

c Octan (C_8H_{18}) ist ein Hauptbestandteil von Benzin, der im Motor zu Kohlenstoffdioxid und Wasser reagiert.

d Bei der Reaktion von Stickstoffdioxid mit Wasser entstehen Salpetersäure (HNO_3) und Salpetrige Säure (HNO_2).

e Die Zellatmung ist ein Prozess zur Energiegewinnung in menschlichen Zellen. Hierbei reagiert Traubenzucker ($C_6H_{12}O_6$) mit Sauerstoff zu Kohlenstoffdioxid und Wasser.

41 Der wichtigste Rohstoff zur Gewinnung von Kupfer ist Kupferkies. Aus dieser Verbindung wird zunächst Kupfer(I)-sulfid gewonnen (siehe S. 31). Dieses reagiert mit Sauerstoff zu Kupfer(I)-oxid und Schwefeldioxid. Kupfer(I)-sulfid und Kupfer(I)-oxid reagieren zusammen zu Kupfer und Schwefeldioxid. Da das anfallende Schwefeldioxid umweltschädlich ist, wird das Gas weiter zur Schwefelsäure (H_2SO_4) verarbeitet. Vereinfacht betrachtet reagiert Schwefeldioxid mit Sauerstoff zu Schwefeltrioxid, das im Anschluss mit Wasser zur Schwefelsäure reagiert.
Formulieren Sie die Reaktionsgleichungen für die im Text beschriebenen Reaktionen.

42 Zink ist ein Metall, das beispielsweise im Fahrzeugbau als Korrosionsschutz verwendet wird. Gewonnen wird Zink aus Zinksulfiderzen wie Zinkblende oder Wurzit. Das Zinksulfid (Zink ist in Verbindungen zweiwertig) wird zunächst geröstet, d. h. mit Sauerstoff zur Reaktion gebracht. Hierbei entsteht neben Zinkoxid auch Schwefeldioxid. Das Zinkoxid reagiert weiter mit Kohlenstoff, wobei Zink und Kohlenstoffmonooxid entstehen. Sind die Eisen- oder Stahlteile verzinkt worden, d. h. mit einer Zinkschicht überzogen worden, so reagiert die außenliegende Zinkschicht mit Sauerstoff. Es bildet sich eine Schutzschicht, die vereinfacht betrachtet aus Zinkoxid besteht.

Formulieren Sie für die im Text beschriebenen Reaktionen die Reaktionsgleichungen und geben Sie an, um welchen Reaktionstyp es sich jeweils handelt.

43 Stellen Sie die passenden Reaktionsgleichungen auf und nennen Sie den jeweiligen Reaktionstyp.
   a Bei der Elektrolyse wird Wasser mithilfe von elektrischem Strom in die Elemente zerlegt.
   b Barium ist ein Schwermetall, dessen Ionen durch Bildung eines unlöslichen Niederschlags aus einer Lösung entfernt werden können. Um das zu verdeutlichen, mischt der Lehrer eine Bariumchloridlösung mit einer Natriumsulfatlösung, worauf Bariumsulfat ausfällt und Natriumchlorid gelöst zurückbleibt.

Zusammenfassung und Selbsteinschätzung der Grundkenntnisse

Themenbereich   ☺   😐   ☹

- **Chemische Reaktionen** ☐ ☐ ☐
  Bei chemischen Reaktionen werden Edukte zu den Produkten umgewandelt. Die Reaktionen sind immer an einen Energieumsatz gebunden und prinzipiell umkehrbar.

- **Aufstellen von Reaktionsgleichungen** ☐ ☐ ☐
  Zuerst werden die Elementsymbole bzw. die chemischen Formeln der Edukte links vom Reaktionspfeil, die der Produkte rechts davon notiert. Im Anschluss gleicht man die Atomzahlen mithilfe von Koeffizienten aus.

- **Elemente mit zweiatomigen Molekülen** ☐ ☐ ☐
  Wasserstoff, Sauerstoff, Stickstoff sowie die Elemente der VII. Hauptgruppe bestehen aus zweiatomigen Molekülen.

- **Reaktionstypen** ☐ ☐ ☐
  In der Chemie unterscheidet man folgende Reaktionstypen:
  - **Synthese:** Mehrere Reinstoffe reagieren zu einem neuen Reinstoff.
  - **Analyse:** Ein Reinstoff wird in mehrere Produkte zerlegt.
  - **Umsetzung:** Mehrere Edukte reagieren zu mehreren Produkten.

2 Gleichgewichtsreaktionen

Ein Kennzeichen von chemischen Reaktionen ist ihre Umkehrbarkeit. Reagieren beispielsweise Iod und Wasserstoff miteinander, so entsteht Wasserstoffiodid:

$$I_2 + H_2 \longrightarrow 2\,HI$$

Es reagieren aber nicht alle Iod- und Wasserstoffmoleküle, sondern je nach Reaktionsbedingungen ein gewisser Prozentsatz. Ein Teil der entstandenen Wasserstoffiodidmoleküle zerfällt wiederum zu Iod- und Wasserstoffmolekülen:

$$2\,HI \longrightarrow I_2 + H_2$$

Die Hin- und Rückreaktion laufen gleichzeitig ab. Solche Reaktionen werden als Gleichgewichtsreaktionen bezeichnet. Man verwendet in der Reaktionsgleichung statt eines normalen Reaktionspfeils den Gleichgewichtspfeil:

$$I_2 + H_2 \rightleftharpoons 2\,HI$$

Da die Hin- und Rückreaktion zeitgleich ablaufen, stellt sich ein Zustand ein, bei dem keine erkennbare Änderung der Zusammensetzung des Stoffgemisches erfolgt. Dieser Zustand wird als chemisches Gleichgewicht bezeichnet. Tatsächlich handelt es sich aber nicht um einen Ruhezustand. Ständig zerfallen Wasserstoffiodidmoleküle, während Wasserstoff- und Iodmoleküle wieder zu Wasserstoffiodid reagieren. Im Gleichgewichtszustand laufen die Hin- und die Rückreaktion gleich schnell ab, sodass so viele Produkte entstehen, wie Edukte rückgebildet werden.

Prinzipiell lässt sich jede chemische Reaktion als eine Gleichgewichtsreaktion auffassen. Bei vielen Reaktionen liegt das Gleichgewicht aber nahezu komplett auf einer Seite. Bei der Reaktion von Wasserstoff und Sauerstoff zu Wasser liegen im Gleichgewichtszustand praktisch nur Wassermoleküle vor.

Gerade in der organischen Chemie stellen viele Reaktionen Gleichgewichtsreaktionen dar, bei denen alle Reaktionskomponenten im Reaktionsgemisch vorliegen (siehe S. 137 f.). Reagieren ein Alkohol und eine Carbonsäure miteinander, so entsteht ein Ester unter der Abspaltung von Wasser. Jedoch zerfällt der Ester auch wieder in seine Produkte:

$$H_3C-COOH + CH_3-OH \rightleftharpoons H_3C-CH_2OO-CH_3 + H_2O$$

Carbonsäure	Alkohol	Ester	Wasser
hier: Essigsäure	hier: Methanol	hier: Essigsäuremethylester	

Bei der Produktion von Estern kann die Ausbeute erhöht werden, indem das Gleichgewicht beeinflusst wird. Dies gelingt beispielsweise, indem man leicht-flüchtige Produkte während der Bildung abdestilliert oder anderweitig der Reaktion entzieht. Ein kostengünstiges Edukt kann beispielsweise im Überschuss zugegeben werden, sodass auch so die Rückbildung der Edukte erschwert wird. Die Gleichgewichtsreaktionen und ihre Beeinflussung werden in der Oberstufe im Detail besprochen.

Aufgaben

44 Definieren Sie den Begriff chemisches Gleichgewicht und geben Sie ein Beispiel für eine Gleichgewichtsreaktion an, die Sie aus dem Alltag kennen.

45 In der folgenden Abbildung ist die mit konzentrierter Schwefelsäure katalysierte Bildung von Essigsäureethylester aus seinen Edukten dargestellt.

$$CH_3-COOH + CH_3-CH_2OH \rightleftharpoons CH_3-COO-CH_2-CH_3 + H_2O$$

Die sich verändernden Konzentrationen der Reaktionsteilnehmer während des Versuchs (V1) sind im Diagramm abgebildet.

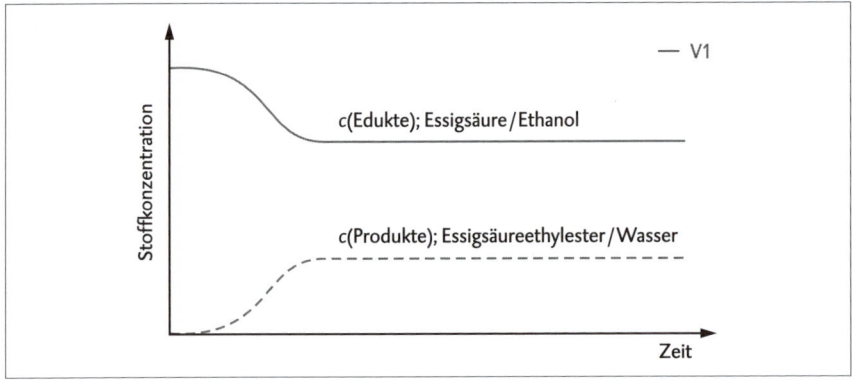

In einem weiteren Versuch (V2) wird Essigsäureethylester mit Wasser und konzentrierter Schwefelsäure als Katalysator zur Reaktion gebracht. Tragen Sie die entsprechenden Kurven in das oben stehende Diagramm ein.

46 In der folgenden Abbildung sind schematisch die Abläufe bei der Einstellung des chemischen Gleichgewichts dargestellt. In Rundkolben I befinden sich Propanol und Methansäure als Edukte, in Rundkolben III Methansäurepropylester und Wasser. In Rundkolben II soll das chemische Gleichgewicht dargestellt werden. Ergänzen Sie die passenden Symbole in Kolben II.

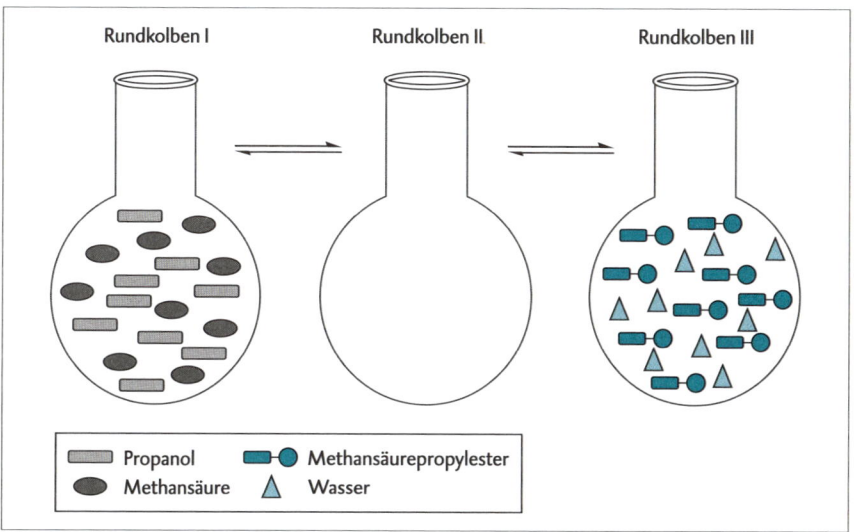

Zusammenfassung und Selbsteinschätzung der Grundkenntnisse

Themenbereich	☺	☺	☹
• **Gleichgewichtsreaktionen** Reaktionen, bei denen in einer Hinreaktion Produkte entstehen, die gleichzeitig bei der Rückreaktion in die Edukte zerfallen, werden als Gleichgewichtsreaktionen bezeichnet.	☐	☐	☐
• **Chemisches Gleichgewicht** Es handelt sich um den Zustand, bei dem sich die Zusammensetzung des Stoffgemisches nicht ändert, da die Hin- und die Rückreaktion gleichzeitig stattfinden.	☐	☐	☐

3 Säure-Base-Reaktionen

Säuren sind uns aus dem Alltag bekannt. Jedes Kind weiß, dass eine Zitrone sauer schmeckt, dies liegt unter anderem an der enthaltenen Zitronensäure. Allerdings sorgt nicht nur diese Säure für den Geschmackseindruck. Zitronen, wie auch viele andere Früchte, enthalten auch Ascorbinsäure, die besser als Vitamin C bekannt ist. Andere Beispiele sind etwa die im Essig enthaltene Ethansäure (Essigsäure) und die Milchsäure, die in vielen Milchprodukten vorliegt. In Cola-Getränken findet sich neben der Kohlensäure auch Phosphorsäure, die für den erfrischenden Geschmack sorgt. Spätestens bei der Verdauung der Lebensmittel kommt dann die Magensäure ins Spiel. Ihr Hauptbestandteil ist Salzsäure, die von Zellen der Magenschleimhaut produziert wird.

Aus chemischer Sicht ist das Gegenteil von sauer nicht süß. Dies ist lediglich ein geschmackliches Empfinden, da der saure Geschmack durch Süße überlagert werden kann, und beeinflusst nicht die chemischen Eigenschaften von Säuren. Chemisch gesehen sind die Basen das Gegenstück zu den Säuren, da diese miteinander neutralisiert werden können.

3.1 Wesentliche Fachbegriffe

Zwar können Lösungen von Säuren und Basen an ihrem Geschmack identifiziert werden, jedoch ist es wie bei den meisten Chemikalien nicht ratsam, sie auf ihren Geschmack hin zu testen. Um eine Lösung als sauer oder basisch zu identifizieren, verwendet man in der Chemie Indikatoren. Das sind Stoffe, die ihre Farbe ändern, wenn sie mit Lösungen von Säuren oder Basen in Kontakt kommen. In Tabelle 9 sind einige Indikatoren mit ihren jeweiligen Färbungen aufgeführt.

Indikator	sauer	neutral	basisch
Lackmus	rot	violett	blau
Bromthymolblau	gelb	grün	blau
Phenolphthalein	farblos	farblos	pink

Tab. 9: Indikatorfarben

Ähnlich wie viele Fachbegriffe unterlagen auch die Begriffe Säure und Base historischen Entwicklungen, weshalb es unterschiedliche Begriffsdefinitionen gibt.

Eine frühe Säure-Base-Theorie formulierte der schwedische Chemiker SVANTE ARRHENIUS. Er definierte Säuren als Stoffe, die in wässriger Lösung unter Bildung von positiv geladenen Wasserstoffionen (H^+) dissoziieren, die auch als Protonen bezeichnet werden, da ein H^+-Teilchen nur noch aus diesem Kernteilchen besteht. Neben Protonen entstehen bei der Reaktion auch Anionen, die als Säurerest bezeichnet werden.

Säuremolekül $\longrightarrow$ Proton(en) + Säurerest

Beispiel Wasserstoffchlorid HCl (g)

$$HCl_{(g)} \xrightarrow{\ H_2O\ } H^+_{(aq)} + Cl^-_{(aq)}$$

Basen definierte er als Stoffe, die in wässriger Lösung unter Bildung von Hydroxidionen (OH^-) dissoziieren. Bei dieser Reaktion entstehen zusätzlich Kationen, die als Basenreste bezeichnet werden.

Basenmolekül $\longrightarrow$ Hydroxidionen + Basenrest

Beispiel Natriumhydroxid NaOH (s)

$$NaOH_{(s)} \xrightarrow{\ H_2O\ } OH^-_{(aq)} + Na^+_{(aq)}$$

Die Theorie von ARRHENIUS hatte einige Schwächen. Beispielsweise ist der saure oder basische Charakter von einigen Stoffen in wässriger Lösung mit dieser Theorie nicht erklärbar. So entsteht beim Einleiten von Ammoniak ($NH_{3\,(g)}$) in Wasser ebenfalls eine Lösung mit basischen Eigenschaften.
Der dänische Chemiker JOHANNES NIKOLAUS BRØNSTED stellte deshalb eine erweiterte Säure-Base-Theorie auf. Er definierte Säuren als Stoffe, deren Teilchen in der Lage sind, Protonen abzugeben. Sie sind Protonendonatoren. Basen bezeichnet er als Protonenakzeptoren, d. h. als Stoffe, deren Teilchen Protonen aufnehmen können.
Er beschreibt außerdem, dass freie Protonen nicht stabil sind. In wässriger Lösung reagieren sie mit Wassermolekülen zu Oxoniumionen (H_3O^+).

$$H_2O + H^+ \longrightarrow H_3O^+$$

Somit ergeben sich für die Reaktionen von Wasserstoffchlorid und Ammoniak mit Wasser folgende Reaktionsgleichungen:

$$HCl_{(g)} + H_2O \longrightarrow H_3O^+_{(aq)} + Cl^-_{(aq)}$$

$$NH_{3\,(g)} + H_2O \longrightarrow OH^-_{(aq)} + NH_4^+_{(aq)}$$

Protonenaufnahme und Protonenabgabe laufen bei Säure-Base-Reaktionen immer gekoppelt ab. Sie folgen dem **Donator-Akzeptor-Prinzip**, das besagt, dass immer so viele Teilchen aufgenommen wie abgegeben werden.

Reaktionen, bei denen Protonen von einem Partner auf den anderen übertragen werden, bezeichnet man als **Protolysen**. Säuren geben in wässrigen Lösungen Protonen ab, die von Wassermolekülen aufgenommen werden. Basen hingegen nehmen in wässriger Lösung Protonen auf, die von Wassermolekülen abgegeben werden. Je nach Reaktionspartner reagiert Wasser als Protonenakzeptor oder -donator. Somit verhält sich Wasser gegenüber Säuren als Base und gegenüber Basen als Säure. Solche Stoffe werden als **Ampholyte** bezeichnet.

Prinzipiell ist jede chemische Reaktion umkehrbar (siehe S. 58 f.). Jede Säure-Base-Reaktion kann daher auch als Gleichgewichtsreaktion betrachtet werden. Starke Säuren bzw. starke Basen reagieren mit Wasser nahezu vollständig, sodass im Gleichgewichtszustand fast ausschließlich die Produkte vorliegen. Bei schwachen Säuren oder Basen ist im Gleichgewichtszustand auch ein hoher Anteil an Edukten vorhanden.

Ein Beispiel für eine schwache organische Säure ist die Ethansäure (Essigsäure) CH_3-COOH. Sie reagiert mit Wasser zu Oxioniumionen und Acetatanionen:

$$CH_3-COOH + H_2O \rightleftharpoons H_3O^+ + CH_3-COO^-$$

Essigsäure $\qquad\qquad\qquad\qquad\qquad$ Acetat-Anion

In der Rückreaktion nimmt das Acetatanion ein Proton vom Oxoniumion auf und reagiert wieder zur Essigsäure. Das Acetatanion reagiert als Protonenakzeptor und somit als Base. Die Wassermoleküle dienen in der Hinreaktion als Protonenakzeptoren, die Oxoniumionen in der Rückreaktion als Protonendonatoren. Aus einer Säure entsteht demnach eine Base und umgekehrt. Man spricht von **korrespondierenden Säure-Base-Paaren**.

Beispiel

Methansäure (Ameisensäure) reagiert mit Wasser:

$$HCOOH + H_2O \rightleftharpoons H_3O^+ + HCOO^-$$

Säure 1 $\quad$ Base 2 $\qquad\qquad$ Säure 2 $\quad$ Base 1

1. Korrespondierendes Säure-Base-Paar: $HCOOH/HCOO^-$
2. Korrespondierendes Säure-Base-Paar: H_2O/H_3O^+

Ampholyte wie beispielsweise Wasser besitzen eine Sonderstellung, da sie zwei unterschiedliche Säure-Base-Paare bilden können. Wasser kann als Base fungieren und zu Oxoniumionen reagieren oder als Säure dienen und es entstehen Hydroxidionen.

$$H_2O + H^+ \longrightarrow H_3O^+ \qquad\qquad H_2O \longrightarrow OH^- + H^+$$

3.2 Säuren und saure Lösungen

Laut BRØNSTED sind Säuren Stoffe, deren Moleküle Protonen abgeben können. Wird etwa Wasserstoffchlorid in Wasser eingeleitet, so entsteht Salzsäure:

$$HCl_{(g)} \quad + \quad H_2O \longrightarrow Cl^-_{(aq)} + H_3O^+_{(aq)}$$

Wasserstoffchlorid

Salzsäure

Bei dieser Reaktion ist laut BRØNSTED nicht Salzsäure die eigentliche Säure, sondern Wasserstoffchlorid. Dies kommt daher, dass im Sprachgebrauch der Begriff Säure sowohl für die Säure (hier das Molekül Wasserstoffchlorid) als auch für die saure Lösung (hier Salzsäure) verwendet wird. Auch wenn der Begriff Säure für saure Lösungen zulässig ist, werden in den folgenden Kapiteln diese Begriffe unterschieden: Der Begriff Säure wird nach der Definition von BRØNSTED verwendet, und deren wässrige Lösungen werden als saure Lösungen bezeichnet.

Neben Salzsäure sind die wichtigsten Vertreter der anorganischen Säuren Schwefelsäure (H_2SO_4), Phosphorsäure (H_3PO_4), Salpetersäure (HNO_3) und Kohlensäure (H_2CO_3). Bei diesen handelt es sich um sauerstoffhaltige Säuren, die aus der Reaktion von Nichtmetalloxiden mit Wasser hervorgehen. Beispielsweise entsteht Schwefelsäure durch die Reaktion von Schwefeltrioxid mit Wasser:

$$SO_3 + H_2O \longrightarrow H_2SO_4$$

Die Moleküle von Säuren weisen als typisches Kennzeichen mindestens ein Wasserstoffatom auf, welches über eine polare Atombindung gebunden ist und somit als Proton abgespalten werden kann.

Auch organische Säuren wie die Ethansäure können auf diese Weise ein Proton abspalten (siehe auch S. 136 f. zu Carbonsäuren).

Saure Lösungen besitzen typische Eigenschaften. Verantwortlich für diese ist das Oxoniumion.

Saure Lösungen (im Folgenden als Beispiel immer Salzsäurelösungen) reagieren mit ...

- unedlen Metallen unter Bildung von Wasserstoff und einem Salz.

$$2\,H_3O^+ + 2\,Cl^- + Zn \longrightarrow Zn^{2+} + 2\,Cl^- + H_2 + 2\,H_2O$$

- vielen Metalloxiden zu Salzen und Wasser.

$$2\,H_3O^+ + 2\,Cl^- + CuO \longrightarrow Cu^{2+} + 2\,Cl^- + 3\,H_2O$$

- vielen weiteren Salzen. Dies dient z. B. zum Carbonatnachweis bzw. dem Auflösen von Kalk.

$$2\,H_3O^+ + 2\,Cl^- + Na_2CO_3 \longrightarrow 2\,Na^+ + 2\,Cl^- + CO_2 + 3\,H_2O$$

Neben den oben genannten Säuren enthält die folgende Tabelle eine detailliertere Übersicht über typische Säuren und deren Reste.

Säurename	Summenformel/ Halbstrukturformel (org.)	Summenformel des Säurerestes	Name des Säurerestes
Wasserstoffchlorid	HCl	Cl^-	Chlorid
Schwefelsäure	H_2SO_4	SO_4^{2-}	Sulfat
Schweflige Säure	H_2SO_3	SO_3^{2-}	Sulfit
Phosphorsäure	H_3PO_4	PO_4^{3-}	Phosphat
Phosphorige Säure	H_3PO_3	PO_3^{3-}	Phosphit
Salpetersäure	HNO_3	NO_3^-	Nitrat
Salpetrige Säure	HNO_2	NO_2^-	Nitrit
Kohlensäure	H_2CO_3	CO_3^{2-}	Carbonat
Wasserstofffluorid	HF	F^-	Fluorid
Wasserstoffbromid	HBr	Br^-	Bromid
Wasserstoffiodid	HI	I^-	Iodid
Methansäure (Ameisensäure)	$HCOOH$	$HCOO^-$	Methanoat (Formiat)
Ethansäure (Essigsäure)	CH_3-COOH	CH_3-COO^-	Ethanoat (Acetat)
Oxalsäure	$HOOC-COOH$	$^-OOC-COO^-$	Oxalat

Tab. 10: Wichtige Vertreter der Säuren und ihrer dazugehörigen Säurereste

3.3 Basen und basische (alkalische) Lösungen

Wird eine Base in Wasser gelöst, so entsteht eine basische (alkalische) Lösung. Basen sind Protonenakzeptoren: Beim Lösen im Wasser reagieren sie mit diesem unter der Bildung des Basenrestes und Hydroxidionen:

$$NH_{3\,(g)} + H_2O \longrightarrow NH_4^+{}_{(aq)} + OH^-{}_{(aq)}$$

Ammoniak   Ammoniumion   Hydroxidion

Bei der Reaktion von Ammoniak mit Wasser fungiert Ammoniak als BRØNSTED'sche Base. Die entstehende wässrige Lösung von Ammonium- und Hydroxidionen stellt die basische oder alkalische Lösung dar. Das Hydroxidion ist für die Eigenschaften der alkalischen Lösung verantwortlich. Viele basische Lösungen entstehen nicht durch die Protonenabgabe eines Wassermoleküls, sondern durch die Dissoziierung eines Hydroxidsalzes:

$$NaOH_{(s)} \xrightarrow{\;H_2O\;} Na^+{}_{(aq)} + OH^-{}_{(aq)}$$

Lösungen von Hydroxidsalzen in Wasser werden als Laugen bezeichnet. Allerdings gilt der Begriff Lauge auch häufig als Synonym für alkalische oder basische Lösungen. Viele der häufig verwendeten Basen sind Metallhydroxide. Sie entstehen durch die Reaktion von Metalloxiden mit Wasser.

Ein typisches Kennzeichen einer Base ist, dass ihre Teilchen mindestens ein freies Elektronenpaar besitzen müssen, an dem ein Proton binden kann.

Im Gegensatz zu den Säuren und ihren sauren Lösungen gibt es nur wenige typische Eigenschaften, die auf Basen und ihre wässrigen Lösungen zutreffen. Generell lassen sich lediglich zwei typische Eigenschaften von basischen Lösungen feststellen:

- Sie färben Indikatoren charakteristisch.
- Sie fühlen sich glitschig an, was auf ein Aufquellen der Haut zurückzuführen ist.

Neben den oben genannten Basen enthält Tabelle 11 eine detailliertere Übersicht über typische Basen, deren Lösungen und Reste.

Name der Base	Name der Lösung	Summen-formel	Summenformel des Restes	Name des Restes
Natriumhydroxid	Natronlauge	NaOH	Na^+	Natriumion
Kaliumhydroxid	Kalilauge	KOH	K^+	Kaliumion
Calciumhydroxid	Kalkwasser	$Ca(OH)_2$	Ca^{2+}	Calciumion
Bariumhydroxid	Barytwasser/-lauge	$Ba(OH)_2$	Ba^{2+}	Bariumion
Ammoniak	Ammoniakwasser/ -lösung	NH_3	NH_4^+	Ammoniumion

Tab. 11: Wichtige Vertreter der Basen und ihre dazugehörigen Reste

3.4 Die Neutralisation

Reagieren eine saure und eine alkalische Lösung in sich entsprechenden Mengen miteinander, so heben sich deren Wirkungen gegenseitig auf, weshalb man von einer Neutralisation spricht. Als Produkte der exothermen Reaktion entstehen Wasser und ein im Wasser gelöstes Salz.

saure Lösung + alkalische Lösung $\longrightarrow$ Wasser + Salz

Neutralisiert man beispielsweise Salzsäure mit Natronlauge, so entsteht das Salz Natriumchlorid:

$HCl_{(aq)}$ + $NaOH_{(aq)}$ $\longrightarrow$ H_2O + $NaCl_{(aq)}$

Für die saure bzw. alkalische Wirkung der Lösungen sind die Oxonium- bzw. Hydroxidionen verantwortlich. Diese reagieren bei einer Neutralisation zu Wasser. Betrachtet man die Neutralisation als Ionengleichung, erhält man folgende Reaktionsgleichung:

H_3O^+ + Cl^- + Na^+ + OH^- $\longrightarrow$ Na^+ + Cl^- + $2\,H_2O$

Eine Neutralisation lässt sich vereinfacht als Reaktion von den Oxonium- mit den Hydroxidionen auffassen. Sie stellen mit dem Wasser die korrespondierenden Säure-Base-Paare dar. Hierbei ist egal, welche sauren bzw. alkalischen Lösungen miteinander reagieren. Lediglich das aus Säure- und Basenrest entstehende Salz unterscheidet sich.

$$\text{H}_3\text{O}^+ \ + \ \text{OH}^- \longrightarrow \text{H}_2\text{O} \ + \ \text{H}_2\text{O}$$

Säure 1   Base 2   Base 1   Säure 2

Bei **mehrprotonigen Säuren** kann auch eine stufenweise Abspaltung der Protonen ablaufen. Je nach Verhältnis der zugegebenen Menge an saurer und alkalischer Lösung können unterschiedliche Salze entstehen:

$$\text{H}_2\text{SO}_4 + \text{NaOH} \longrightarrow \text{NaHSO}_4 + \text{H}_2\text{O}$$
Natriumhydrogensulfat

$$\text{H}_2\text{SO}_4 + 2\,\text{NaOH} \longrightarrow \text{Na}_2\text{SO}_4 + 2\,\text{H}_2\text{O}$$
Natriumsulfat

Eine Reaktion zwischen einer Säure und einer Base muss nicht zwangsweise im wässrigen Milieu stattfinden. Stellt man geöffnete Gefäße mit konzentrierter Salzsäure und konzentrierter Ammoniaklösung nebeneinander, so entsteht über den Gefäßen ein weißer Rauch. Aus den konzentrierten Lösungen entweichen Wasserstoffchlorid- bzw. Ammoniakgas und reagieren miteinander zu Ammoniumchlorid.

$$\text{HCl}_{(g)} + \text{NH}_{3\,(g)} \longrightarrow \text{NH}_4\text{Cl}_{(s)}$$

Bei dieser Reaktion entsteht kein Wasser, da weder Oxonium- noch Hydroxidionen beteiligt sind.

3.5 Stoffmengenkonzentration und pH-Wert

In der Chemie ist häufig die Rede von verdünnter oder konzentrierter Lösung. Gemeint ist damit eine veränderte **Stoffmengenkonzentration** c einer Lösung. Sie gibt die **Stoffmenge** eines Stoffes in einem bestimmten **Volumen** an (siehe auch S. 101 f.).

$$c = \frac{n}{V}; \ \text{Einheit}\,[c] = \text{mol} \cdot \text{L}^{-1}$$

Beispiele

1. Man löst 10 g Natriumhydroxid in 500 mL Wasser.

$$\text{NaOH}_{(s)} \xrightarrow{\ \text{H}_2\text{O}\ } \text{Na}^+_{(aq)} + \text{OH}^-_{(aq)}$$

(1) Berechnung der Stoffmenge von Natriumhydroxid:

$$n(\text{NaOH}) = \frac{m(\text{NaOH})}{M(\text{H}_2\text{O})} = \frac{10\,\text{g}}{40\,\text{g} \cdot \text{mol}^{-1}} = 0{,}25\,\text{mol}$$

(2) Berechnung der Stoffmengenkonzentration:

$$c(NaOH) = \frac{n(NaOH)}{V(H_2O)} = \frac{0,25\,mol}{0,5\,L} = 0,5\,mol \cdot L^{-1}$$

Die Stoffmengenkonzentration der Natronlauge beträgt 0,5 mol · L^{-1}. Man spricht von einer 0,5 molaren Lösung.

2. Man leitet bei Normalbedingungen 1,12 L Wasserstoffchloridgas in 50 mL Wasser ein.

$$HCl_{(g)} + H_2O \longrightarrow H_3O^+_{(aq)} + Cl^-_{(aq)}$$

$$n(HCl) = \frac{V(HCl)}{V_M} = \frac{1,12\,L}{22,4\,L \cdot mol^{-1}} = 0,05\,mol$$

$$c(HCl) = \frac{n(HCl)}{V(H_2O)} = \frac{0,05\,mol}{0,05\,L} = 1\,mol \cdot L^{-1}$$

Für den sauren oder basischen Charakter einer Lösung sind die Oxonium- bzw. Hydroxidionen verantwortlich. Starke Säuren und Basen reagieren mit Wasser nahezu vollständig. Ist die Stoffmengenkonzentration der Säure bzw. Base bekannt, so kann man die Stoffmengenkonzentration der Oxonium- bzw. Hydroxidionen leicht bestimmen.

In den beiden obigen Beispielen löst sich Natriumhydroxid komplett im Wasser bzw. reagiert Wasserstoffchlorid **vollständig**. Die Konzentrationen der Hydroxid- bzw. Oxoniumionen entsprechen den eingesetzten Konzentrationen von Natriumhydroxid bzw. Wasserstoffchlorid.

Im neutralen Wasser befindet sich ebenfalls eine geringe Konzentration von Oxonium- und Hydroxidionen. Da Wasser ein Ampholyt ist, können die Wassermoleküle auch miteinander reagieren. Diese Reaktion wird als **Autoprotolyse** bezeichnet.

$$H_2O + H_2O \rightleftharpoons H_3O^+ + OH^-$$

Die Stoffmengenkonzentration in neutralem Wasser beträgt für Oxoniumionen sowie für Hydroxidionen 1 · 10^{-7} mol · L^{-1}. Wird einer Lösung eine Säure hinzugefügt, erhöht sich die Konzentration von Oxoniumionen. Da es sich bei der Autoprotolyse um eine Gleichgewichtsreaktion handelt, sinkt die Konzentration von Hydroxidionen im gleichen Maße. Das Produkt der Konzentrationen von Oxonium- und Hydroxidionen im Wasser (**Ionenprodukt des Wassers**) ist konstant:

$$c(H_3O^+) \cdot c(OH^-) = 1 \cdot 10^{-14}\,mol^2 \cdot L^{-2}$$

Einfacher kann die Konzentration der Oxoniumionen mittels des **pH-Werts** dargestellt werden. Der pH-Wert ist definiert als der negative dekadische Logarithmus der Konzentration der Oxoniumionen:

$pH = -\log c(H_3O^+)$

Analog zu dem pH-Wert lässt sich auch der pOH-Wert bestimmen:

$pOH = -\log c(OH^-)$

Aus dem Ionenprodukt des Wassers ergibt sich der Zusammenhang:

$pH + pOH = 14$

3.6 Titrationen

Die Titration ist ein quantitatives Maßverfahren in der Chemie, um die Stoffmenge eines bekannten Stoffes **(Vorlage)** zu ermitteln. Hierzu wird eine **Maßlösung** (bekannter Stoff mit bekannter Konzentration) durch eine Bürette zur Vorlage hinzu getropft (siehe Abb. 28). Die Maßlösung wird durch den Stoff in der Vorlage gezielt umgesetzt. Anhand des verbrauchten Volumens der Maßlösung lässt sich die Stoffmenge des Stoffes in der Vorlage berechnen.

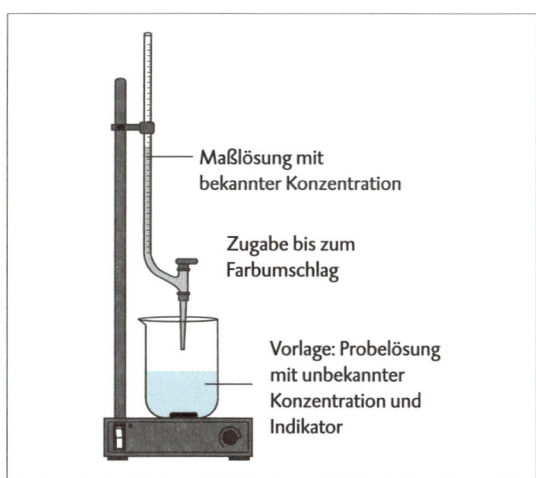

Maßlösung mit bekannter Konzentration

Zugabe bis zum Farbumschlag

Vorlage: Probelösung mit unbekannter Konzentration und Indikator

Abb. 28: Schematischer Aufbau einer Säure-Base-Titration

Bei der Titration einer sauren oder alkalischen Lösung befindet sich in der Vorlage ein bestimmtes Volumen einer bekannten Lösung mit unbekannter Konzentration (z. B. 10 mL Salzsäure).

Man versetzt die Vorlage mit einem Indikator. Im Anschluss gibt man die Maßlösung tropfenweise zu, deren Konzentration bekannt ist (z. B. Natronlauge; $c(\text{NaOH}) = 0{,}25 \, \text{mol} \cdot \text{L}^{-1}$). Es ist wichtig, die Vorlage konsequent zu schwenken oder umzurühren.

Schlägt der Indikator um (Farbwechsel), wurde der Stoff in der Vorlage vollständig umgesetzt und neutralisiert. Das verbrauchte Volumen der Maßlösung kann an der Bürette abgelesen werden (z. B. $V(\text{NaOH}) = 6 \, \text{mL}$).

Aus den bekannten Größen können nun die Stoffmenge des vorgelegten Stoffes und damit auch die Konzentration der Lösung berechnet werden.

Für unser Beispiel gilt:

$c(\text{NaOH}) = 0{,}25 \, \text{mol} \cdot \text{L}^{-1}; \; V(\text{NaOH}) = 6 \, \text{mL}$

$V(\text{HCl}) = 10 \, \text{mL}$

$$\text{HCl} + \text{NaOH} \longrightarrow \text{NaCl} + \text{H}_2\text{O}$$

$n(\text{HCl}) = n(\text{NaOH})$

$n(\text{NaOH}) = c(\text{NaOH}) \cdot V(\text{NaOH}) = 0{,}25 \, \text{mol} \cdot \text{L}^{-1} \cdot 0{,}006 \, \text{L} = 1{,}5 \cdot 10^{-3} \, \text{mol} = n(\text{HCl})$

$c(\text{HCl}) = \dfrac{n(\text{HCl})}{V(\text{HCl})} = \dfrac{1{,}5 \cdot 10^{-3} \, \text{mol}}{0{,}01 \, \text{L}} = 0{,}15 \, \text{mol} \cdot \text{L}^{-1}$

Aufgaben

47 Definieren Sie die zentralen Säure-Base-Begriffe nach den jeweiligen Säure-Base-Theorien von ARRHENIUS und BRØNSTED.

48 Die Reaktion der Schwefelsäure mit Wasser kann in zwei Reaktionsschritten dargestellt werden. Im ersten Schritt reagiert die Schwefelsäure zum Hydrogensulfation (HSO_4^-), das dann weiter zum Sulfation (SO_4^{2-}) reagiert.

$$\text{H}_2\text{SO}_4 + \text{H}_2\text{O} \rightleftharpoons \text{HSO}_4^- + \text{H}_3\text{O}^+$$
$$\text{HSO}_4^- + \text{H}_2\text{O} \rightleftharpoons \text{SO}_4^{2-} + \text{H}_3\text{O}^+$$

a Erklären Sie anhand der Reaktionsgleichungen, welche Eigenschaft das Hydrogensulfation besitzt.

b Geben Sie die korrespondierenden Säure-Base-Paare der beiden Gleichungen an.

49 Geben Sie in den folgenden Gleichungen die korrespondierenden Säure-Base-Paare an. Verwenden Sie hierzu die Begriffspaare Säure 1/Base 1 bzw. Base 2/Säure 2 und notieren Sie sie zur jeweiligen Gleichung.

$$HNO_3 \quad + \quad H_2O \quad \rightleftharpoons \quad NO_3^- \quad + \quad H_3O^+$$

_____   _____   _____   _____

$$HCl \quad + \quad NH_3 \quad \rightleftharpoons \quad Cl^- \quad + \quad NH_4^+$$

_____   _____   _____   _____

$$HCl \quad + \quad HSO_4^- \quad \rightleftharpoons \quad Cl^- \quad + \quad H_2SO_4$$

_____   _____   _____   _____

50 In einem Versuch überprüft man die Leitfähigkeit von destilliertem Wasser. Im Anschluss leitet man in das Wasser frisch hergestelltes Wasserstoffchlorid und untersucht die Leitfähigkeit erneut.

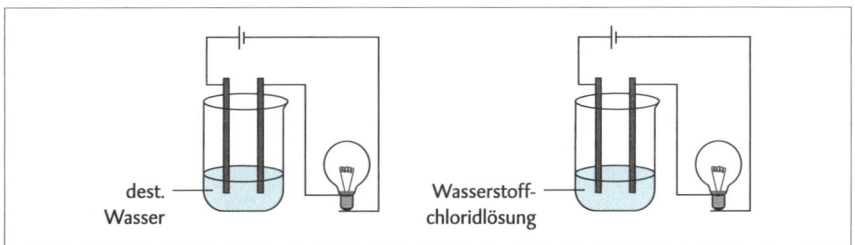

dest. Wasser

Wasserstoff-chloridlösung

a Geben Sie an, wie die Lösung von Wasserstoffchlorid in Wasser in der Chemie bezeichnet wird.
b Beschreiben Sie die Beobachtung und erklären Sie sie unter Verwendung einer chemischen Gleichung.

51 Vincent hatte an seinem Geburtstag sturmfrei und lud einige Freunde ein. Leider uferte die Feier aus und der Marmorboden (Hauptbestandteil Calciumcarbonat) wurde recht dreckig. Vincent möchte den Fußboden mit Essigreiniger säubern. Erklären Sie unter Verwendung einer chemischen Gleichung, weshalb dies keine gute Idee ist.

52 In der folgenden Tabelle sind einige sauerstoffhaltige Säuren aufgelistet und die dazugehörigen Nichtmetalloxide, die in einer Reaktion mit Wasser die jeweiligen Säuren bilden. Formulieren Sie die Gleichungen zur Bildung von sauerstoffhaltigen Säuren.

Säuren	Nichtmetalloxide
Kohlensäure	Kohlenstoffdioxid
Schwefelsäure	Schwefeltrioxid
schweflige Säure	Schwefeldioxid
Salpetersäure	Stickstoffdioxid
salpetrige Säure	Stickstoffdioxid
Phosphorsäure	Tetraphosphordecaoxid

53 Formulieren Sie die Entstehung von Kalkwasser ausgehend von der Reaktion von Calcium mit Sauerstoff.

54 Entscheiden Sie, ob die folgenden Teilchen eher als Säure und/oder Base reagieren können.

Teilchen	reagiert eher als Säure	reagiert eher als Base
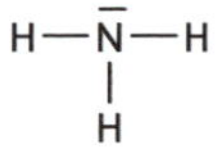 $H-\overline{N}-H$ mit H	☐	☐
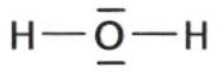 $H-\overline{O}-H$	☐	☐
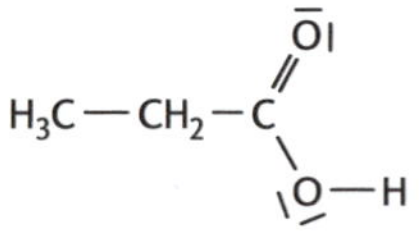 H_3C-CH_2-C mit $\overline{O}$ und $O-H$	☐	☐
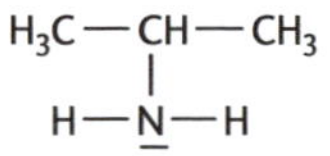 $H_3C-CH-CH_3$ mit $H-\underline{N}-H$	☐	☐
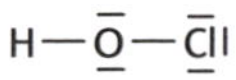 $H-\overline{O}-\overline{C}l$	☐	☐
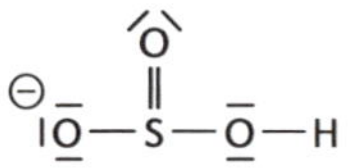 $^{\ominus}\overline{\underline{O}}-S-\overline{\underline{O}}-H$ mit O	☐	☐

55 Formulieren Sie die jeweilige Reaktion von verdünnter Salpetersäure mit Magnesium und Kupfer(II)-oxid und benennen Sie die entstehenden Salze.

56 Formulieren Sie die Reaktionen zwischen den folgenden Lösungen als Neutralisationsgleichung und als Ionengleichung.

   a Schwefelsäure und Kalkwasser

   b Salpetersäure und Barytlauge

   c Phosphorsäure und Natronlauge

   d Oxalsäure mit Kalilauge

   e Schweflige Säure und Ammoniak

   f Methansäure und Ammoniak

57 Bestimmen Sie die Stoffmengenkonzentration für die folgenden Lösungen.

   a 20 g Kaliumhydroxid werden in 2 L Wasser gelöst.

   b 4 L Ammoniakgas werden bei Normalbedingungen in 300 mL Wasser eingeleitet.

   c 10 g Schwefeltrioxid werden in 500 mL Wasser gelöst

58 Bestimmen Sie die Stoffmengenkonzentration von Oxoniumionen, wenn die Konzentration von Hydroxidionen $1 \cdot 10^{-2}$ mol $\cdot$ L^{-1} beträgt.

59 Bestimmen Sie den pH-Wert für die folgenden Lösungen mit den angegebenen Konzentrationen. Alle angegebenen Stoffe reagieren vollständig.

   a $c(HCl) = 0{,}2$ mol $\cdot$ L^{-1}

   b $c(NH_3) = 0{,}75$ mol $\cdot$ L^{-1}

   c $c(HNO_3) = 0{,}01$ mol $\cdot$ L^{-1}

60 In einem Becherglas werden 5 g Natriumhydroxid in 200 mL Wasser gelöst. Berechnen Sie die Konzentration der entstandenen Natronlauge und ermitteln Sie, welches Volumen von einer 0,5 molaren Salzsäurelösung nötig ist, um die Natronlauge komplett zu neutralisieren.

61 Um 20 mL Schwefelsäure zu neutralisieren, werden bei einer Titration 8 mL Natronlauge der Konzentration 0,5 mol $\cdot$ L^{-1} benötigt. Bestimmen Sie die Konzentration der Schwefelsäure.

Zusammenfassung und Selbsteinschätzung der Grundkenntnisse

Themenbereich   ☺   😐   ☹

- **Säure-Base-Definitionen**   ☐   ☐   ☐

  ARRHENIUS definierte Säuren als Stoffe, die in wässriger Lösung
  unter Bildung von Protonen und dem Säurerest dissoziieren.
  Basen definierte er als Stoffe, die in wässriger Lösung unter
  Bildung von Hydroxidionen und dem Basenrest dissoziieren.
  BRØNSTED definierte Säuren als Stoffe, deren Teilchen in der
  Lage sind, Protonen abzugeben. Sie sind Protonendonatoren.
  Basen sind Stoffe, deren Teilchen Protonen aufnehmen können.
  Sie sind Protonenakzeptoren.

- **Korrespondierende Säure-Base-Paare**   ☐   ☐   ☐

  An einer Protolyse sind immer zwei Säure-Base-Paare beteiligt,
  die jeweils als korrespondierende Säure und Base bezeichnet
  werden. Stoffe, die sowohl als Säure als auch als Base reagieren
  können, werden als Ampholyte bezeichnet.

- **Säuren und saure Lösungen**   ☐   ☐   ☐

  Säuremoleküle besitzen mindestens ein Wasserstoffatom, das
  in einer polaren Atombindung gebunden ist und somit abgespalten werden kann. Das abgespaltene Proton H^+ reagiert mit
  Wasser zu einem Oxoniumion (H_3O^+).
  Typische Eigenschaften von sauren Lösungen sind die Reaktionen mit unedlen Metallen unter Bildung von Wasserstoff, mit
  vielen Oxiden unter Bildung von Salzen und die Reaktion mit
  Carbonaten unter Bildung von Kohlenstoffdioxid.

- **Basen und alkalische Lösungen**   ☐   ☐   ☐

  Moleküle von Basen besitzen mindestens ein freies Elektronen-
  paar, an das ein Proton binden kann.
  Lösungen von Basen werden als alkalische Lösungen bezeichnet.
  Beim Lösen in Wasser bilden sich Hydroxidionen (OH^-).

- **Neutralisation**   ☐   ☐   ☐

  Reagieren saure und alkalische Lösungen in sich entsprechen-
  den Mengen miteinander, so entsteht bei einer exothermen
  Reaktion eine neutrale Salzlösung.
  Im wässrigen Milieu reagieren Oxonium- mit Hydroxidionen zu
  Wasser. Säure- und Basenrest reagieren zu einem Salz.

Themenbereich ☺ 😐 ☹

- **Autoprotolyse von Wasser** ☐ ☐ ☐
  Die Eigendissoziation der Wassermoleküle zu Oxonium- und
  Hydroxidionen wird als Autoprotolyse des Wassers bezeichnet.
  Das Ionenprodukt des Wassers beträgt:
  $c(H_3O^+) \cdot c(OH^-) = 1 \cdot 10^{-14} \, mol^2 \cdot L^{-2}$

- Der **pH-Wert** ist ein Maß für die Protonenkonzentration einer ☐ ☐ ☐
  Lösung und kann mithilfe von Indikatoren bestimmt werden.

- $pH = -\log c(H_3O^+)$ ☐ ☐ ☐

  $pOH = -\log c(OH^-)$

  $pH + pOH = 14$

- **Titration** ☐ ☐ ☐
  Die Titration ist ein quantitatives Analyseverfahren. Anhand der
  Umsetzung eines Stoffes findet ein Farbumschlag eines Indika-
  tors statt, der die Vollständigkeit der abgelaufenen Reaktion an-
  zeigt. Aus dem Verbrauch an Maßlösung lässt sich die unbekannte Stoffmenge des zu analysierenden Stoffs in der Vorlage
  berechnen.

4 Redoxreaktionen

Redoxreaktionen sind eine weitere Gruppe von chemischen Reaktionen. Ihr charakteristisches Merkmal sind **Elektronenübergänge**, während im Vergleich bei Säure-Base-Reaktionen ein Protonenübergang abläuft.
Redoxreaktionen begegnen uns häufig im Alltag. So finden beispielsweise beim Laden und Entladen eines Akkus Elektronenübergänge statt. Verbrennungsreaktionen, die Synthese von Salzen aus einem Metall und einem Nichtmetall und viele Reaktionen des Stoffwechsels stellen ebenfalls Redoxreaktionen dar.

4.1 Wesentliche Fachbegriffe

Wird ein brennendes Magnesiumband in eine Chlorgas- und eine Sauerstoffatmosphäre gehalten, verlaufen beide Reaktionen sehr ähnlich. Bei den exothermen Reaktionen entsteht jeweils ein Salz:

$$Mg + Cl_2 \longrightarrow MgCl_2$$
$$2\,Mg + O_2 \longrightarrow 2\,MgO$$

Reagieren ein Metall und ein Nichtmetall zu einem Salz, so geben die Metallatome ihre Valenzelektronen an die Nichtmetallatome ab. Bei den folgenden Beispielen geben die Magnesiumatome jeweils ihre beiden Valenzelektronen ab, die von Chlor- oder Sauerstoffatomen aufgenommen werden.

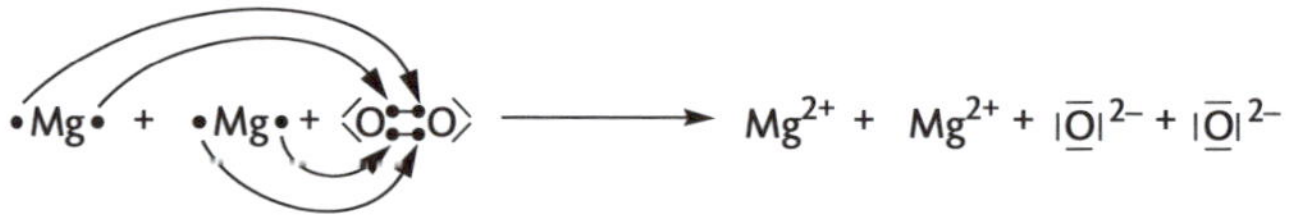

Die Magnesiumatome sind hier die **Elektronendonatoren**, Chlor- und Sauerstoffatome **Elektronenakzeptoren**. Ähnlich wie bei den Säure-Base-Reaktionen sind Elektronenabgabe **(Oxidation)** und Elektronenaufnahme **(Reduktion)** immer miteinander gekoppelt, sie folgen dem **Donator-Akzeptor-Prinzip**. Die Elektronenübergänge werden als **Redoxreaktionen** bezeichnet, da gleichzeitig eine **Red**uktion und eine **Ox**idation abläuft.

Die Gesamtgleichung lässt sich in zwei Teilreaktionen unterteilen:

Oxidation:	Mg	$\longrightarrow$ Mg^{2+} + $2\,e^-$
Reduktion:	Cl_2 + $2\,e^-$	$\longrightarrow$ $2\,Cl^-$

Redoxreaktion: Mg + Cl_2 $\longrightarrow$ Mg^{2+} + $2\,Cl^-$

Oxidation:	Mg	$\longrightarrow$ Mg^{2+} + $2\,e^-$ $\mid$ $\cdot 2$
Reduktion:	O_2 + $4\,e^-$	$\longrightarrow$ $2\,O^{2-}$

Redoxreaktion: $2\,Mg$ + O_2 $\longrightarrow$ $2\,Mg^{2+}$ + $2\,O^{2-}$

Da Redoxreaktionen dem Donator-Akzeptor-Prinzip folgen, müssen bei der Reaktion genauso viele Elektronen aufgenommen wie abgegeben werden. Elektronen liegen nicht frei vor, sondern werden nur von Teilchen zu Teilchen übertragen. Vor der Erstellung der Gesamtgleichung müssen die Teilgleichungen gegebenenfalls mit einem Faktor multipliziert werden.

Stoffe, die oxidiert werden, werden als **Reduktionsmittel** bezeichnet, diejenigen Stoffe, die reduziert werden, als **Oxidationsmittel**. Zusammen mit den dazugehörigen Produkten bilden sie **korrespondierende Redoxpaare** (Paar 1: Mg/Mg^{2+}; Paar 2: Cl_2/Cl^- bzw. O_2/O^{2-}).

4.2 Die Oxidationszahl

Reagiert ein Atom zu einem Atomion, ist die Anzahl der aufgenommenen bzw. abgegebenen Elektronen leicht zu ermitteln. Reagieren Nichtmetalle oder Nichtmetallverbindungen miteinander, ist es schwieriger, die Anzahl der übertragenen Elektronen zu bestimmen. Zum Erstellen einer Redoxreaktion ist hier die **Oxidationszahl** hilfreich. Zum Bestimmen der Oxidationszahl geht man davon aus, dass eine Verbindung aus Atomionen aufgebaut ist. Sämtliche bindenden Elektronen werden dem elektronegativeren Partner zugeordnet. Die hieraus resultierende fiktive Ladungszahl ist die Oxidationszahl. Sie wird meist als römische Ziffer über das jeweilige Elementsymbol geschrieben. Metalle besitzen meistens positive Oxidationszahlen, während Nichtmetalle meistens negative Oxidationszahlen aufweisen.

Für das Aufstellen von Oxidationszahlen gelten folgende Regeln:

1. Alle Atome **elementarer Stoffe** besitzen die Oxidationszahl **0:**

$$\overset{0}{Na},\ \overset{0}{Ag},\ \overset{0}{H_2},\ \overset{0}{O_2}$$

2. Die Oxidationszahl von **Atomionen** entspricht deren **Ladung.**

$$\overset{+I}{Na}\overset{-I}{Cl},\ \overset{+III}{Al_2}\overset{-II}{O_3},\ \overset{+I}{Li}\overset{-I}{H}$$

3. Bei **Molekülen** oder **Molekülionen** entspricht die **Summe** der **Oxidationszahlen** der **Ladung**.

Es gilt in absteigender Reihenfolge:

a) **Fluoratome** besitzen immer die Oxidationszahl –I.

b) **Wasserstoffatome** besitzen fast immer die Oxidationszahl +I.
   (Vorsicht: Bei Verbindungen mit Metallen liegt es als Hydridion vor, also mit –I)

c) **Sauerstoffatome** haben fast immer die Oxidationszahl –II
   (außer bei **Peroxiden,** dann –I).

Bei Redoxreaktionen verändern sich die Oxidationszahlen der korrespondierenden Redoxpaare. Durch die Änderung der Oxidationszahl kann die Anzahl der übertragenen Elektronen ermittelt werden.

Die Bestimmung von Oxidationszahlen in organischen Verbindungen verläuft ähnlich wie bei anorganischen Verbindungen. Prinzipiell gilt auch hier, dass der elektronegativere Partner die bindenden Elektronen zugeordnet bekommt. Wasserstoffatome erhalten die Oxidationszahl +I, Sauerstoffatome –II. Die fehlenden Oxidationszahlen der Kohlenstoffatome kann man berechnen, da die Summe der Oxidationszahlen null ergeben muss. Am einfachsten ist es, wenn man die Oxidationszahlen an jedem Kohlenstoffatom einzeln ermittelt.

Beispiel 2-Oxopropansäure

4.3 Aufstellen von Redoxgleichungen

Die unter 4.1 besprochenen Redoxgleichungen lassen sich verhältnismäßig einfach aufstellen. Um komplexere Redoxreaktionen lösen zu können, muss man sich streng an die Reihenfolge der Schritte zum Aufstellen von Redoxgleichungen halten, die im Folgenden erklärt werden.

Als Beispiel betrachten wir die Reaktion einer angesäuerten Kaliumpermanganatlösung mit einer Natriumsulfitlösung. Hierbei reagiert die violette Permanganatlösung zur farblosen Lösung, die Mangan(II)-Ionen enthält. Sulfit reagiert zu Sulfat.

1. Die **korrespondierenden Redoxpaare** werden je in einer **Teilgleichung** notiert.

$$SO_3^{2-} \longrightarrow SO_4^{2-}$$

$$MnO_4^- \longrightarrow Mn^{2+}$$

Es ist zu beachten, dass nur die reagierenden Teilchen notiert werden. In diesem Beispiel können Kalium- und Natriumionen vernachlässigt werden, da sie nicht an der Reaktion teilnehmen.

2. Ermitteln der wesentlichen **Oxidationszahlen**.

$$\overset{+IV\ -II}{SO_3^{2-}} \longrightarrow \overset{+VI\ -II}{SO_4^{2-}}$$

$$\overset{+VII\ -II}{MnO_4^-} \longrightarrow \overset{+II}{Mn^{2+}}$$

Pro Teilgleichung darf sich nur eine Oxidationszahl verändern.

Beispiel Mangan im Permanganation: Sauerstoff erhält die Oxidationszahl –II. Die Oxidationszahl (OZ) des Manganteilchens kann nun berechnet werden:

OZ (Mangan) · Index + OZ (Sauerstoff) · Index = Ladung des Molekülions

$x \cdot 1 + (-II) \cdot 4 = (-1)$

$x = +VII$

3. Aus der Differenz der Oxidationszahlen lassen sich die aufgenommenen oder abgegebenen **Elektronen** ermitteln. Die **Teilgleichungen** können nun mit Oxidation oder Reduktion **benannt** werden, da bekannt ist, bei welcher Teilreaktion Elektronen abgegeben (Oxidation) bzw. aufgenommen werden (Reduktion).

$$Ox.:\ \overset{+IV\ -II}{SO_3^{2-}} \longrightarrow \overset{+VI\ -II}{SO_4^{2-}} + 2\,e^-$$

$$Red.:\ \overset{+VII\ -II}{MnO_4^-} + 5\,e^- \longrightarrow \overset{+II}{Mn^{2+}}$$

4. In jeder Teilgleichung müssen die Ladungen ausgeglichen werden, sodass auf beiden Seiten des Reaktionspfeils die gleiche Ladungssumme steht. Im **sauren** Milieu wird mit H_3O^+, im **alkalischen** mit OH^- ausgeglichen.

$$Ox.:\ \overset{+IV\ -II}{SO_3^{2-}} \longrightarrow \overset{+VI\ -II}{SO_4^{2-}} + 2\,e^- + 2\,H_3O^+$$

$$Red.:\ \overset{+VII\ -II}{MnO_4^-} + 5\,e^- + 8\,H_3O^+ \longrightarrow \overset{+II}{Mn^{2+}}$$

5. In den Teilgleichungen müssen die **Atomzahlen** jeweils mit H_2O ausgeglichen werden.

$$Ox.:\ \overset{+IV\ -II}{SO_3^{2-}} + 3\,H_2O \longrightarrow \overset{+VI\ -II}{SO_4^{2-}} + 2\,e^- + 2\,H_3O^+$$

$$Red.:\ \overset{+VII\ -II}{MnO_4^-} + 5\,e^- + 8\,H_3O^+ \longrightarrow \overset{+II}{Mn^{2+}} + 12\,H_2O$$

6. Die **Elektronenanzahlen** in den beiden Teilgleichungen müssen durch das **kleinste gemeinsame Vielfache** ausgeglichen werden, damit in beiden Teilgleichungen dieselbe Anzahl an Elektronen übertragen wird, und diese sich in der Gesamtgleichung kürzen.

$$\text{Ox.:} \quad \overset{+IV-II}{SO_3^{2-}} + 3\,H_2O \longrightarrow \overset{+VI-II}{SO_4^{2-}} + 2\,e^- + 2\,H_3O^+ \;|\cdot 5$$

$$\text{Red.:} \quad \overset{+VII\,-II}{MnO_4^-} + 5\,e^- + 8\,H_3O^+ \longrightarrow \overset{+II}{Mn^{2+}} + 12\,H_2O \qquad |\cdot 2$$

7. Die **Gesamtgleichung** wird durch **Addition** der Teilgleichungen aufgestellt.

$$\text{Redox:} \; 2\,MnO_4^- + 10\,e^- + 16\,H_3O^+ + 5\,SO_3^{2-} + 15\,H_2O \longrightarrow$$
$$2\,Mn^{2+} + 24\,H_2O + 5\,SO_4^{2-} + 10\,e^- + 10\,H_3O^+$$

Teilchen, die auf beiden Seiten der Reaktionsgleichung auftauchen, müssen gekürzt werden:

$$2\,MnO_4^- + 6\,H_3O^+ + 5\,SO_3^{2-} \longrightarrow 2\,Mn^{2+} + 9\,H_2O + 5\,SO_4^{2-}$$

Verwendet man statt einer sauren Kaliumpermanganatlösung eine alkalische, so verfärbt sich die Lösung nach einiger Zeit bräunlich und schwarzbraunes Mangandioxid fällt aus. Im Folgenden sind die einzelnen Schritte zur Aufstellung der Redoxgleichung für dieses Beispiel gezeigt. Statt mit H_3O^+ muss mit OH^- ausgeglichen werden.

1. $SO_3^{2-} \longrightarrow SO_4^{2-}$

   $MnO_4^- \longrightarrow MnO_2$

2. $\text{Ox.:} \quad \overset{+IV-II}{SO_3^{2-}} \longrightarrow \overset{+VI-II}{SO_4^{2-}}$

   $\text{Red.:} \quad \overset{+VII\,-II}{MnO_4^-} \longrightarrow \overset{+IV\,-II}{MnO_2}$

3. $\text{Ox.:} \quad \overset{+IV-II}{SO_3^{2-}} \longrightarrow \overset{+VI-II}{SO_4^{2-}} + 2\,e^-$

   $\text{Red.:} \quad \overset{+VII\,-II}{MnO_4^-} + 3\,e^- \longrightarrow \overset{+IV\,-II}{MnO_2}$

4. $\text{Ox.:} \quad \overset{+IV\,-II}{SO_3^{2-}} + 2\,OH^- \longrightarrow \overset{+VI\,-II}{SO_4^{2-}} + 2\,e^-$

   $\text{Red.:} \quad \overset{+VII\,-II}{MnO_4^-} + 3\,e^- \longrightarrow \overset{+IV\,-II}{MnO_2} + 4\,OH^-$

5. $\text{Ox.:} \quad \overset{+IV\,-II}{SO_3^{2-}} + 2\,OH^- \longrightarrow \overset{+VI\,-II}{SO_4^{2-}} + 2\,e^- + H_2O$

   $\text{Red.:} \quad \overset{+VII-II}{MnO_4^-} + 3\,e^- + 2\,H_2O \longrightarrow \overset{+IV\,-II}{MnO_2} + 4\,OH^-$

6. Ox.: $\overset{+IV\;-II}{SO_3^{2-}}$ + 2 OH$^-$ ⟶ $\overset{+VI\;-II}{SO_4^{2-}}$ + 2 e$^-$ + H$_2$O | · 3

Red.: $\overset{+VII\;-II}{MnO_4^-}$ + 3 e$^-$ + 2 H$_2$O ⟶ $\overset{+IV\;-II}{MnO_2}$ + 4 OH$^-$ | · 2

7. Redox: 2 MnO$_4^-$ + 6 e$^-$ + 4 H$_2$O + 3 SO$_3^{2-}$ + 6 OH$^-$ ⟶

2 MnO$_2$ + 8 OH$^-$ + 3 SO$_4^{2-}$ + 6 e$^-$ + 3 H$_2$O

2 MnO$_4^-$ + H$_2$O + 3 SO$_3^{2-}$ ⟶ 2 MnO$_2$ + 2 OH$^-$ + 3 SO$_4^{2-}$

In der folgenden Tabelle sind die häufigsten Oxidationsstufen und die Färbungen der dazugehörigen Lösungen von Mangan und Chrom aufgelistet.

Oxidationsstufe von Mangan	Name des Ions/der Verbindung	Oxidationszahl von Mangan	Färbung
Mn^{2+}	Manganion	+II	farblos
MnO$_2$	Mangandioxid, Braunstein	+IV	schwarzbraun
MnO$_4^{3-}$	Manganat(V)-ion	+V	blau
MnO$_4^{2-}$	Manganation	+VI	grün
MnO$_4^-$	Permanganation	+VII	violett
Oxidationsstufe von Chrom	Name des Ions / der Verbindung	Oxidationszahl von Chrom	Färbung
Cr^{3+}	Chrom(III)-ion	+III	grün (kann auch andere Färbung annehmen)
CrO$_4^{2-}$	Chromation	+VI	gelb
Cr$_2$O$_7^{2-}$	Dichromation	+VI	orange

Tab. 12: Die häufigsten Oxidationsstufen und die Färbungen von Mangan und Chrom

4.4 Grundlagen der Elektrochemie

Redoxreaktionen spielen insbesondere im Stoffwechsel eine wichtige Rolle. So sind beispielsweise die Zellatmung und die Fotosynthese komplexe Vorgänge, denen Redoxreaktionen zugrunde liegen.

Zellatmung

$\overset{0\;\;+I\;\;-II}{C_6H_{12}O_6}$ + $\overset{0}{6\,O_2}$ ⟶ $\overset{+IV-II}{6\,CO_2}$ + $\overset{+I\;-II}{6\,H_2O}$

Fotosynthese

Redoxreaktionen finden in der Technik vor allem in der Elektrochemie Anwendung:

- In **Batterien** und **Akkumulatoren**, aber auch in der **Brennstoffzelle** liefern die ablaufenden Redoxreaktionen elektrisch nutzbare Energie.
- Viele Metalle werden aus ihren Erzen durch **Elektrolyse**, also einer erzwungenen Redoxreaktion mithilfe von Strom gewonnen.
- Beim Galvanisieren wird ein edleres Metall mittels Elektrolyse auf ein unedleres Metall als Korrosionsschutz aufgetragen.

Batterien, Akkumulatoren, Brennstoffzelle

Hält man ein unedles Metall in die Lösung eines Metallsalzes eines edleren Metalls, so kann man beobachten, dass sich das edlere Metall auf dem unedlen abscheidet. Ionen des unedleren Metalls gehen dafür in Lösung.

Metalle sind unterschiedlich starke Elektronendonatoren und somit verschieden starke Reduktionsmittel. Man kann die Metalle hinsichtlich ihrer Fähigkeit, Elektronen abzugeben, in einer **elektrochemischen Spannungsreihe** anordnen (siehe Tab. 13).

Li	$\rightleftarrows$	$Li^+ + e^-$
K	$\rightleftarrows$	$K^+ + e^-$
Ca	$\rightleftarrows$	$Ca^{2+} + e^-$
Na	$\rightleftarrows$	$Na^+ + e^-$
Al	$\rightleftarrows$	$Al^{3+} + 3e^-$
Zn	$\rightleftarrows$	$Zn^{2+} + 2e^-$
Fe	$\rightleftarrows$	$Fe^{2+} + 2e^-$
Ni	$\rightleftarrows$	$Ni^{2+} + 2e^-$
Pb	$\rightleftarrows$	$Pb^{2+} + 2e^-$
Cu	$\rightleftarrows$	$Cu^{2+} + 2e^-$
Ag	$\rightleftarrows$	$Ag^+ + e^-$
Hg	$\rightleftarrows$	$Hg^{2+} + 2e^-$
Pt	$\rightleftarrows$	$Pt^{2+} + 2e^-$
Au	$\rightleftarrows$	$Au^{2+} + 2e^-$

Tab. 13: Anordnung einiger Metallatome und deren Ionen nach ihrer Fähigkeit, Elektronen abzugeben (sinkt von oben nach unten)

Trennt man die Vorgänge der Elektronenaufnahme und -abgabe räumlich voneinander und verbindet die beiden Halbzellen mithilfe eines Drahtes und einer für bestimmte Ionen durchlässigen Membran (semipermeable Membran, Diaphragma), erhält man ein **galvanisches Element**. Abbildung 29 zeigt das sogenannte DANIELL-**Element**, bei dem eine Halbzelle aus einer Zinkelektrode und einer Zinksulfatlösung besteht, die andere aus einer Kupferelektrode und einer Kupfer(II)-sulfatlösung.

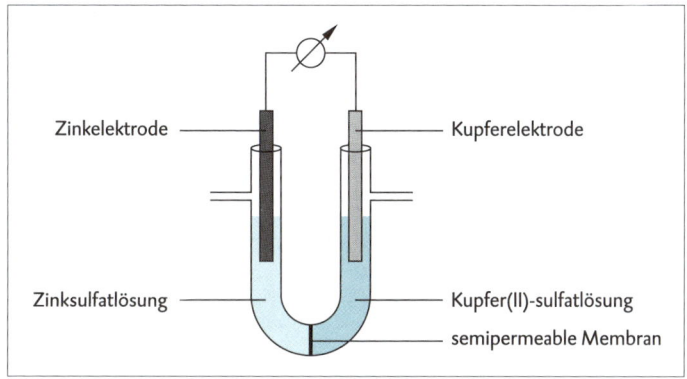

Abb. 29: Das DANIELL-Element

Kupfer(II)-ionen aus der Lösung nehmen Elektronen auf, die von Zinkatomen abgegeben wurden. Die Zinkatome reagieren zu Zinkionen, die in Lösung gehen, die Kupferionen aus der Lösung scheiden sich an der Kupferelektrode ab. Zwischen die Elektroden kann ein Verbraucher angeschlossen werden. Das DANIELL-Element stellt eine einfache Batterie dar.

$$\text{Ox.:} \quad \overset{0}{\text{Zn}} \longrightarrow \overset{+II}{\text{Zn}^{2+}} + 2\,e^-$$

$$\text{Red.:} \quad \overset{+II}{\text{Cu}^{2+}} + 2\,e^- \longrightarrow \overset{0}{\text{Cu}}$$

$$\text{Redox.:} \quad \text{Cu}^{2+} + \text{Zn} \longrightarrow \text{Cu} + \text{Zn}^{2+}$$

Alle Batterien und Akkumulatoren liefern elektrische Energie durch die ablaufenden Redoxreaktionen. Akkumulatoren kann man im Gegensatz zu Batterien wieder aufladen, indem man durch Zufuhr von elektrischem Strom die Redoxreaktionen umkehrt.

Bei **Brennstoffzellen** handelt es sich um spezielle galvanische Elemente. Ein Brennstoff und Sauerstoff werden von außen kontinuierlich zugeführt. Viele Brennstoffzellen sind für die Reaktion von Wasserstoff und Sauerstoff ausgelegt (siehe Abb. 30). Zwei Kammern, in die Wasserstoff bzw. Sauerstoff zugeführt werden, sind durch eine spezielle Elektrolytmembran getrennt, durch die Oxoniumionen diffundieren können. Wasserstoffmoleküle geben Elektronen ab und reagieren mit Wasser zu Oxoniumionen. Die abgegebenen Elektronen gelangen über einen Stromkreis in die andere Kammer, wo sie mit Sauerstoffmolekülen zu Oxidionen reagieren. Die Oxoniumionen passieren die Membran und reagieren mit den Oxidionen zu Wasser.

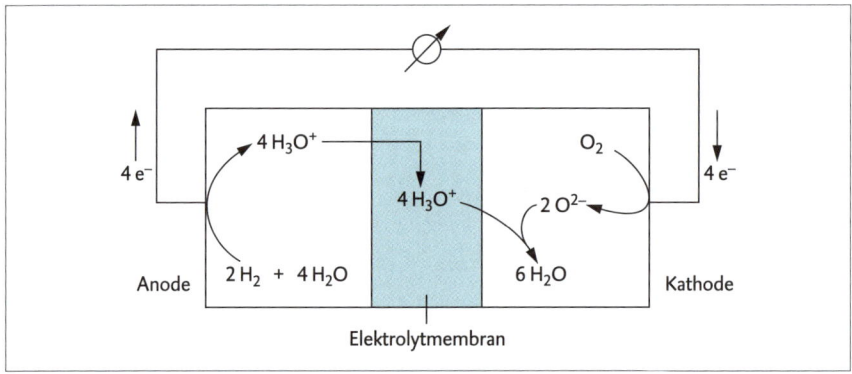

Abb. 30: Aufbau und Funktionsweise einer Brennstoffzelle

$$\text{Ox.:} \quad \overset{0}{H_2} + 2H_2O \longrightarrow 2\overset{+I\ -II}{H_3O^+} + 2e^- \quad | \cdot 2$$

$$\text{Red.:} \quad \overset{0}{O_2} + 4e^- \longrightarrow 2\overset{-II}{O^{2-}}$$

$$\text{Redox.:} \quad O_2 + 2H_2 + 4H_2O \longrightarrow 2O^{2-} + 4H_3O^+$$

$$2O^{2-} + 4H_3O^+ \longrightarrow 6H_2O \quad \Rightarrow 2H_2 + O_2 \longrightarrow 2H_2O$$

Elektrolyse

Elektrolysen sind Redoxreaktionen, die durch Gleichspannung erzwungen werden. Am Minuspol findet die Elektronenaufnahme, also die Reduktion statt. Gewinnt man Metalle aus ihren Erzen, so müssen in einem häufig aufwendigen Verfahren die Metallionen in Lösung gebracht werden. Aus der Ionenlösung kann man mittels Elektrolyse das elementare Metall gewinnen.

Galvanisieren

Soll ein Metall vor Korrosion geschützt werden, kann es mit einer Schicht eines edleren Metalls überzogen werden, das korrosionsbeständig ist. Das unedle Metall wird beim Galvanisieren in die Lösung eines Metallsalzes eines edleren Metalls gegeben. Mittels Elektrolyse wird das edlere Metall am unedleren abgeschieden, sodass ein Überzug entsteht.

Aufgaben

62 Die Synthese von Salzen sind Redoxreaktionen. Stellen Sie jeweils die Teilgleichungen und die Gesamtgleichung für folgende Reaktionen auf und benennen Sie diese.

a Synthese von Kochsalz

b Verbrennung von Aluminium an Luft

63 Ergänzen Sie in der folgenden Tabelle die korrespondierenden Redoxpaare aus Aufgabe 62.

	Reduktionsmittel	Oxidationsmittel
Paar 1	Na	
Paar 2		Cl_2
Paar 1		
Paar 2		O_2

64 Ermitteln Sie die Oxidationszahlen der Atome in den Verbindungen:
H_2O, CH_4, NH_3, OCl_2, OF_2, H_2SO_4, HNO_3, H_2O_2, NaH, KBr, CO_3^{2-}, $H_2PO_3^-$, NO_3^-, N_2O

65 Geben Sie die Oxidationszahlen der Kohlenstoffatome in folgenden organischen Verbindungen an.
$CH_3-CH_2-CHOH-CHO$; $CH_3-C(CH_3)_2-COOH$; $CH_2OH-CO-CH_3$

66 Beim Thermitverfahren zum Zusammenschweißen von Bahnschienen wird Aluminium mit Eisen(III)-oxid in einer stark exothermen Reaktion zu elementaren Eisen und Aluminium(III)-oxid umgesetzt. Durch die Freisetzung großer Mengen an Energie wird das entstehende Eisen verflüssigt, welches dann zwischen die Schienenstücke gegossen wird, und diese somit zusammenschweißt. Stellen Sie für die obig beschriebene Reaktion die Teilgleichungen und die Redoxgleichung auf.

67 Im stark alkalischen Milieu reagieren Permanganationen mit Sulfitionen zu Manganat(VI)-Ionen und Sulfationen. Leiten Sie hierfür die Redoxgleichung ab.

68 Wird Salpetersäure zu einer Lösung mit Schwefelwasserstoff gegeben, entstehen dabei Stickstoffmonooxid und Schwefel. Leiten Sie hierfür die Redoxgleichung ab.

69 Kupfer ist ein Edelmetall und reagiert deshalb nicht mit den meisten Säuren. Salpetersäure ist aber zusätzlich ein starkes Oxidationsmittel und kann deshalb mit elementarem Kupfer reagieren. Hierbei entstehen Kupfer(II)-ionen und Stickstoffdioxid. Leiten Sie die Redoxgleichung ab.

70 Bei einer früheren Form des Alkoholtests für Autofahrer wurde in ein Röhrchen gepustet, das neben Kaliumdichromat auch Schwefelsäure enthielt. War der trinkbare Alkohol Ethanol (C_2H_5OH) im Atem des Fahrers enthalten, so verfärbte sich das Röhrchen grün. Erklären Sie die Reaktion, indem Sie die zugehörige Redoxgleichung ableiten.

71 In Autobatterien werden Bleiakkumulatoren verwendet, die Blei- und Blei(IV)-oxidelektroden besitzen. Als Elektrolyt dient Schwefelsäure. Am Minuspol reagieren Bleiatome mit Sulfationen zu Blei(II)-sulfat. Am Pluspol reagiert Blei(IV)-oxid mit Sulfationen ebenfalls zu Blei(II)-sulfat.
  a Fertigen Sie eine schematische Skizze des Bleiakkumulators an, aus der Aufbau und Funktionsweise hervorgehen.
  b Leiten Sie die Redoxreaktion im Bleiakkumulator beim Entladen ab.

72 Beim Nickel-Cadmium-Akku dienen fein verteiltes Cadmium am Minuspol und Nickel(III)-oxidhydroxid (NiO(OH)) am Pluspol als Elektroden. Kalilauge dient als Elektrolyt. Beim Entladen spielen sich folgende Prozesse ab: Cadmium reagiert zu Cadmium(II)-hydroxid und Nickel(III)-oxidhydroxid reagiert zu Nickel(II)-hydroxid. Stellen Sie die zugehörige Redoxreaktion auf.

73 Zink ist zwar ein unedles Metall, kann aber dennoch als Korrosionsschutz dienen. An seiner Oberfläche reagiert Zink zum stabilen Zinkoxid, das korrosionsbeständig ist. Eine Möglichkeit zum Verzinken ist die galvanische Verzinkung. Hierbei wird das Werkstück als Minuspol in eine Zinkelektrolytlösung gehängt. Als Pluspol verwendet man eine Zinkelektrode, die ebenfalls in die Lösung taucht. Stellen Sie die Prozesse an den Elektroden grafisch dar und stellen Sie die einzelnen Reaktionsgleichungen auf.

Zusammenfassung und Selbsteinschätzung der Grundkenntnisse

Themenbereich ☺ ☻ ☹

- **Redoxreaktionen** ☐ ☐ ☐
  Typisches Merkmal dieser Reaktionsart sind Elektronenübergänge, bei denen die Oxidation (Elektronenabgabe) und die
  Reduktion (Elektronenaufnahme) immer miteinander gekoppelt
  ablaufen.

- **Reduktion und Oxidation** ☐ ☐ ☐
  Bei der Oxidation werden Elektronen abgegeben, dabei steigt
  die Oxidationszahl. Bei der Reduktion werden Elektronen
  aufgenommen und die Oxidationszahl reduziert.
  Elektronendonatoren (Reduktionsmittel) und Elektronenakzeptoren (Oxidationsmittel) bilden korrespondierende
  Redoxpaare.

- **Oxidationszahl** ☐ ☐ ☐
  Die Oxidationszahl ist ein Hilfsmittel, um in einer Redoxreaktion
  die übertragenen Elektronen zu ermitteln.
  Zum Bestimmen der Oxidationszahl von Atomen in Molekülen
  bzw. Molekülionen überträgt man alle bindenden Elektronen
  dem elektronegativeren Partner. Die entstehende fiktive Ladungszahl ist die Oxidationszahl.

- **Aufstellen von Redoxreaktionen** ☐ ☐ ☐
  Mithilfe der Oxidationszahlen und unter Einhaltung einer ge-
  nauen Vorgehensweise können die Teilgleichungen sowie die
  Gesamtgleichung von Redoxreaktionen aufgestellt werden.

- **Elektrochemie** ☐ ☐ ☐
  Redoxreaktionen spielen in der Elektrochemie eine wichtige
  Rolle bei Batterien, Akkumulatoren, Brennstoffzellen, bei der
  Elektrolyse und beim Galvanisieren.

Quantitative Aspekte chemischer Reaktionen

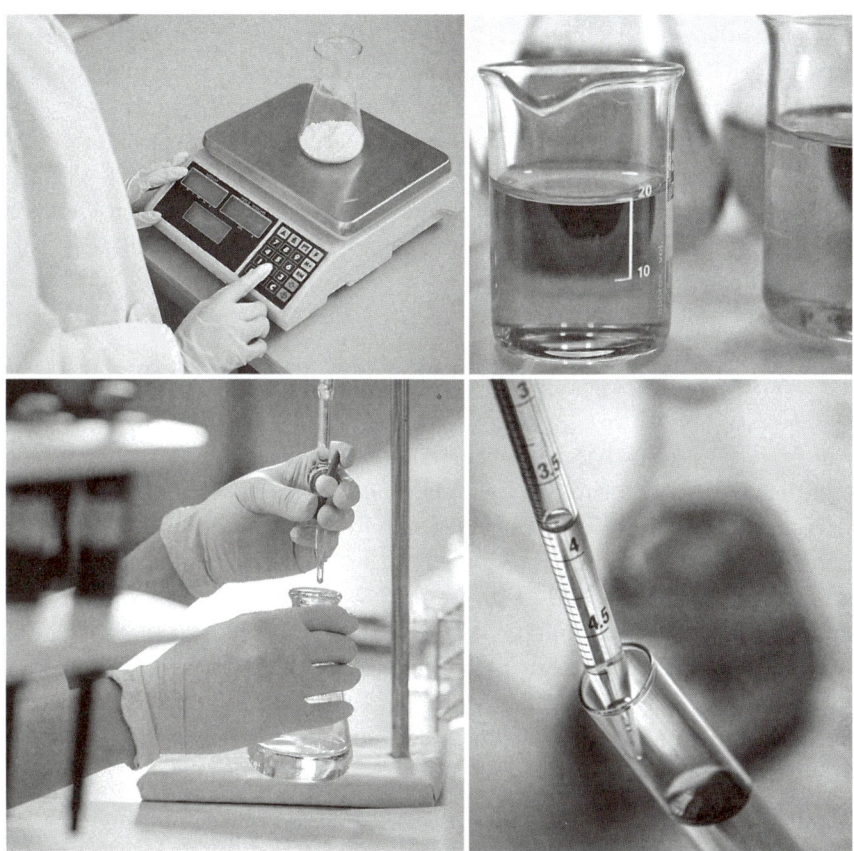

Bei allen chemischen Reaktionen spielen die verwendeten Mengen der eingesetzten Stoffe eine große Rolle. Bei einer Gleichgewichtsreaktion können beispielsweise schon kleine Konzentrationsänderungen große Auswirkungene auf das Gleichgewicht haben.

1 Mengenangaben in der Chemie

Quantitative Aussagen über chemische Reaktionsgleichungen stellen uns vor eine besondere Herausforderung. Lässt man selbst kleinste Mengen reagieren, so nehmen doch unvorstellbar viele Teilchen an der Reaktion teil. Eine der größten Schwierigkeiten in der Chemie ist die Abstraktion von der makroskopischen Stoffebene auf die mikroskopische Teilchenebene. Dennoch ist es gerade in der Technik von entscheidender Bedeutung, diese Zusammenhänge herzustellen. Wie groß muss der Verbrennungsraum eines Zylinders sein, damit der Treibstoff optimal verbraucht wird? Welche Menge an Säure muss zugegeben werden, damit eine Lauge vollständig neutralisiert wird? Welche Menge an Schadstoffen entsteht, wenn fossile Brennstoffe verbrannt werden? Um diese Fragen beantworten zu können, muss man die Teilchenebene genauer betrachten.

1.1 Masse

Auf der makroskopischen Stoffebene können wir die Masse mit einer Waage ermitteln. Allerdings kann man ein einzelnes Atom, Molekül oder Ion nicht wiegen, sondern muss die jeweilige Masse anderweitig bestimmen.

Bereits DALTON erkannte, dass Atome unterschiedlicher Elemente eine unterschiedliche Masse besitzen. Er prägte den Begriff der relativen Atommasse. Später wurde sie exakt definiert:

Die **relative Atommasse (m_a)** gibt an, wie groß die Masse eines Atoms im Verhältnis zu $\frac{1}{12}$ der Masse eines Atoms des Kohlenstoffisotops ^{12}C ist. Dieser Wert wird definiert als die **atomare Masseneinheit 1 u** (von engl. *unit* = Einheit).

$$1u = \frac{1}{12}m_a(^{12}C) = \frac{1{,}99 \cdot 10^{-23}\,g}{12} = 1{,}66 \cdot 10^{-24}\,g$$

Die Masse eines Atoms steht im Periodensystem meistens links oberhalb des jeweiligen Elementsymbols. Je nach PSE werden die Masse des häufigsten natürlichen Isotops oder die Mittelwerte der Massen aller natürlichen Isotope, gewichtet nach deren Häufigkeit, angegeben. Letztere wird bei chemischen Berechnungen verwendet (in der Regel auf zwei Kommastellen gerundet). Rechnet man die atomare Masseneinheit in Gramm um, so ergibt sich:

$$1\,g = 6{,}022 \cdot 10^{23}\,u$$

Die **relative Molekülmasse** (m_M) kann berechnet werden, indem die Atommassen der einzelnen Atome im Molekül addiert werden. Beispielsweise ergibt sich für ein Wassermolekül (H_2O) die Molekülmasse:

$$m_M(H_2O) = 2 \cdot 1{,}01\,u + 16{,}0\,u = 18{,}02\,u$$

Salze sind aus Ionen aufgebaut, die in einem bestimmten Verhältnis zueinander vorliegen. Man gibt die **relative Formelmasse** (m_F) an, die sich aus der Verhältnisformel ableitet. Für das Salz Magnesiumchlorid ergibt sich:

$$m_F(MgCl_2) = 24{,}31\,u + 2 \cdot 35{,}45\,u = 95{,}21\,u$$

Statt zwischen relativer Atom-, Molekül- und Formelmasse zu unterscheiden, kann stets für alle die **relative Teilchenmasse** (m_T) verwendet werden.

1.2 Stoffmenge

Bei der Bestimmung der **Teilchenzahl** (N) in einer Stoffportion erhält man sehr große Zahlen als Ergebnis. Beispielsweise befinden sich in einer Portion von 5 g Schwefel $9{,}39 \cdot 10^{22}$ Teilchen:

$$N(S) = \frac{m(S)}{m_T(S)} = \frac{5\,g}{32{,}07\,u} = \frac{5\,g \cdot 6{,}022 \cdot 10^{23} \frac{u}{g}}{32{,}07\,u} = 9{,}39 \cdot 10^{22}$$

Um die Berechnungen übersichtlicher zu gestalten, wurde eine neue Größe, die **Stoffmenge** (n), eingeführt. Sie ist definiert als die Stoffportion aus $6{,}022 \cdot 10^{23}$ Teilchen einer Teilchenart und besitzt die Einheit **mol**.

Die Teilchenzahl und die Stoffmenge verhalten sich zueinander direkt proportional. Den Proportionalitätsfaktor von $6{,}022 \cdot 10^{23}$ mol^{-1} bezeichnet man als AVOGADRO-**Konstante** (N_A). Hieraus ergibt sich folgende Beziehung:

$$n = \frac{N}{N_A}$$

Beispiel   Berechnen Sie, wie viele Teilchen in 0,5 mol eines Stoffes enthalten sind.

$$N = n \cdot N_A = 0{,}5\,mol \cdot 6{,}022 \cdot 10^{23}\,mol^{-1} = 3{,}011 \cdot 10^{23} \quad (\text{gerundet } 3{,}01 \cdot 10^{23})$$

Aufgaben

74 Bestimmen Sie die Molekül- oder Formelmassen der folgenden Verbindungen: Al_2O_3, $NaCl$, SO_2, H_2SO_4, SiO_2, $Ca(OH)_2$, H_3PO_4, KI, CH_4

75 Bestimmen Sie die jeweilige Teilchenzahl von 3 mol Wasser, 0,5 mol Kochsalz und 1,8 mol Sauerstoff.

2 Molare Einheiten

Stoffe werden je nach Aggregatzustand unterschiedlich gemessen. Feststoffe werden gewogen, bei Gasen wird das Volumen bestimmt und bei Flüssigkeiten ist beides möglich. Molare Einheiten dienen dazu, mithilfe der messbaren Größen einfach die Teilchenzahl bzw. die Stoffmenge zu berechnen.

2.1 Molare Masse

Die Stoffmenge 1 mol ist definiert als Stoffportion, die $6{,}022 \cdot 10^{23}$ Teilchen enthält. Zudem entspricht 1 g genau $6{,}022 \cdot 10^{23}$ u. Aus diesen Tatsachen geht hervor, dass der Zahlenwert der Masse von einem Mol eines Stoffs ($6{,}022 \cdot 10^{23}$ Teilchen) mit der Teilchenmasse eines einzelnen Teilchens des jeweiligen Stoffs übereinstimmt.

Beispiel $\quad$ $6{,}022 \cdot 10^{23}$ Wasserteilchen besitzen die Masse von 18,02 g, während ein Wassermolekül 18,02 u wiegt:

$$N(H_2O) = 6{,}022 \cdot 10^{23}$$

$$m(H_2O) = m_T(H_2O) \cdot N(H_2O) = 18{,}02\,u \cdot 6{,}022 \cdot 10^{23} = \frac{18{,}02\,g \cdot 6{,}022 \cdot 10^{23}}{6{,}022 \cdot 10^{23}} = 18{,}02\,g$$

Die **Molare Masse** (M) eines Stoffes beträgt demnach den Zahlenwert seiner Teilchenmasse mit der Einheit $g \cdot mol^{-1}$. Die Molare Masse ist der Quotient aus der Masse eines Stoffes und seiner Stoffmenge.

$$M(X) = \frac{m(X)}{n(X)} \qquad [M] = g \cdot mol^{-1}$$

Beispiel $\quad$ Die Stoffmenge von 5 g Kochsalz lässt sich wie folgt berechnen:

$$n(NaCl) = \frac{m(NaCl)}{M(NaCl)} = \frac{5\,g}{58{,}44\,g \cdot mol^{-1}} = 0{,}09\,mol$$

Die Masse von Flüssigkeiten kann durch direktes Wiegen oder aber über ihr Volumen bestimmt werden. Dazu wird die Dichte ρ der jeweiligen Flüssigkeit benötigt:

$$\rho = \frac{m}{V} \qquad [\rho] = g \cdot cm^{-3} = kg \cdot L^{-1}$$

Beispiel
Berechnen Sie, wie viel Liter Ethanol in einem 5 kg schweren Kanister enthalten sind. Die Dichte von Ethanol beträgt $0,7893 \text{ kg} \cdot \text{L}^{-1}$.

$$V(CH_3CH_2OH) = \frac{m(CH_3CH_2OH)}{\rho(CH_3CH_2OH)} = \frac{5 \text{kg}}{0,7893 \text{ kg} \cdot \text{L}^{-1}} = 6,33 \text{L}$$

2.2 Molares Volumen

Der **Satz von AVOGADRO** besagt, dass alle Gase mit gleichem Volumen bei identischen Bedingungen (Temperatur und Druck) gleich viele Teilchen enthalten. Hieraus ergibt sich, dass 1 mol eines Gases bei **Normalbedingungen** ($T = 0\,^\circ\text{C}$ und $p = 1\,013$ hPa) immer das gleiche Volumen einnimmt. Hierbei ist unwichtig, ob es sich um ein einatomiges Gas wie Helium oder ein mehratomiges Gas wie Kohlenstoffdioxid handelt. Das **molare Volumen (V_M)** beträgt bei Normalbedingungen immer $\mathbf{22,4 \text{ L} \cdot \text{mol}^{-1}}$. Es ist definiert als der Quotient aus Volumen und Stoffmenge eines Stoffes:

$$V_M = \frac{V(X)}{n(X)} \qquad [V] = L \cdot mol^{-1}$$

Beispiel
Auf diese Weise kann die Stoffmenge von 1 Liter Gas, beispielsweise Sauerstoff bei Normalbedingungen, berechnet werden:

$$n(O_2) = \frac{V(O_2)}{V_M} = \frac{1 \text{L}}{22,4 \text{ L} \cdot \text{mol}^{-1}} = 0,04 \text{ mol}$$

2.3 Stoffmengenkonzentration

Die **Stoffmengenkonzentration c** gibt die **Stoffmenge n** eines (gelösten) Stoffes in einem bestimmten **Volumen V** an (siehe S. 75 f.).

$$c(X) = \frac{n(X)}{V(X)} \qquad [c] = mol \cdot L^{-1}$$

Beispiel
Es sollen 500 mL einer 0,1 molaren Natriumhydroxidlösung hergestellt werden. Berechnen Sie die Masse von NaOH, die dafür abgewogen werden muss.

$$n(NaOH) = c(NaOH) \cdot V(NaOH\text{-Lösung}) = 0,1 \text{mol} \cdot \text{L}^{-1} \cdot 0,5 \text{L} = 0,05 \text{ mol}$$
$$m(NaOH) = M(NaOH) \cdot n(NaOH) = 40 \text{ g} \cdot \text{mol}^{-1} \cdot 0,05 \text{ mol} = 2 \text{g}$$

Aufgaben

76 Die Stoffmengen von verschiedenen Stoffen sind gegeben. Bestimmen Sie die Masse der jeweiligen Stoffportionen.
$n(H_2O) = 0,5$ mol, $n(Al_2O_3) = 2,5$ mol, $n(H_3PO_4) = 5$ mol

77 Bestimmen Sie die Stoffmenge, die in einem Liter Wasser enthalten ist.

78 Von einem unbekannten Element X sind die Masse und die Stoffmenge bekannt: $m(X) = 0,5$ g; $n(X) = 1,97 \cdot 10^{-3}$ mol.
Leiten Sie ab, um welches Element es sich handelt.

79 Bestimmen Sie die Stoffmenge, die in einem halben Liter Heptan, einem Hauptbestandteil von Benzin, enthalten sind. Die Dichte ρ von Heptan (C_7H_{16}) beträgt $0,68$ kg $\cdot$ L^{-1}.

80 Recherchiert man den Kohlenstoffdioxidausstoß von Fahrzeugen, findet man häufig Angaben in Kilogramm. Für ein durchschnittliches Auto mit einem Verbrauch von ca. 8 L/100 km wird ein Ausstoß von etwa 100 kg Kohlenstoffdioxid für die Strecke Berlin – München angegeben.

Bestimmen Sie das Volumen des ausgestoßenen Kohlenstoffdioxids bei Normalbedingungen.

81 Es werden 29,22 g Natriumchlorid in 100 mL Wasser gelöst. Bestimmen Sie die Konzentration dieser Lösung.

3 Rechnen mit Reaktionsgleichungen

Aus Reaktionsgleichungen gehen die Zahlenverhältnisse hervor, in denen die beteiligten Teilchen miteinander reagieren. Die Koeffizienten spiegeln das Stoffmengenverhältnis der Teilchen zueinander wider. Sollen bei einem Versuch 10 g Zink mit Schwefel reagieren, so muss die Masse des benötigten Schwefels bestimmt werden. Um die Berechnung durchzuführen, hält man sich am besten streng an die Reihenfolge der Schritte zur quantitativen Berechnung, die im Folgenden anhand der Synthese von Zinksulfid beschrieben werden:

1. Aufstellen der Reaktionsgleichung:

   $$Zn + S \longrightarrow ZnS$$

2. Stoffmengenverhältnis von bekanntem und unbekanntem Stoff ermitteln, indem man die Koeffizienten vergleicht:

   $$n(Zn) : n(S) = 1 : 1$$

3. Stoffmenge des gegebenen Stoffes berechnen:

   $$n(Zn) = \frac{m(Zn)}{M(Zn)} = \frac{10\,g}{65{,}39\,g \cdot mol^{-1}} = 0{,}15\,mol$$

4. Stoffmenge des unbekannten Stoffes aus dem Stoffmengenverhältnis ermitteln:

   $$n(S) = n(Zn) = 0{,}15\,mol$$

5. Gesuchte Größe des unbekannten Stoffes bestimmen (hier die Masse):

   $$m(S) = n(S) \cdot M(S) = 0{,}15\,mol \cdot 32{,}07\,g \cdot mol^{-1} = 4{,}81\,g$$

Beispiel
Es soll berechnet werden, welches Volumen an Sauerstoff bei Normalbedingungen durch die Elektrolyse von 100 g Wasser gewonnen werden kann:

1. $2\,H_2O \longrightarrow 2\,H_2 + O_2$

2. $n(H_2O) : n(O_2) = 2 : 1$

3. $n(H_2O) = \dfrac{m(H_2O)}{M(H_2O)} = \dfrac{100\,g}{18{,}02\,g \cdot mol^{-1}} = 5{,}55\,mol$

4. $n(O_2) = \frac{1}{2} \cdot n(H_2O) = \frac{1}{2} \cdot 5{,}55\,mol = 2{,}78\,mol$

5. $V(O_2) = n(O_2) \cdot V_M = 2{,}78\,mol \cdot 22{,}4\,L \cdot mol^{-1} = 62{,}27\,L$

Auch die Energiebeteiligung bei chemischen Reaktionen lässt sich mit dem gleichen Schema berechnen, denn auch die umgesetzte Energie folgt einer einfachen Gesetzmäßigkeit:

$$\Delta E_i = n \cdot \Delta E_m ; \quad [\Delta E_m] = kJ \cdot mol^{-1}$$

ΔE_m ist die **molare Reaktionsenergie**, die für jede chemische Reaktion einen definierten Wert besitzt. Bei exothermen Reaktionen trägt ΔE_m ein negatives Vorzeichen, bei endothermen ein positives.

Beispiel

Bei der Verbrennung von 1 mol Methan beträgt die Reaktionsenergie –890,6 kJ. Welche Energie wird bei der Verbrennung von 5 Litern Methan bei Normalbedingungen freigesetzt?

$$n(CH_4) = \frac{V(CH_4)}{V_M} = \frac{5\,L}{22,4\,L \cdot mol^{-1}} = 0,22\,mol$$

$$\Delta E_i(CH_4) = n(CH_4) \cdot \Delta E_m(CH_4) = 0,22\,mol \cdot (-890,6\,kJ \cdot mol^{-1}) = -195,93\,kJ$$

Aufgaben

82 Bei der Verbrennung von Aluminium an Luft entsteht Aluminiumoxid. Aus Sicherheitsgründen soll die Reaktion in einem geschlossenen, mit Luft gefüllten Gefäß stattfinden. In das Gefäß werden 13,5 g Aluminiumpulver gegeben. Berechnen Sie, welches Volumen das Gefäß mindestens besitzen muss, damit das Aluminiumpulver vollständig verbrennt (es wird von Normalbedingungen ausgegangen).

83 Hydrazin (N_2H_4) wird in der Technik als Raketentreibstoff eingesetzt. Mit reinem Sauerstoff verbrennt es zu Wasser und Stickstoff mit einer Temperatur von über 3 000 °C. Berechnen Sie das Gesamtvolumen der entstehenden Gase, die bei dieser Reaktion aus 64 g Hydrazin entstehen. Bei dieser Temperatur ist der Wert des molaren Volumens 12-mal so groß wie bei Normalbedingungen.

Die Raumsonde MESSENGER, die den Planeten Merkur erkundet hat, wurde u. a. mit Hydrazin als Treibstoff betrieben.

84 Im Labor kann Brom durch die Reaktion von Bromwasserstoff mit Schwefelsäure hergestellt werden. Als weitere Produkte neben Brom entstehen Schwefeldioxid und Wasser. Bestimmen Sie, welches Volumen des gasförmigen
Bromwasserstoffs in Schwefelsäure eingeleitet werden müsste, um im Labor
1 Liter Brom zu erzeugen. Die Dichte von Brom beträgt $3{,}12\ \text{g}\cdot\text{cm}^{-3}$ und das
molare Volumen bei Raumtemperatur $24{,}04\ \text{L}\cdot\text{mol}^{-1}$.

85 Hefezellen können bei bestimmten Bedingungen und unter Sauerstoffab-
schluss Traubenzucker ($C_6H_{12}O_6$) zu dem trinkbaren Alkohol Ethanol
(C_2H_5OH) vergären. Als Nebenprodukt entsteht Kohlenstoffdioxid.
Berechnen Sie, welche Masse an Ethanol bei der Vergärung von 10 kg Traubenzucker entsteht.

86 Während einer 45-minütigen Schulaufgabe benötigt das Gehirn zusätzlich
zum normalen Grundumsatz ca. 67,5 kcal, also 282,42 kJ. Als Energieträger
wird hierzu vor allem Traubenzucker (Glucose, $C_6H_{12}O_6$) verbrannt. Traubenzucker reagiert dabei mit Sauerstoff zu Kohlenstoffdioxid und Wasser.
Die molare Reaktionsenergie bei der Verbrennung von Traubenzucker beträgt
$-2\,831\ \text{kJ}\cdot\text{mol}^{-1}$.

a Bestimmen Sie, welche Masse an Traubenzucker während der Prüfung
verbrannt werden müsste, um den benötigten Energiebedarf zu decken.

b Berechnen Sie das Volumen an Sauerstoff, das zur Verbrennung des Trau-
benzuckers benötigt wird. Das molare Volumen von Sauerstoff bei Körper-
temperatur beträgt $25{,}43\ \text{L}\cdot\text{mol}^{-1}$.

Zusammenfassung und Selbsteinschätzung der Grundkenntnisse

Themenbereich   ☺   😐   ☹

- **Molekülmasse** ☐ ☐ ☐
  Die atomare Masseneinheit ist definiert als $\frac{1}{12}$ der Atommasse
  eines Kohlenstoffisotops ^{12}C. Sie trägt die Einheit u.
  Molekül- und Formelmasse lassen sich aus der chemischen
  Formel ableiten.

- **Stoffmenge** ☐ ☐ ☐
  Die Stoffmenge ist definiert als Stoffportion, die $6{,}022 \cdot 10^{23}$
  (= 1 mol) Teilchen enthält.

  Stoffmenge: $\qquad\qquad n = \dfrac{N}{N_A} \qquad [n] = mol$

  AVOGADRO-Konstante: $\quad N_A = 6{,}022 \cdot 10^{23}\ mol^{-1}$

- **Molare Masse** $\qquad M = \dfrac{m}{n} \qquad [M] = g \cdot mol^{-1}$ ☐ ☐ ☐

- **Dichte** $\qquad\qquad \rho = \dfrac{m}{V} \qquad [\rho] = g \cdot cm^{-3} = kg \cdot L^{-1}$ ☐ ☐ ☐

- **Molares Volumen** $\quad V_M = \dfrac{V}{n} \qquad [V_M] = L \cdot mol^{-1}$ ☐ ☐ ☐

  Bei Normalbedingungen: $\quad V_M = 22{,}4\ L \cdot mol^{-1}$
  (T = 0 °C, p = 1013 hPa)

- **Rechnen mit Reaktionsgleichungen** ☐ ☐ ☐
  1. Reaktionsgleichung aufstellen
  2. Stoffmengenverhältnis aufstellen
  3. Stoffmenge des gegebenen Reaktionspartners berechnen
  4. Stoffmenge des Reaktionspartners mit unbekannter Größe
     aus Stoffmengenverhältnis berechnen
  5. Unbekannte Größe aus Stoffmenge berechnen

- **Molare Reaktionsenergie** ☐ ☐ ☐

  $\Delta E_m = \dfrac{\Delta Ei}{n} \qquad [\Delta E_m] = kJ \cdot mol^{-1}$

  ΔE_m negativ: exotherme Reaktion

  ΔE_m positiv: endotherme Reaktion

Organische Chemie

Die organische Chemie ist die Chemie der Kohlenstoffverbindungen. In der Grafik sind wichtige funktionelle Gruppen und die dazugehörigen Stoffklassen gezeigt.

1 Einführung und Überblick

Die **Organische Chemie** ist die Chemie der **Kohlenstoffverbindungen**, Ausnahmen davon bilden dabei Kohlenstoffmonooxid, Kohlenstoffdioxid sowie die Kohlensäure und ihre Ionen. Charakteristisch für viele dieser Verbindungen ist ihre Hitzeempfindlichkeit, d. h., sie sind **zersetzbar** und **leicht brennbar**, häufig auch **leicht flüchtig** und haben einen typischen Geruch.

Die Tatsache, dass es Zigmillionen organischer Verbindungen gibt, denen nur ca. 400 000 anorganische gegenüberstehen, liegt an der besonderen Struktur des Kohlenstoffatoms:

- Es besitzt **vier Valenzelektronen** und geht daher in nahezu allen seinen Verbindungen **vier Elektronenpaarbindungen** ein.
- Es sind auch **Doppel- und Dreifachbindungen** zwischen Kohlenstoffatomen bzw. zu anderen Atomen möglich.
- Kohlenstoffatome bilden häufig mit weiteren Kohlenstoffatomen **Ketten-** oder **Ringstrukturen**.

Seit F. WÖHLER 1828 erstmals Harnstoff synthetisierte, sind viele weitere in der Natur vorkommende und auch neue organische Stoffe **künstlich hergestellt** worden. Darunter befinden sich sowohl Verbindungen, die nur aus **Kohlenstoff** und **Wasserstoff** bestehen, als auch solche, die weitere Elemente wie **Sauerstoff, Stickstoff** oder seltener Schwefel bzw. Halogene enthalten (siehe nachfolgende Kapitel).

Die zahlreichen Verbindungen werden in unterschiedliche **organische Stoffklassen** eingeteilt, wobei ihre **funktionellen Gruppen** als Ordnungskriterien dienen. Letztere sind Molekülbereiche, die für die jeweilige Stoffklasse typisch sind und die das **Reaktionsverhalten** sowie die **physikalischen Eigenschaften** des Stoffs am stärksten beeinflussen. Eine Übersicht über die wichtigsten organischen Stoffklassen findet sich in der Tabelle 26 am Ende des Buchabschnitts „Organische Chemie (siehe S. 166 und 167).

2 Kohlenwasserstoffe

2.1 Stoffklassen der Kohlenwasserstoffe

Als sogenannte aliphatische Kohlenwasserstoffe werden Verbindungen bezeichnet, die nur aus den Elementen Kohlenstoff und Wasserstoff aufgebaut sind und die nicht aromatisch sind (siehe Tab. 14 und Tab. 26 auf S. 166). Man unterscheidet grundsätzlich zwischen:

- **gesättigten** Kohlenwasserstoffverbindungen: Hier treten nur C–C-Einfachbindungen auf, zum Erreichen der Vierbindigkeit geht ein Kohlenstoffatom entsprechend viele Bindungen mit Wasserstoffatomen ein. Somit ergibt sich die **maximale Anzahl an Wasserstoffatomen**. Die Stoffgruppe, auf die dies zutrifft, nennt man **Alkane**.
- und **ungesättigten** Kohlenwasserstoffverbindungen: Bei diesen Verbindungen liegen neben C–C-Einfachbindungen auch C–C-Mehrfachbindungen vor. Dazu gehören die **Alkene** (C–C-Doppelbindung) und **Alkine** (C–C-Dreifachbindung).

Zu den bekanntesten Kohlenwasserstoffgemischen zählen Erdöl und Erdgas. Weitere ungesättigte Kohlenwasserstoffverbindungen sind die sogenannten aromatischen Kohlenwasserstoffe, die in der Oberstufe besprochen werden. Sie gehören jedoch nicht zu den aliphatischen Kohlenwasserstoffen.

2.2 Strukturen der Kohlenwasserstoffe – Alkane, Alkene und Alkine im Vergleich

Den Kohlenwasserstoffverbindungen gemeinsam ist die ketten- bzw. ringförmige Anordnung der Kohlenstoffatome. Betrachtet man jeweils ein Alkan, Alken und Alkin mit gleicher Kettenlänge, so stellt man fest, dass sie sich aufgrund des Fehlens oder Vorhandenseins einer C–C-Mehrfachbindung in der Anzahl ihrer Wasserstoffatome unterscheiden. Es lassen sich dabei jeweils **allgemeine Summenformeln** aufstellen:

Stoffklasse	Alkane	Alkene	Alkine
allgemeine Summenformel	C_nH_{2n+2}	C_nH_{2n}	C_nH_{2n-2}

Tab. 14: Allgemeine Summenformeln der Kohlenwasserstoffklassen Alkane, Alkene und Alkine

Dabei muss beachtet werden, dass man bei den allgemeinen Summenformeln von **offenkettigen** Strukturen und bei Alkenen und Alkinen zudem von jeweils nur **einer** C–C-Mehrfachbindung ausgeht. **Ringförmige Strukturen** weisen in allen Fällen jeweils zwei Wasserstoffatome weniger auf, mit jeder weiteren auftretenden C–C-Mehrfachbindung entfallen ebenfalls zwei bzw. vier weitere Wasserstoffatome.

Homologe Reihen

Betrachtet man eine Reihe von kettenförmigen Alkanen, Alkenen oder Alkinen mit steigender Anzahl von Kohlenstoffatomen, wird man feststellen, dass sie sich jeweils nur durch das Vorhandensein einer weiteren –CH_2-Gruppe unterscheiden. Reihen von Molekülen, die sich durch das Einfügen einer immer gleichen Gruppe ergeben, werden als **homologe Reihen** bezeichnet.

Die Namen der Alkane können leicht auf die der Alkene bzw. Alkine übertragen werden: Während bei den Namen der Alkane die Endsilbe **-an** von Alk**an** auftritt, wird sie bei den Alk**en**en der entsprechenden Kettenlänge durch **-en**, bei den Alk**in**en durch **-in** ersetzt (siehe Tab. 15).

Beispiele

Ethan	Ethen	Ethin
C_2H_6	C_2H_4	C_2H_2

Tab. 15: Namen von Alkanen, Alkenen und Alkinen

„Methen" und „Methin" gibt es aufgrund der bei einem C-Atom nicht möglichen C–C-Mehrfachbindung nicht. Bilden die Kohlenstoffatome eine **unverzweigte** Kette, spricht man von den sogenannten *n*-**Alkanen** (bzw. *n*-Alkenen oder *n*-Alkinen).

Darstellungsformen

Neben den Summenformeln werden in der organischen Chemie häufig Halbstrukturformeln oder Strukturformeln verwendet (siehe Tab. 16).

Beispiele

Summenformel	Halbstrukturformel	Strukturformel

C_2H_6	H_3C — CH_3	H H
		  │ │
		H — C — C — H
		  │ │
		H H

Tab. 16: Vergleich der verschiedenen Darstellungsformen anhand des Beispiels Ethan. Formelschreibweisen, die auch den räumlichen Bau berücksichtigen, finden sich in Tabelle 17 auf S. 111.

Räumlicher Bau

Für die räumliche Anordnung der Atome in den jeweiligen Kohlenwasserstoff-klassen ist das Kohlenstoffatom mit seinen Bindungsverhältnissen entschei-dend: Durch die vier Bindungen, die es im Alkan eingeht, ergibt sich nach dem Elektronenpaarabstoßungsmodell eine **Tetraederstruktur** der Bindungspart-ner um das Kohlenstoffatom, d. h., die Bindungswinkel betragen jeweils 109,5° (siehe S. 26 f.). Die Kohlenstoffkette im Alkan ist deshalb zickzack-förmig angeordnet. Dies gilt auch für Bereiche in Alkenen und Alkinen, bei denen C–C-Einfachbindungen vorliegen.

Abweichungen in den räumlichen Strukturen ergeben sich an den C–C-Mehr-fachbindungen, hier sind auch die Bindungslängen unterschiedlich. Die cha-rakteristischen Bindungswinkel, Molekülgeometrien und C–C-Bindungslän-gen der folgenden Tabelle 17 beziehen sich jeweils auf den markierten Mole-külabschnitt.

Name	Propan	Propen	Propin
Molekülmodell			
Räumliche Strukturformel (Keilstrichformel)			
Skelettformel			
Bindungswinkel	109,5°	120°	180°
Molekülgeometrie	tetraedrisch	trigonal planar	linear
C–C-Bindungslänge	154 pm	133 pm	120 pm

Tab. 17: Vergleich des räumlichen Baus von Alkanen, Alkenen und Alkinen

Der räumliche Bau lässt sich auch in der Formelschreibweise ausdrücken: Während Summenformel, Halbstrukturformel und Strukturformel nur die Anzahl der Atome bzw. deren Verknüpfung widerspiegeln, zeigt die räumliche Strukturformel mithilfe der **Keilstrichformel** (siehe Tab. 17), welche Atome sich in der Ebene (Linie) und welche sich dahinter (gestrichelter Keil) bzw. da-vor (Keil) befinden. Diese Art der Darstellung wird in der Oberstufe v. a. bei den Kohlenhydraten und Aminosäuren eine Rolle spielen. Die **Skelettformel** (siehe Tab. 17) hingegen gibt nur die räumliche Anordnung der Kohlenstoffatome wieder: Linien-Enden bzw. Knicke stehen für Kohlenstoffatome, an ihnen ist jeweils die Anzahl an Wasserstoffatomen gebunden, die sie benötigen, um die Vierbindigkeit zu erreichen.

Isomerie

Zwei Verbindungen mit gleicher Summenformel, aber unterschiedlichem Molekülaufbau nennt man **Isomere** (siehe dazu auch Tab. 25 auf S. 165). Dabei unterscheidet man:

- **Konstitutionsisomerie (Strukturisomerie):** Die Atome in den Isomeren sind unterschiedlich verknüpft.
- **Stereoisomerie:** Die Atome in den Isomeren sind gleich verknüpft, unterscheiden sich jedoch in ihrer räumlichen Anordnung.

Vor Eintritt in die Oberstufe sollten folgende Isomerien bekannt sein:

- Konstitutionsisomerie: unterschiedliche Verknüpfungen der Kohlenstoffatome in Alkanen bzw. anderen Stoffklassen, unterschiedliche Positionen der funktionellen Gruppen (z. B. primäre, sekundäre und tertiäre Alkohole, siehe S. 129 f.)
- Stereoisomerie: Konfigurationsisomerie bei Alkenen (E/Z-Isomerie), z. T. Konformationsisomerie bei Alkanen. In der Oberstufe werden weitere Formen der Stereoisomerie bei Kohlenhydraten und Aminosäuren besprochen.

Im Folgenden werden einige wichtige Isomerieformen erläutert:

- **Konstitutionsisomerie bei Alkanen:** Ab Alkanen mit vier Kohlenstoffatomen gibt es unterschiedliche Möglichkeiten, die C-Atome miteinander zu verknüpfen, wobei die Summenformel gleich bleibt. Dadurch ergeben sich Konstitutionsisomere. Beispielsweise existieren für die Summenformel C_4H_{10} je ein Molekül mit unverzweigter sowie mit verzweigter Kette (siehe Abb. 31). Mit wachsender Kohlenstoffatomanzahl treten immer mehr Isomere zu einer Summenformel auf.

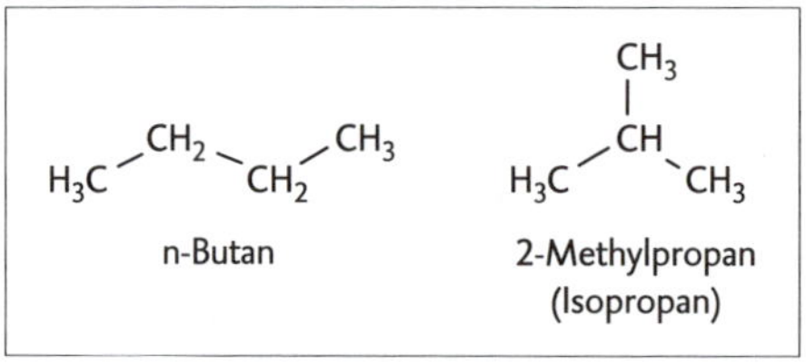

n-Butan

2-Methylpropan
(Isopropan)

Abb. 31: Isomere von Butan
links: unverzweigtes Isomer
rechts: verzweigtes Isomer

- **Stereoisomerie bei Alkanen:** Um C–C-Einfachbindungen herrscht freie Drehbarkeit. Betrachtet man ein Alkan entlang der C–C-Bindung aus einem bestimmten Blickwinkel, so verdecken sich die zwei aneinander gebundenen C-Atome. Die an ihnen wiederum gebundenen Atome können dann entweder alle sichtbar sein, weil sie gestaffelt („auf Lücke") stehen, oder diejenigen des hinteren C-Atoms werden durch die Bindungspartner des vorderen verdeckt (siehe Abb. 32). Man spricht hier von **Konformationsisomerie.**

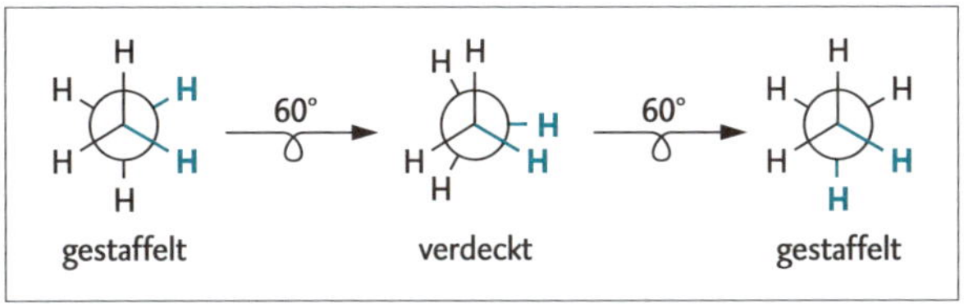

Abb. 32: Konformationsisomere des Ethans

- **Stereoisomerie bei Alkenen:** Um eine C–C-Mehrfachbindung herrscht im Gegenzug dazu **keine freie Drehbarkeit.** Bei Alkenen ergibt sich dadurch eine weitere Form der Stereoisomerie, die sogenannte **E/Z-Isomerie.** Diese Isomerieform tritt immer dann auf, wenn an den beiden C-Atomen einer Doppelbindung jeweils zwei verschiedene weitere Bindungspartner (Atome bzw. Alkylgruppen) vorliegen. Mit der fehlenden Drehbarkeit um die C–C-Doppelbindung sind die Positionen dieser Bindungspartner eindeutig festgelegt.

Das einfachste Alken mit E/Z-Isomerie ist das But-2-en: Die beiden Bindungspartner höherer Priorität, die am jeweiligen C-Atom mit Doppelbindung gebunden sind, können entweder auf einer Seite („zusammen" ⇒ **Z-Isomer**) oder auf **verschiedenen** Seiten stehen („entgegen" ⇒ **E-Isomer**). In Abb. 33 sind die beiden Isomere dargestellt.

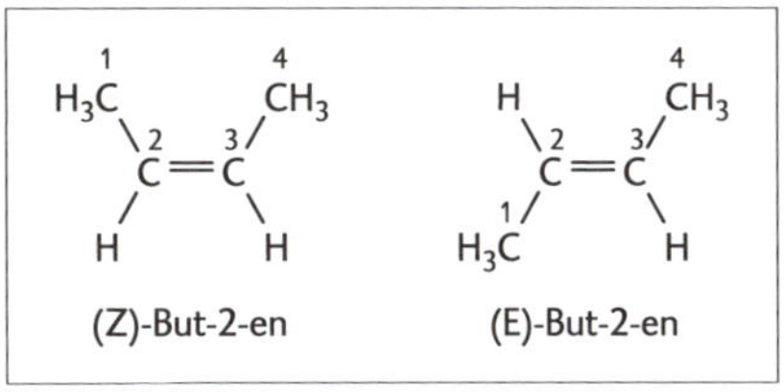

Abb. 33: Stereoisomere des Butens

Die höhere Priorität hat dabei das gebundene Atom, welches die höhere Ordnungszahl im Periodensystem besitzt, in folgendem Beispiel also jeweils das C1-Atom bzw. C4-Atom. Sollten die gebundenen Atome identisch sein, so verfolgt man die Kohlenstoffkette weiter und bestimmt die Prioritäten der ersten sich unterscheidenden Atome.

Bei **endständigen Mehrfachbindungen** tritt
hingegen keine E/Z-Isomerie auf: Beim gezeigten Beispiel But-1-en sind am C1-Atom zwei
Wasserstoffatome gebunden, eine Priorisierung
dieser ist nicht möglich.

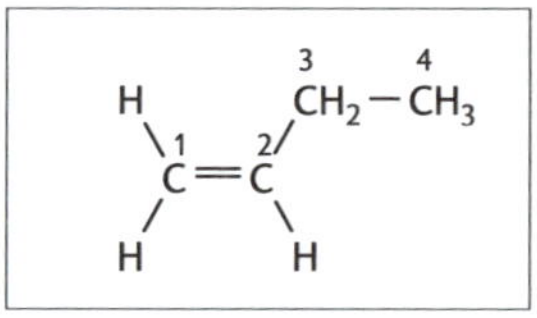

Bei Alkinen liegt um die Dreifachbindung eine

Abb. 34: But-1-en

lineare Struktur vor, die betreffenden C-Atome besitzen nur einen weiteren Bindungspartner. Deshalb ergeben sich auch hier keine E/Z-Isomere.

2.3 Benennung der Kohlenwasserstoffe

Um die Nomenklatur von organischen Verbindungen zu vereinheitlichen, hat
die „International Union of Pure and Applied Chemistry" genaue Regeln zur
Benennung organischer Verbindungen erarbeitet, die sogenannten „IUPAC-
Regeln".

Prinzipiell setzt sich ein IUPAC-Name aus **Präfix, Stamm und Suffix** zusammen. Zu den Präfixen gehören Substituenten wie z. B. Halogenatome oder Seitenketten und z. T. auch funktionelle Gruppen; der Stamm spiegelt durch seinen Namen die Anzahl der C-Atome in der Hauptkette wider und Suffixe geben die auftretenden funktionellen Gruppen an.

Kohlenwasserstoffe

Im Folgenden ist die Benennung nach IUPAC für Kohlenwasserstoffverbindungen in ihren wesentlichen Punkten zusammengefasst dargestellt. Mit den
Aufgaben am Ende des Kapitels kann überprüft werden, ob die Regeln noch
beherrscht werden.

1. Identifikation und Nummerierung der **Hauptkette:**
   - Bei Alkanen die längste Kette.
   - Sind C–C-Mehrfachbindungen vorhanden, die Kette mit den meisten
     Mehrfachbindungen. Die Mehrfachbindung erhält dabei immer die
     kleinstmögliche Nummer.

2. Festlegung des **Stamms:**
   Grundnamen der Hauptkette angeben, der sich von der Benennung der
   Alkane ableitet (siehe Tab. 18).

Anzahl C-Atome	1	2	3	4	5	6
Grundname	Methan	Ethan	Propan	Butan	Pentan	Hexan

Anzahl C-Atome	7	8	9	10	11	12
Grundname	Heptan	Octan	Nonan	Decan	Undecan	Dodecan

Tab. 18: Grundnamen der Alkane

3. Festlegung des/der **Suffix**(e):
- Bei Alkanen **-an**, bei Doppelbindungen **-en**, bei Dreifachbindungen **-in**.
- Positionsziffer (n) bei Mehrfachbindungen jeweils vorweg, gegebenenfalls mit griechischen Zahlwörtern.
- Bei Doppel- und Dreifachbindung im Namen **-en vor -in**.

4. Festlegung der **Präfix**(e):
- Seitenketten und Substituenten wie Halogene mit Positionsziffer (n) und gegebenenfalls griechischen Zahlwörtern vorweg.
- Bei mehreren Präfixen: alphabetische Reihenfolge.

5. Bei **E/Z-Isomerie**:
(E)- bzw. (Z)- vor den gesamten ermittelten Namen stellen.

Beispiele

(Z)-3-Methylpent-2-en

5-Ethyl-2,2,4-trimethyl-4-propyloctan

Diese IUPAC-Regeln bilden die Grundlage, sie werden auch bei der Benennung aller anderen Stoffklassen angewandt. An entsprechender Stelle in diesem Buch folgt die Ergänzung für die sauerstoffhaltigen Verbindungen (siehe S. 130 f.).

Weitere wichtige Begriffe in Bezug auf die Struktur organischer Moleküle beschreiben ein Kohlenstoffatom hinsichtlich der Anzahl von Verknüpfungen zu weiteren Kohlenstoffatomen genauer: Ist ein C-Atom mit einem verknüpft, bezeichnet man es als **primäres** C-Atom; gibt es zwei, drei oder vier solcher C–C-Bindungen, spricht man von **sekundären, tertiären** oder **quartären** Kohlenstoffatomen.

2.4 Physikalische Eigenschaften der Kohlenwasserstoffe

Die physikalischen Eigenschaften eines Stoffes hängen nach dem Struktur-Eigenschafts-Konzept immer von der Struktur seines Teilchens und den dort auftretenden Wechselwirkungen ab.

Kohlenwasserstoffe sind **unpolare Stoffe**, da sowohl die C−H- als auch die C−C-Elektronenpaarbindung unpolar sind. Dies ist durch den bei Kohlenstoff und Wasserstoff geringen bzw. bei zwei Kohlenstoffatomen nicht vorhandenen Elektronegativitätsunterschied zu erklären.

Bei unpolaren Stoffen wie den Alkanen treten VAN-DER-WAALS-**Kräfte** zwischen den Molekülen auf (siehe S. 38 ff.).

Die VAN-DER-WAALS-Kräfte sind die **schwächsten** zwischenmolekularen Wechselwirkungen, jedoch muss immer die **Gesamtheit aller im Molekül auftretenden VAN-DER-WAALS-Kräfte** betrachtet werden. Somit kann ihre Summe auch die Stärke einer einzelnen Wasserstoffbrücke oder gar die einer Elektronenpaarbindung übersteigen (siehe Abb. 35).

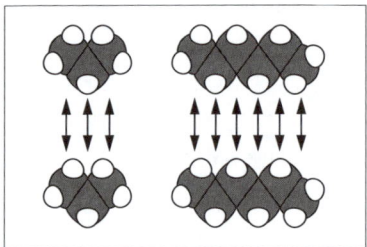

Abb. 35: Die zwischenmolekulare Wechselwirkung zwischen zwei Molekülen ist die Summe aus allen auftretenden Kräften; hier: VAN-DER-WAALS-Kräfte

Schmelz- und Siedetemperaturen

Aufgrund der **schwachen** VAN-DER-WAALS-Kräfte haben Kohlenwasserstoffe relativ **geringe** Schmelz- und Siedetemperaturen, da nur wenig Energie aufgewendet werden muss, um diese Anziehungskräfte zu überwinden und die Moleküle damit voneinander zu lösen. Mit aufsteigender **Molekülmasse** innerhalb der homologen Reihen nimmt die Zahl der Elektronen zu und es steigen auch die **Oberflächen**. Damit steigen die Summen der VAN-DER-WAALS-Kräfte zu und somit auch die Schmelz- und Siedetemperaturen (siehe Tabelle 19 und Abbildung 36).

Name	Molekülformel	Schmelztemperatur	Siedetemperatur
Methan	CH_4	−182 °C	−161 °C
Ethan	C_2H_6	−183 °C	−88 °C
Propan	C_3H_8	−189,7 °C	−42 °C
Butan	C_4H_{10}	−135 °C	−1 °C
Pentan	C_5H_{12}	−130 °C	36 °C
Hexan	C_6H_{14}	−95 °C	68 °C
Heptan	C_7H_{16}	−90,7 °C	98 °C
Octan	C_8H_{18}	−57 °C	126 °C
Nonan	C_9H_{20}	−51 °C	150 °C
Decan	$C_{10}H_{22}$	−30 °C	174 °C
Hexadecan	$C_{16}H_{34}$	18 °C	287 °C

Tab. 19: Schmelz- und Siedetemperaturen einiger Alkane

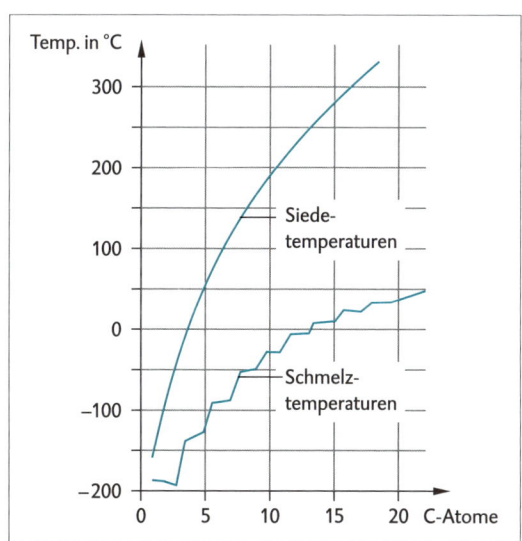

Abb. 36: Verlauf der Schmelz- und Siedetemperaturen bei Alkanen in Abhängigkeit von der Kettenlänge

Beim **Vergleich isomerer Kohlenwasserstoffe** haben diejenigen höhere Schmelz- und Siedetemperaturen, die aufgrund ihrer Struktur besser „stapelbar" sind und somit besser miteinander in Wechselwirkung treten können. In der Regel gilt deshalb: je weniger Verzweigungen, desto bessere Wechselwirkungen sind möglich (siehe Tab. 20).

Name	Halbstrukturformel	Siedetemperatur
n-Hexan	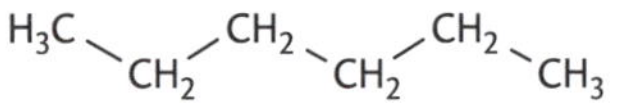 H_3C—CH_2—CH_2—CH_2—CH_2—CH_3	68 °C
2-Methylpentan	CH_3 | H_3C—CH—CH_2—CH_2—CH_3	60 °C
2,3-Dimethylbutan	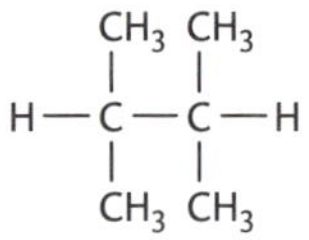 CH_3 CH_3 | | H—C—C—H | | CH_3 CH_3	58 °C

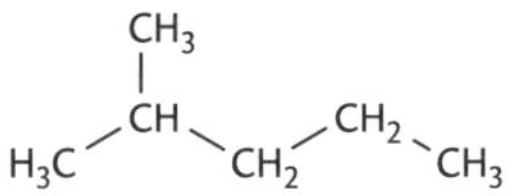

Tab. 20: Vergleich der Siedetemperaturen isomerer Hexane mit unterschiedlichem Verzweigungsgrad

Für Alkene gilt es hier auch die E/Z-Isomerie (und die Position der Doppelbindung) zu betrachten, da auch diese zu unterschiedlich guter Ausbildung von VAN-DER-WAALS-Kräften führt (siehe Tab. 21).

Name	Halbstrukturformel	Siedetemperatur
(E)-Hex-3-en	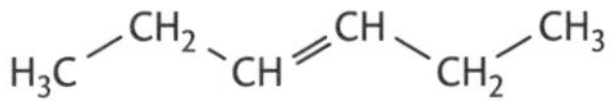 H_3C—CH_2—CH=CH—CH_2—CH_3	67,1 °C
(Z)-Hex-3-en	H_2C—CH_3 | H_3C—CH_2—CH=CH	66,7 °C

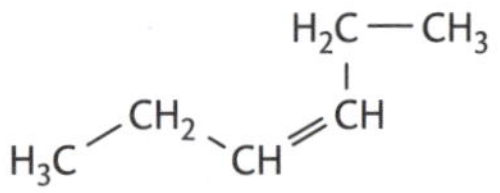

Tab. 21: Vergleich der Siedetemperaturen isomerer (E)- und (Z)-Hexene

Vergleicht man die jeweiligen Vertreter mit gleicher Kettenlänge aus den homologen Reihen der Alkane, Alkene und Alkine miteinander, so lassen sich nur begrenzt Rückschlüsse ziehen. Neben den Molekülmassen, die bei diesen Verbindungen sehr ähnlich sind, spielen auch die Elektronendichten für die zwischenmolekularen Anziehungskräfte eine wichtige Rolle.

Allgemein kann man zum **Aggregatzustand** festhalten, dass Alkane ab ca. fünf Kohlenstoffatomen bei Raumtemperatur flüssig sind (Normaldruck) und dass sie ab einer Kettenlänge von 20 Kohlenstoffatomen nicht unzersetzt zum Sieden gebracht werden können.

Löslichkeit

Der Grundsatz „**Ähnliches löst sich in Ähnlichem**" beruht auf dem Vorliegen ähnlicher Wechselwirkungen. Für die Löslichkeit von Kohlenwasserstoffen bedeutet dies, dass sie sich in einem Stoff lösen, wenn dort ebenfalls unpolare Wechselwirkungen, also VAN-DER-WAALS-Kräfte, auftreten. Kohlenwasserstoffe sind damit z. B. in Fetten löslich und können als **lipophil** („fettliebend") bezeichnet werden. Des Weiteren lösen sie sich gut ineinander und so können Stoffgemische wie Benzin entstehen.

Andererseits sind Kohlenwasserstoffe unlöslich in Stoffen, die polare Wechselwirkungen aufweisen, wie z. B. Wasser, in welchem Wasserstoffbrücken, d. h. starke Dipol-Dipol-Wechselwirkungen auftreten. Aus diesem Grund werden Kohlenwasserstoffe als **hydrophob** („wasserabweisend") bezeichnet.

Dichte

Aufgrund der relativ geringen Anziehungskräfte der Teilchen besitzen Kohlenwasserstoffe auch relativ geringe Dichten, die mit steigender Kettenlänge und damit verbundenen steigenden Anziehungskräften zunehmen. Die Dichten flüssiger Kohlenwasserstoffe sind geringer als die von Wasser (vgl. Ölteppiche nach Tankerunglücken, die auf dem Meerwasser schwimmen).

Viskosität

Als Viskosität wird die Zähflüssigkeit eines Stoffes bezeichnet. Diese steigt bei Kohlenwasserstoffen mit zunehmender Kettenlänge, da die VAN-DER-WAALS-Kräfte zunehmen und damit die Teilchen nicht mehr so leicht aneinander vorbeigleiten können.

2.5 Reaktionen der Kohlenwasserstoffe

Verbrennung von Kohlenwasserstoffen

Kohlenwasserstoffe bilden den größten Anteil am Erdöl, sie können unter Energiefreisetzung verbrannt werden.

Man unterscheidet grundsätzlich zwischen einer **vollständigen** Verbrennung, bei der nur Kohlenstoffdioxid und Wasser entstehen, und der **unvollständigen**, bei der es durch Sauerstoffmangel auch zur Entstehung von Kohlenstoffmonooxid, Ruß (Kohlenstoff) und kurzkettigen Kohlenwasserstoffen kommt.

Beispiel

Beispiel für eine vollständige Verbrennung:

$$C_7H_{16} + 11\,O_2 \longrightarrow 7\,CO_2 + 8\,H_2O$$

Beispiel für eine unvollständige Verbrennung:

$$2\,C_8H_{16} + 12\,O_2 \longrightarrow 2\,CO_2 + 7\,CO + 4\,C + C_3H_6 + 13\,H_2O$$

Radikalische Substitution bei Alkanen

Im Gegensatz zur Verbrennungsreaktion verhalten sich gesättigte und ungesättigte Kohlenwasserstoffe gegenüber Halogenen unterschiedlich, es laufen **verschiedene Reaktionsmechanismen** ab, die man in mehrere Teilschritte gliedern kann und die detailliert nachverfolgt werden können. Auch die dafür benötigten Reaktionsbedingungen unterscheiden sich.

Da **Alkane** eher reaktionsträge sind, reagieren sie nur mit sehr reaktionsfreudigen Stoffen wie den Halogenen. Den hier auftretenden Reaktionsmechanismus bezeichnet man als **radikalische Substitution**.

Bereits der Name liefert einige Informationen: Es sind **Radikale**, also sehr reaktive Teilchen mit einem **ungepaarten Elektron** beteiligt und es wird **substituiert**, d. h., es erfolgt ein **Austausch** eines Atoms oder einer Atomgruppe gegen ein anderes bzw. eine andere Gruppe. Man erkennt Letzteres bereits an der Gesamtgleichung der Halogenierungsreaktion von Ethan mit Brom:

Ethan   Brom   Bromethan   Wasserstoffbromid

Im Folgenden wird der Mechanismus der radikalischen Substitution erklärt:

1. **Startreaktion:** Durch **Licht**, eine wichtige Voraussetzung, wird das Brommolekül **homolytisch** in Bromradikale gespalten.

$$|\overline{Br} - \overline{Br}| \xrightarrow{\;Licht\;} 2\;|\overline{Br}\,\bullet$$

2. **Kettenreaktion:** Das reaktive Radikal wird dem Alkan ein beliebiges Wasserstoffatom entreißen. Dadurch entsteht Wasserstoffbromid und das vormalige **Alkan wird zum Alkylradikal**, hier ein Ethylradikal.

Dieses bindet nun wiederum ein Bromatom aus einem Brommolekül und es entsteht das **Bromethan** und ein weiteres **Bromradikal**.

Diese Reaktion kann sich beliebig fortsetzen. Dabei kann prinzipiell jedes der Wasserstoffatome des Ethans substituiert werden.

$$H-\overset{\overset{\displaystyle H}{|}}{\underset{\underset{\displaystyle H}{|}}{C}}-\overset{\overset{\displaystyle H}{|}}{\underset{\underset{\displaystyle H}{|}}{C}}-H \ + \ |\overline{\underline{Br}}\bullet \ \longrightarrow \ H-\overset{\overset{\displaystyle H}{|}}{\underset{\underset{\displaystyle H}{|}}{C}}-\overset{\overset{\displaystyle H}{|}}{\underset{\underset{\displaystyle H}{|}}{C}}\bullet \ + \ H-\overline{\underline{Br}}|$$

$$H-\overset{\overset{\displaystyle H}{|}}{\underset{\underset{\displaystyle H}{|}}{C}}-\overset{\overset{\displaystyle H}{|}}{\underset{\underset{\displaystyle H}{|}}{C}}\bullet \ + \ |\overline{\underline{Br}}-\overline{\underline{Br}}| \ \longrightarrow \ H-\overset{\overset{\displaystyle H}{|}}{\underset{\underset{\displaystyle H}{|}}{C}}-\overset{\overset{\displaystyle H}{|}}{\underset{\underset{\displaystyle H}{|}}{C}}-\overline{\underline{Br}}| \ + \ |\overline{\underline{Br}}\bullet$$

3. Abbruchreaktion: Die Reaktion läuft so lange weiter, bis keine Radikale mehr anwesend sind. Zum Entzug eines Radikals kommt es, wenn **zwei beliebige Radikale** aufeinandertreffen (Rekombination). Die beiden ungepaarten Elektronen werden dabei zu einem bindenden Elektronenpaar kombiniert.

$$|\overline{\underline{Br}}\bullet \ + \ |\overline{\underline{Br}}\bullet \ \longrightarrow \ |\overline{\underline{Br}}-\overline{\underline{Br}}|$$

$$H-\overset{\overset{\displaystyle H}{|}}{\underset{\underset{\displaystyle H}{|}}{C}}-\overset{\overset{\displaystyle H}{|}}{\underset{\underset{\displaystyle H}{|}}{C}}\bullet \ + H-\overset{\overset{\displaystyle H}{|}}{\underset{\underset{\displaystyle H}{|}}{C}}-\overset{\overset{\displaystyle H}{|}}{\underset{\underset{\displaystyle H}{|}}{C}}\bullet \ \longrightarrow \ H-\overset{\overset{\displaystyle H}{|}}{\underset{\underset{\displaystyle H}{|}}{C}}-\overset{\overset{\displaystyle H}{|}}{\underset{\underset{\displaystyle H}{|}}{C}}-\overset{\overset{\displaystyle H}{|}}{\underset{\underset{\displaystyle H}{|}}{C}}-\overset{\overset{\displaystyle H}{|}}{\underset{\underset{\displaystyle H}{|}}{C}}-H$$

$$|\overline{\underline{Br}}\bullet \ + H-\overset{\overset{\displaystyle H}{|}}{\underset{\underset{\displaystyle H}{|}}{C}}-\overset{\overset{\displaystyle H}{|}}{\underset{\underset{\displaystyle H}{|}}{C}}\bullet \ \longrightarrow \ H-\overset{\overset{\displaystyle H}{|}}{\underset{\underset{\displaystyle H}{|}}{C}}-\overset{\overset{\displaystyle H}{|}}{\underset{\underset{\displaystyle H}{|}}{C}}-\overline{\underline{Br}}|$$

Hervorzuheben für die radikalische Substitution ist, dass das Wasserstoffatom, das bei der radikalischen Substitution ausgetauscht wird, **beliebig** ist. Es können **mehrere** Substitutionen hintereinander ablaufen. **Pro** substituiertem **Atom** ist genau **ein Brommolekül** nötig und es entsteht **ein Wasserstoff-bromid-Molekül**.

Elektrophile Addition bei Alkenen und Alkinen

Aufgrund ihrer elektronenreichen Mehrfachbindungen sind **ungesättigte Kohlenwasserstoffe** viel **reaktiver** als gesättigte. Sie reagieren mit Halogenen (oder auch z. B. mit elementarem Wasserstoff) nach dem Reaktionsmechanismus der **elektrophilen Addition**. Ein Elektrophil, also ein **elektronenliebendes Teilchen**, wird an der Mehrfachbindung addiert, sprich **hinzugefügt**, indem die Doppel- zur Einfachbindung bzw. die Dreifach- zur Doppelbindung wird. Hierbei entstehen keine Nebenprodukte, wie es folgende Gesamtgleichung zeigt:

H H ... C=C + |Br—Br| ⟶ H—C—C—H

Ethen · Brom · 1,2-Dibromethan

Anstelle von Brom wird bei diesen Reaktionen auch häufig Chlor als Halogen gewählt, während Fluor sehr reaktiv und Iod sehr reaktionsträge ist, was elektrophile Additionsreaktionen mit diesen beiden Elementen als Reaktionspartnern deutlich erschwert.

Mechanismus der elektrophilen Addition bei ungesättigten Kohlenwasserstoffen

1. **Polarisierung des Brommoleküls:** Durch die hohe Elektronendichte der Mehrfachbindung wird ein Brommolekül **polarisiert**, d. h., sein bindendes Elektronenpaar ist zu einem Atom hin verschoben.

2. **Elektrophiler Angriff:** Durch die Polarisierung kommt es zur **heterolytischen** Spaltung des Brommoleküls und das entstehende Bromkation wirkt als **Elektrophil**, das an die Doppelbindung gebunden wird. So entstehen ein cyclisches Bromoniumion und ein nukleophiles Bromidion.

Bromoniumion · Bromidion

3. **Nukleophiler Rückseitenangriff:** Aus sterischen Gründen greift nun das nukleophile Bromidion das elektronenarme Bromoniumion von der Rückseite her an. Dadurch wird schließlich an beiden C-Atomen der Doppelbindung jeweils ein Bromatom gebunden.

Es muss beachtet werden, dass **immer zwei** Atome bzw. Atomgruppen an der Mehrfachbindung addiert werden, die dann im Produkt an **benachbarter Stelle** auftreten.

Die elektrophile Addition tritt bei Alkenen und Alkinen auf. Lag anfangs eine Dreifachbindung vor, so entsteht nun eine Doppelbindung und die Reaktion kann ein zweites Mal ablaufen: Ethin als Beispiel reagiert dann zunächst zu (E)-1,2-Dibromethen (Rückseitenangriff → E!), schließlich zu 1,1,2,2-Tetrabromethan.

In der Oberstufe wird ein weiterer Mechanismus für eine spezielle Gruppe der ungesättigten Kohlenwasserstoffe, die Aromaten, eingeführt. Diese reagieren aufgrund besonderer Bindungsverhältnisse weniger heftig als aliphatische Alkene und Alkine, die Reaktion findet nach dem Mechanismus der **elektrophilen Substitution** statt. Aufgrund der elektronenreichen Struktur kommt es hier also zu einem Austausch von Atomen bzw. Atomgruppen.

Aufgaben

87 a Markieren Sie alle Atome im folgenden Molekül, die eindeutig in einer Ebene liegen, und geben Sie für alle C-Atome die Bindungswinkel an.

b Erstellen Sie die Strukturformel eines möglichen Moleküls, auf das folgende Aussagen zutreffen:
- Molekülmasse: 68 g·mol^{-1}
- Bindungswinkel an Kohlenstoffatomen: einmal 109,5° und viermal 120°
- Nur eine endständige Mehrfachbindung enthalten

88 a Zeichnen Sie folgende Moleküle in der Keilstrichdarstellung.

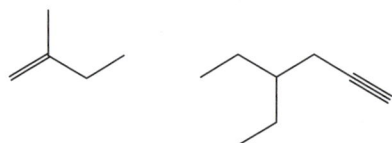

b Geben Sie den IUPAC-Namen der jeweiligen Verbindung an.

89 Erklären Sie, was man unter Konstitutionsisomeren versteht, und kennzeichnen Sie, welche der folgenden Verbindungen Konstitutionsisomere sind.

(1) $H_3C-CH_2-CH_2-CH_2-CH_2-CH_2-CH_3$

(2) 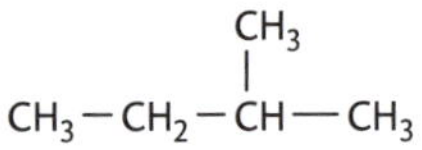
$$CH_3$$
$$CH_3-CH_2-CH-CH_3$$

(3)
$$CH_3$$
$$H_3C-C-CH_3$$
$$CH_3$$

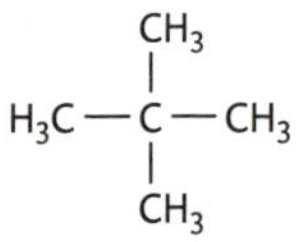

(4)
$$CH_3$$
$$H_3C-C-CH_2-CH_3$$
$$CH_2$$
$$CH_3$$

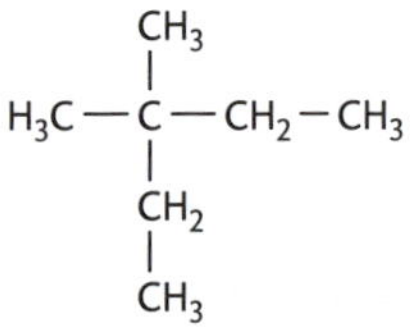

(5)
$$CH_3$$
$$H_3C-CH_2-CH-CH_2-CH_2-CH_2-CH_3$$

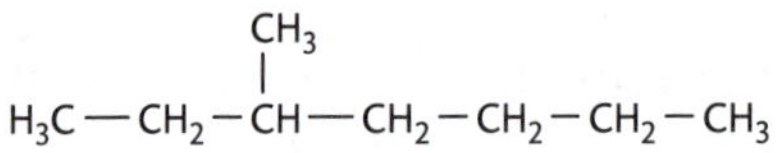

(6)
$$CH_3$$
$$CH_2$$
$$CH_3-CH_2-CH-CH_2-CH_3$$

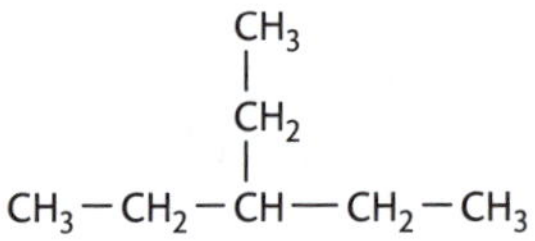

90 Benennen Sie die Moleküle (1) – (6) aus Aufgabe 89.

91 Zeichnen Sie folgende Moleküle:
a (Z)-Hept-2-en-5-in
b (E)-3-Brom-5-ethyloct-3-en

92 Überlegen Sie, ob die folgenden Aussagen richtig oder falsch sind und verbessern Sie sie gegebenenfalls.

	richtig	falsch
a Kohlenwasserstoffe sind gut in Fett löslich, da sie ebenfalls polare Wechselwirkungen aufweisen.	☐	☐
b Kohlenwasserstoffe weisen mit steigender Kettenlänge stärkere VAN-DER-WAALS-Kräfte auf.	☐	☐
c Die Siedetemperatur von isomeren Alkanen steigt mit zunehmendem Verzweigungsgrad, da sich so mehr VAN-DER-WAALS-Kräfte ausbilden können.	☐	☐

93 Ordnen Sie die Moleküle aus Aufgabe 89 von Seite 122 nach steigender Siedetemperatur und begründen Sie die Reihenfolge.

94 Für Stoffe mit der Summenformel C_4H_{10} kann man zwei verschiedene Siedetemperaturen angeben. Erläutern Sie dies.

95 Propan findet man häufig in Gaskartuschen für Campingkocher. Formulieren Sie die Reaktionsgleichung für die vollständige Verbrennung. Grenzen Sie den Begriff zu dem der unvollständigen Verbrennung ab.

96 Propin reagiert vollständig mit Brom. Benennen und formulieren Sie den Reaktionsmechanismus für dieses Beispiel.

97 Die radikalische Substitution ist eine typische Reaktion der Alkane.
a Geben Sie eine wichtige Reaktionsbedingung an.
b Formulieren Sie den vollständigen Reaktionsmechanismus der radikalischen Substitution für die Bildung von 1,3-Dichlorheptan und benennen Sie die Teilschritte.

98 Es soll der Stoff 1,2,3-Trichlorpropan ausgehend von Propen hergestellt werden. Erläutern Sie begründet den Ablauf und geben Sie dazu relevante Gesamtgleichungen an. Begründen Sie, weshalb bei diesen Voraussetzungen kein 1,1,3-Trichlorpropan, wohl aber 1,1,2-Trichlorpropan entstehen kann.

Zusammenfassung und Selbsteinschätzung der Grundkenntnisse

Themenbereich   ☺   😐   ☹

- Kohlenwasserstoffe werden in **gesättigte** (Alkane) und **ungesättigte** Verbindungen (u. a. Alkene und Alkine) eingeteilt, je nachdem, ob die maximale Anzahl an Wasserstoffatomen gebunden ist oder nicht. ☐ ☐ ☐

- Innerhalb der einzelnen Kohlenwasserstoffklassen gibt es **homologe Reihen**. Die Grundnamen enden bei den Alkanen auf **-an**, bei den Alkenen auf **-en** und bei den Alkinen auf **-in**. Es gelten die **IUPAC-Regeln** für die Benennung der Verbindungen. ☐ ☐ ☐

- Es treten bei Kohlenwasserstoffen sowohl **Konstitutionsisomere** (unterschiedliche Verknüpfung) als auch **Stereoisomere** (unterschiedliche räumliche Anordnung, z. B. E/Z-Isomerie) auf. ☐ ☐ ☐

- Die **räumliche Struktur** der Kohlenwasserstoffverbindungen ist geprägt von der Art der C−C-Bindungen, da diese die Bindungswinkel und Bindungslängen bestimmen. ☐ ☐ ☐

- Die **unpolaren Bindungen** in den Kohlenwasserstoffen führen zur Ausbildung von **VAN-DER-WAALS-Kräften**, die die **physikalischen Eigenschaften** wie niedrige Schmelz- und Siedetemperaturen, geringe Dichten und die Löslichkeit in unpolaren Lösungsmitteln bedingen. ☐ ☐ ☐

- Kohlenwasserstoffe können mit Sauerstoff verbrannt werden, wobei man die **vollständige** und die **unvollständige Verbrennung** unterscheidet. Alkane reagieren nach dem Mechanismus der **radikalischen Substitution**, Alkene und Alkine nach dem der **elektrophilen Addition**. ☐ ☐ ☐

3 Sauerstoffhaltige Kohlenwasserstoffe

3.1 Stoffklassen der sauerstoffhaltigen Kohlenwasserstoffe

Im Vergleich zu den in Kapitel 2 besprochenen Kohlenwasserstoffen, die nur aus den Elementen Kohlenstoff und Wasserstoff aufgebaut sind, ist in manchen Verbindungen auch das elektronegative Element Sauerstoff vorhanden. Diese sauerstoffhaltigen Kohlenwasserstoffverbindungen kommen häufig in Pflanzen und Tieren vor. Man unterscheidet hierbei folgende Verbindungen (siehe hierzu Tabelle 26, Stoffklassen organischer Verbindungen", S. 167):

- **Alkohole:** Sie weisen eine **Hydroxygruppe (–OH)** auf, die an ein Kohlenstoffatom gebunden ist, und lassen sich je nach Struktur zu Carbonylverbindungen oder Carbonsäuren oxidieren. Alkohole, die sich von Alkanen ableiten, werden auch als Alkanole bezeichnet.
- **Carbonylverbindungen:** Sie zeichnen sich durch ihre **Carbonylgruppe (>C=O)** aus. Befindet sich diese an einem endständigen C-Atom, liegt ein sogenannter **Aldehyd** vor; liegt das betreffende C-Atom innerhalb einer Kette, so spricht man von einem **Keton**. Die jeweiligen Verbindungen werden auch als Alkanal bzw. als Alkanon bezeichnet.
- **Carbonsäuren und Carbonsäureester:** Die Carbonsäuren weisen eine **Carboxygruppe (–COOH)** auf. Reagieren sie mit Alkoholen, so entstehen Carbonsäureester, die durch die **Esterbindung (–COOR)** charakterisiert werden.

3.2 Strukturen der sauerstoffhaltigen Kohlenwasserstoffe im Vergleich

Sauerstoffhaltige Kohlenwasserstoffverbindungen unterscheiden sich von den Kohlenwasserstoffverbindungen durch das Vorhandensein einer der unter 3.1 beschriebenen funktionellen Gruppen.

Eine **funktionelle Gruppe** ist der Teil im Molekül, der die charakteristischen physikalischen und chemischen Eigenschaften bestimmt. Innerhalb eines Moleküls können auch mehrere (gleiche oder verschiedene) funktionelle Gruppen auftreten. Die Kohlenwasserstoffkette ohne funktionelle Gruppe wird dabei als **Alkylrest** bezeichnet, da sie sich von den Alkanen ableitet.

Homologe Reihen

Wie bereits von den Kohlenwasserstoffen bekannt, gibt es auch innerhalb der sauerstoffhaltigen Kohlenwasserstoffe homologe Reihen. Die Moleküle dieser aufsteigenden Reihen unterscheiden sich hier ebenfalls jeweils durch das Vorhandensein einer weiteren $-CH_2$-Gruppe. Die **Stammnamen der Alkane** werden auf die sauerstoffhaltigen Kohlenwasserstoffverbindungen übertragen, wobei die jeweilige charakteristische Endung ergänzt wird: bei den Alkoholen **-ol**, bei den Aldehyden **-al**, bei den Ketonen **-on** und bei den Carbonsäuren **-säure** (siehe Beispiele in Tab. 22). Bei Carbonsäureestern gibt es einen Kombinationsnamen aus dem jeweiligen entsprechenden Alkohol- und Säurerest (siehe S. 143).

Prop**an**	Propan**ol**	Propan**al**	Propan**on**	Propan**säure**

Tab. 22: Bezeichnung von verschiedenen Stoffklassen am Beispiel eines Propylrests

Räumlicher Bau

Für die räumliche Anordnung der Atome in den jeweiligen Alkylketten ist das Kohlenstoffatom mit seinen Bindungsverhältnissen entscheidend. Dabei ergeben sich bei C–C-Einfachbindungen durch die Tetraederstruktur die bekannten Zickzack-Ketten, Abweichungen entsprechend bei Mehrfachbindungen. Innerhalb der funktionellen Gruppen ist die Struktur abhängig von der Anzahl der Bindungspartner. Am Kohlenstoffatom kann deshalb eine Tetraederkonfiguration (Alkohole) oder eine trigonal planare Struktur (bei drei Bindungspartnern wie in Carbonylverbindungen und Carbonsäuren) vorliegen.

	Alkohole	Aldehyde	Ketone	Carbonsäuren	Carbonsäureester
Molekülmodell					
Räuml. Strukturformel					
Skelettformel					

Tab. 23: Vergleich des räumlichen Baus verschiedener sauerstoffhaltiger Stoffklassen

Isomerie

Bei allen sauerstoffhaltigen Kohlenwasserstoffen können sowohl Konstitutionsisomerie als auch Stereoisomerie im Alkylrest vorliegen, wie in Kapitel 2 besprochen wurde.

Hinzu kommt nun, dass durch das Vorhandensein des Sauerstoffs häufig noch
weitere Isomere auftreten, da die funktionelle Gruppe an verschiedenen Positionen in der Alkylkette gebunden sein kann oder bei gleicher Summenformel
verschiedene funktionelle Gruppen auftreten können (siehe Tab. 25, S. 165).

- **Konstitutionsisomerie bei Alkoholen:** Die Konstitutionsisomerie spielt
  bei Alkoholen eine ganz entscheidende Rolle: Je nach Position der Hydroxygruppe ändert sich das Reaktionsverhalten (siehe Kap. 3.5). Dabei unterscheidet man grundsätzlich anhand der Art des C-Atoms (siehe S. 115), an
  das die Hydroxygruppe gebunden ist, ob es sich um einen **primären, sekundären** oder **tertiären Alkohol** handelt (siehe Abb. 37).

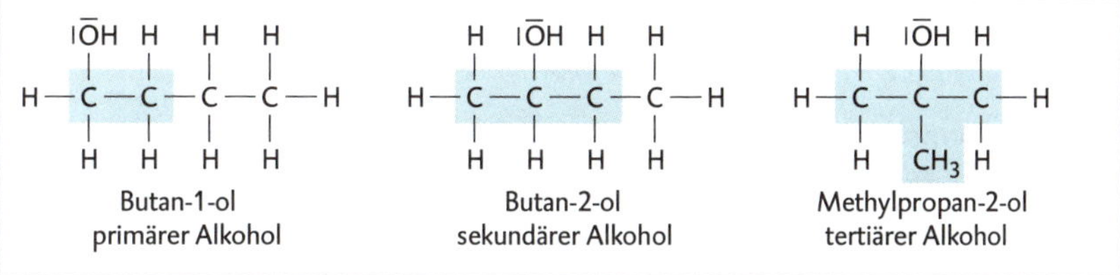

Abb. 37: Primäre, sekundäre und tertiäre Alkohole gezeigt am Beispiel von Butanol-Isomeren

Nicht verwechselt werden darf dies jedoch mit der Wertigkeit eines Alkohols, d. h. wie viele Hydroxygruppen in einem Molekül auftreten (einwer-
tiger, zweiwertiger, …, mehrwertiger Alkohol) – hier handelt es sich aufgrund der unterschiedlichen Summenformeln auch nicht um Isomere.

- **Konstitutionsisomerie bei Carbonylverbindungen:** Durch die unterschiedliche Position der Ketogruppe können bei Ketonen Isomere auftreten.
  Bei Aldehyden gibt es dann verschiedene Aldehydisomere, wenn der Alkylrest nicht linear oder symmetrisch aufgebaut ist und somit die endständige
  Aldehydgruppe in unterschiedlicher Verknüpfung zum Alkylrest steht.

Des Weiteren können Aldehyde auch Isomere von Ketonen sein, wie das folgende Beispiel C_3H_6O zeigt:

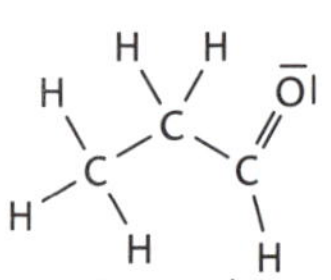

Propanal 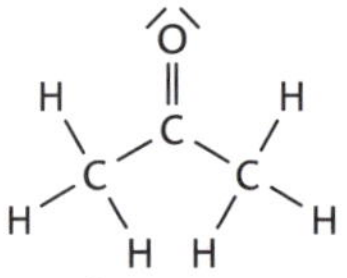   Propanon

- **Konstitutionsisomerie bei Carbonsäuren und Carbonsäureestern:**
Da Carbonsäuren durch ihre endständige Carboxygruppe definiert sind, gibt es auch hier Carbonsäureisomere, wenn der Alkylrest nicht linear bzw. unsymmetrisch ist. Sie können ebenso isomer zu Hydroxyaldehyden bzw. -ketonen oder Carbonsäureestern sein:

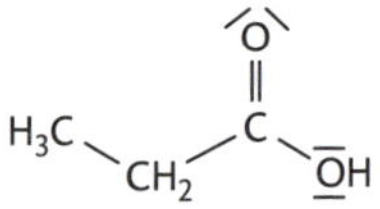

Propansäure 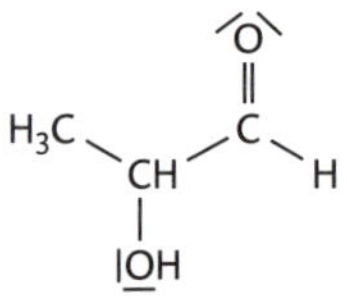   2-Hydroxypropanal 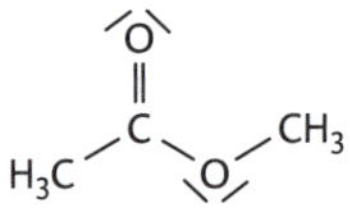   Ethansäuremethylester

Bei Carbonsäureestern ist zusätzlich die Position der Esterbindung für weitere Ester-Isomere verantwortlich:

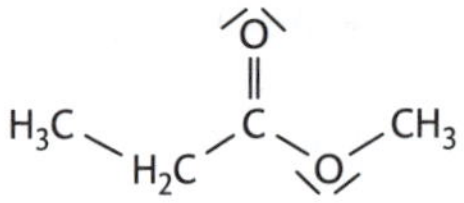

Propansäuremethylester 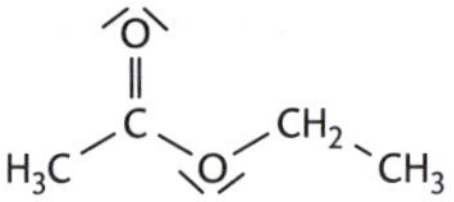   Ethansäureethylester

Wie man später bei den Reaktionen der Carbonsäuren mit Alkoholen zu Carbonsäureestern sehen wird, erkennt man bereits am Isomer, welcher Teil von der Säure und welcher vom Alkohol stammt – entsprechend erfolgt die Benennung (siehe S. 143).

3.3 Benennung der sauerstoffhaltigen Kohlenwasserstoffe

Wie bereits aus Kapitel 2.3 bekannt ist, setzt sich ein IUPAC-Name aus **Präfix**, **Stamm** und **Suffix** zusammen. Zu den Präfixen gehören bei den sauerstoffhaltigen Kohlenwasserstoffen Substituenten wie z. B. Halogenatome oder Seitenketten, zusätzlich aber auch Hinweise auf funktionelle Gruppen, wenn mehrere vorhanden sind und diese nicht gemeinsam als Suffixe genannt werden dürfen. Der Stammname leitet sich wiederum vom Alkan der entsprechenden

Kettenlänge ab, das Suffix, gegebenenfalls mehrere, weist auf die funktionelle Gruppe hin.

Die Nomenklaturregeln der IUPAC sind für sauerstoffhaltige Kohlenwasserstoffe sehr kompliziert, deshalb werden sie nur in ihren wesentlichen Punkten zusammengefasst. Diese reichen aus, um die schulisch relevanten Verbindungen zu benennen. Am Ende dieses Kapitels kann der Kenntnisstand anhand von Aufgaben überprüft werden.

1. Funktionelle Gruppe mit der **höchsten Priorität** ermitteln:

| Carboxy | > | Ester | > | Aldehyd | > | Keto | > | Hydroxy | > | Doppel-bindung | > | Dreifach-bindung |

$$\text{Carboxy} > \text{Ester} > \text{Aldehyd} > \text{Keto} > \text{Hydroxy} > \text{Doppelbindung} > \text{Dreifachbindung}$$

2. Identifikation und Nummerierung der **Hauptkette:** längste Kette mit der funktionellen Gruppe höchster Priorität, deren Kohlenstoffatom bekommt die kleinstmögliche Ziffer.

3. Festlegung des **Stamms:** Grundnamen angeben, dabei gegebenenfalls Doppel- bzw. Dreifachbindungen mit Positionsnummern, griech. Zahlwörtern und entsprechender Endung (siehe S. 114 f.) berücksichtigen.

4. Ermittlung des/der **Suffix**(e):
- Alkohol ⇒ **-ol**, Keton ⇒ **-on**, Aldehyd ⇒ **-al**, Carbonsäure ⇒ **-säure**
- Positionsziffer vorweg, gegebenenfalls mit griechischen Zahlwörtern

5. Festlegung der **Reihenfolge der Suffixe:** -en, -in, -ol, -on, -al, -säure jedoch:
- -ol nicht gemeinsam mit -al, -on, -säure ⇒ -ol wird zu Präfix „Hydroxy"
- -säure nicht gemeinsam mit -al, -on, -ol ⇒ -ol wird zu Präfix „Hydroxy"
  ⇒ -on/-al wird zu Präfix „Oxo"

6. Festlegung der weiteren Präfix(e): Seitenketten und Substituenten wie Halogene mit Positionsziffern und gegebenenfalls griech. Zahlwörtern vorweg, alphabetische Reihenfolge. (E)/(Z) bei Doppelbindungen berücksichtigen.

Bei vielen Verbindungen der sauerstoffhaltigen Kohlenwasserstoffe sind auch Trivialnamen gebräuchlich. So wird beispielsweise die Ethansäure auch Essigsäure und ihr zugehöriges Ion, das Ethanoat, Acetat genannt.

Bei den folgenden Beispielen wurden kompliziertere Moleküle mit mehr als einer funktionellen Gruppe gewählt.

Beispiele

$$\underset{\substack{H\\|\\H}}{\overset{H}{\underset{4}{C}}}-\underset{\substack{\\O\\||}}{\overset{H}{\underset{3}{C}}}-\underset{\substack{H\\|\\H}}{\overset{H}{\underset{2}{C}}}-\underset{\substack{\\I\underline{O}H}}{\overset{\overline{O}I}{\underset{1}{C}}}$$

3-Oxobutansäure

$$H\underline{O}-\underset{\substack{|\\H}}{\overset{H}{\underset{1}{C}}}-\underset{\substack{|\\CH_3}}{\overset{H}{\underset{2}{C}}}-\underset{\substack{|\\H}}{\overset{I\underline{Cl}I}{\underset{3}{C}}}-\underset{\substack{|\\H}}{\overset{I\overline{O}H}{\underset{4}{C}}}-\underset{\substack{|\\H}}{\overset{H}{\underset{5}{C}}}-\underset{\substack{|\\H}}{\overset{H}{\underset{6}{C}}}-H$$

3-Chlor-2-methylhexan-1,4-diol

$$H-\underset{\substack{|\\H}}{\overset{H}{\underset{5}{C}}}-\underset{\substack{|\\H}}{\overset{H}{\underset{4}{C}}}=\underset{3}{C}-\underset{\substack{|\\I\underline{O}H}}{\overset{H}{\underset{2}{C}}}-\underset{\substack{\\I\underline{O}H}}{\overset{\overline{O}I}{\underset{1}{C}}}$$

(E)-2-Hydroxypent-3-ensäure

3.4 Physikalische Eigenschaften der sauerstoffhaltigen Kohlenwasserstoffe

Die physikalischen Eigenschaften eines Stoffes hängen nach dem Struktur-Eigenschafts-Konzept immer von der Struktur seines Teilchens und den dort auftretenden Wechselwirkungen ab. Dabei spielt die Polarität des Teilchens eine entscheidende Rolle.

Kohlenwasserstoffe sind unpolare Stoffe, da sowohl die C–H- als auch die C–C-Elektronenpaarbindung unpolar sind. Somit ist auch der **Alkylrest** eines sauerstoffhaltigen Kohlenwasserstoffs **unpolar**.

Weiter berücksichtigt werden müssen jedoch die **funktionellen Gruppen**, die das Sauerstoffatom bzw. mehrere enthalten. Vergleicht man die Elektronegativität von Sauerstoff als eines der elektronegativsten Elemente mit denen von Kohlenstoff oder Wasserstoff, ergeben sich hohe Differenzen und damit wiederum **polare Anteile** im Molekül.

Neben den VAN-DER-WAALS-**Kräften** der unpolaren Anteile treten deshalb auch **polare Wechselwirkungen** zwischen den Molekülen auf (siehe S. 38 f. im Kapitel Teilchen und Stoffe).

Wasserstoffbrücken treten nur bei Alkoholen und Carbonsäuren auf, da nur diese beiden Stoffklassen genügend stark positiv polarisierte Wasserstoffatome in den jeweiligen funktionellen Gruppen enthalten (siehe Abb. 38). Die Polarität der Hydroxygruppe ist dabei geringer als die der Carboxygruppe (siehe S. 136 f.). Kurzkettige Carbonsäuremoleküle können sogar so stabile Wasserstoffbrücken ausbilden, dass sie beim Verdampfen als Dimere (also als „Verbund" von zwei Molekülen) in die gasförmige Phase übergehen.

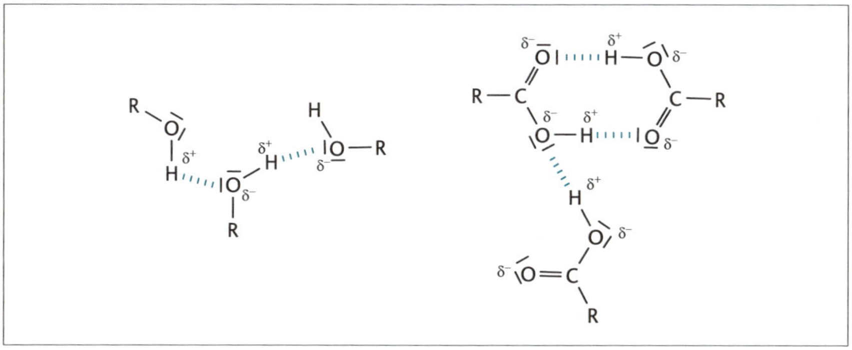

Abb. 38: Wasserstoffbrücken bei Alkoholen (links) und Carbonsäuren (rechts)

Zwischen den Molekülen von Aldehyden, Ketonen und Carbonsäureestern treten **schwächere Dipol-Dipol-Wechselwirkungen** auf (siehe Abb. 39), da ihre funktionellen Gruppen weniger polar sind als die von Carbonsäuren und Alkoholen. Dies liegt daran, dass die Differenz der Elektronegativitäten zwischen Kohlenstoff und Sauerstoff deutlich geringer ist als diejenige zwischen Wasserstoff und Sauerstoff.

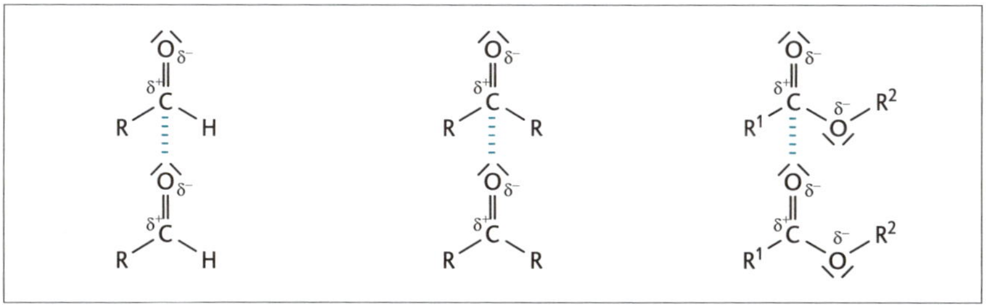

Abb. 39: Dipol-Dipol-Wechselwirkungen bei Aldehyden (links), Ketonen (Mitte) und Carbonsäureestern (rechts)

Beide Bereiche eines sauerstoffhaltigen Kohlenwasserstoffmoleküls, der polare Anteil der funktionellen Gruppe und der unpolare Anteil des Alkylrests, müssen für die Beurteilung der physikalischen Eigenschaften herangezogen werden. Abhängig von der Größe dieser Molekülbereiche im Vergleich zu der Gesamtgröße des Moleküls üben die jeweiligen Wechselwirkungen einen größeren oder kleineren Einfluss auf die Stoffeigenschaften aus (siehe Abb. 40).

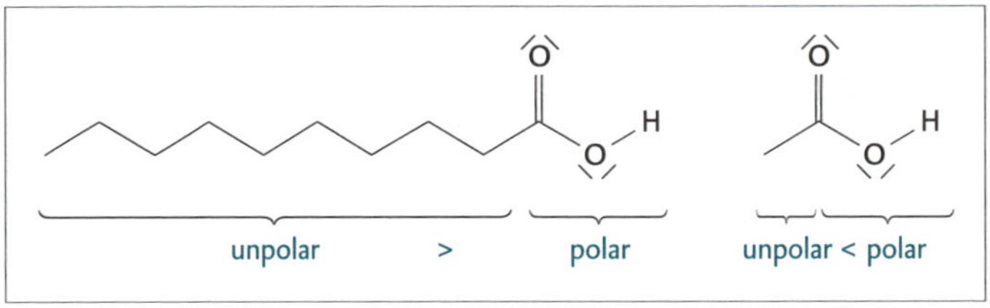

Abb. 40: Polare und unpolare Anteile in Carbonsäuremolekülen

Schmelz- und Siedetemperaturen

Im Vergleich zu den reinen Kohlenwasserstoffen mit ähnlicher Molekülmasse besitzen die sauerstoffhaltigen organischen Verbindungen **höhere** Schmelz- und Siedetemperaturen: Neben den VAN-DER-WAALS-Kräften treten zusätzlich sehr viel stärkere polare Wechselwirkungen auf. Die Summe der Gesamtwechselwirkungen der sauerstoffhaltigen Kohlenwasserstoffe übersteigt deshalb die der Kohlenwasserstoffe deutlich. Aus diesem Grund muss **mehr Energie aufgewendet werden**, um diese Anziehungskräfte zu **überwinden** und die Moleküle damit voneinander **zu lösen**.

Mit aufsteigender **Molekülmasse** innerhalb der homologen Reihen nimmt die Anzahl der Elektronen zu und es steigen auch die **Oberflächen**, damit nehmen die Summen der VAN-DER-WAALS-Kräfte zu und die Schmelz- und Siedetemperaturen steigen (siehe Abb. 41).

Des Weiteren werden jedoch auch die Unterschiede zu den Kohlenwasserstoffen – bzw. die Unterschiede der einzelnen sauerstoffhaltigen Kohlenwasserstoffe vergleichbarer Masse untereinander – mit steigender Kettenlänge immer **geringer**, da der polare Anteil des Moleküls dann vergleichsweise klein wird. Die Summe aller VAN-DER-WAALS-Kräfte überwiegt somit die polaren Wechselwirkungen im Molekül (siehe Abb. 40).

Die Siedepunkte der sauerstoffhaltigen Kohlenwasserstoffe vergleichbarer Masse unterscheiden sich je nach **Stärke ihrer polaren Wechselwirkungen**: Die Polarität der Carbonylgruppe ist geringer als die der Hydroxygruppe, diese wiederum geringer als die der Carboxygruppe, deshalb nehmen die Siede- und Schmelztemperaturen in dieser Reihenfolge zu.

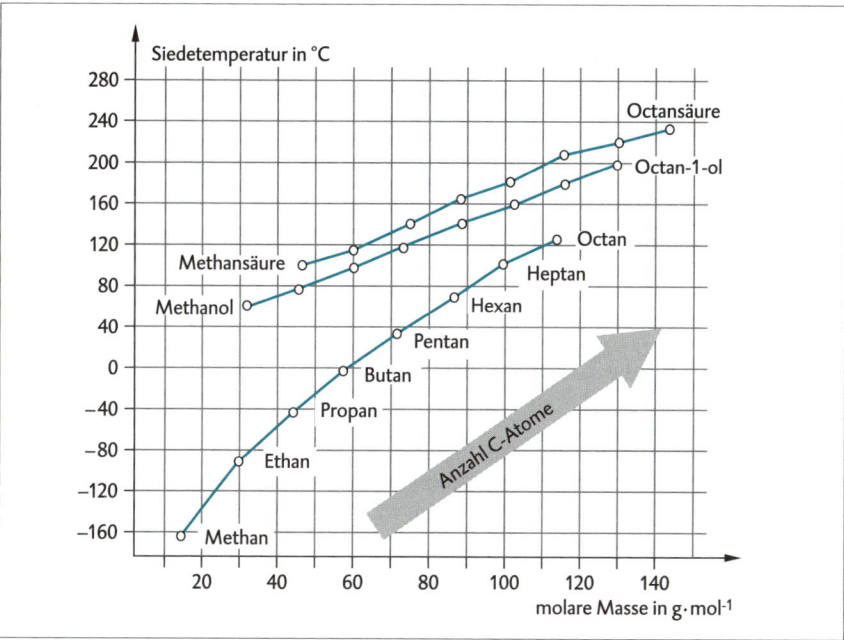

Abb. 41: Siedetemperaturen der ersten acht Alkane, primären Alkohole und Carbonsäuren

Löslichkeit

Der Grundsatz „**Ähnliches löst sich in Ähnlichem**" ist auch hier ganz entscheidend. Je nachdem, in welchem Verhältnis der polare und unpolare Anteil im Molekül zueinander vorliegen, lösen sich sauerstoffhaltige Kohlenwasserstoffe in **polaren, unpolaren oder beiden Arten** von Lösungsmitteln.

Name	Formel	polarer Charakter	Löslichkeit in	
			Wasser	Benzin
Methansäure	$H-COOH$			
Ethansäure	$H_3C-COOH$			
Propansäure	H_3C-CH_2-COOH	nimmt ab	nimmt ab	nimmt ab
Butansäure	$H_3C-(CH_2)_2-COOH$			
Pentansäure	$H_3C-(CH_2)_3-COOH$			
Hexansäure	$H_3C-(CH_2)_4-COOH$			

Tab. 24: Veränderung der Löslichkeit von Carbonsäuren in Abhängigkeit von ihrer Kettenlänge

Während zwischen zwei Carbonylmolekülen untereinander Dipol-Dipol-Wechselwirkungen auftreten, können zwischen einem Carbonylmolekül und einem Wasser- oder Carbonsäuremolekül auch Wasserstoffbrücken ausgebildet werden.

Beim Vergleich der Löslichkeit verschiedener sauerstoffhaltiger Verbindungen mit ähnlichen polaren und unpolaren Anteilen in einem bestimmten Lösungsmittel kommt es wiederum auf die Stärke der Polarität der funktionellen Gruppe an.

3.5 Reaktionen der sauerstoffhaltigen Kohlenwasserstoffe

Protolyse bei Carbonsäuren

Carbonsäuren und Alkohole enthalten neben dem Sauerstoff- auch ein Wasserstoffatom in ihrer funktionellen Gruppe. Dieses ist im Gegensatz zu Wasserstoffatomen im Alkylrest positiv polarisiert, da die Elektronegativität des Sauerstoffs größer ist als die von Kohlenstoff.

Carbonsäuren sind im Vergleich zu den meisten Alkoholen stärkere **Protonendonatoren**: Sie reagieren stärker sauer, d. h., sie spalten ihr Proton leichter ab. Dies bedeutet, dass die Polarität der O−H-Bindung innerhalb der Carboxygruppe bei Carbonsäuren stärker sein muss als bei Alkoholen in der Hydroxygruppe.

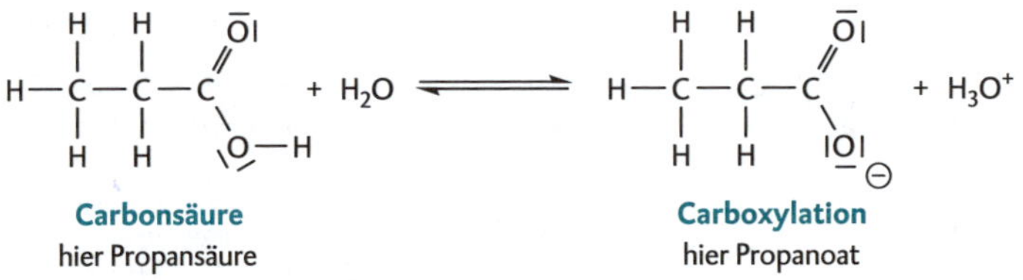

| **Carbonsäure** | **Carboxylation** |
| hier Propansäure | hier Propanoat |

Verantwortlich für die hohe Polarität ist der sogenannte **Elektronensog** der Carbonylgruppe: Durch die hohe Elektronegativität des Sauerstoffatoms sind die beiden bindenden Elektronenpaare des Carbonylsauerstoffatoms zu diesem hin verschoben, was sich wiederum „sogförmig" auf die gesamte funktionelle Gruppe auswirkt (siehe Abb. 42). Die Bindung der Hydroxygruppe wird dadurch stark polarisiert.

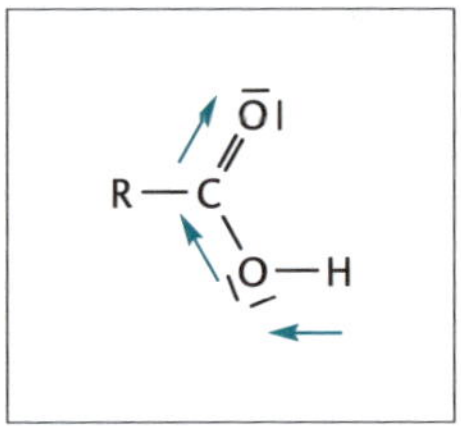

Abb. 42: Elektronensog in der Carboxygruppe

Ein noch wichtigerer Grund als die Polarisierung des Wasserstoffatoms ist die **Stabilität** des entstehenden **Carboxylations**. Das bedeutet, dass Carboxylationen im Vergleich zu Alkoholationen schwerer Protonen aufnehmen und damit nicht so leicht zur Carbonsäure zurückreagieren. Begründen lässt sich dies dadurch, dass die negative Ladung im Carboxylation nicht an einem bestimmten Sauerstoffatom zu finden ist, sondern dass sie sich über die gesamte funktionelle Gruppe verteilt (siehe Abb. 43).

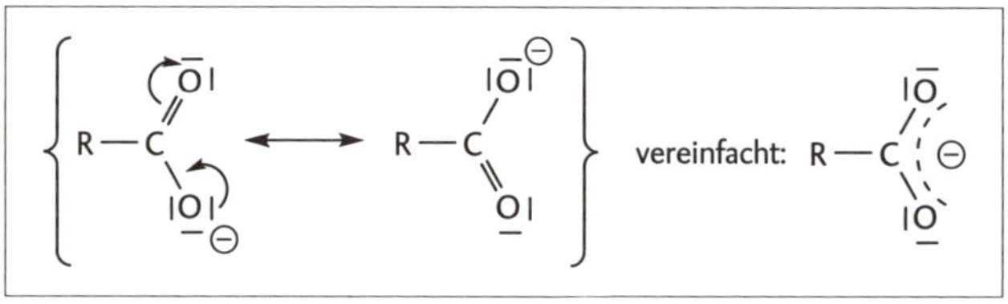

Abb. 43: Stabilisierung der Carboxygruppe durch Mesomerie

Bei diesem Phänomen spricht man von **Mesomerie**. Sie wird in der Oberstufe vor allem bei den aromatischen Kohlenwasserstoffen thematisiert, wo sie von zentraler Bedeutung ist. In Abbildung 43 sind sogenannte mesomere Grenzstrukturen gezeigt. Sie stellen nicht die Realität dar, der wahre Zustand der Elektronenverteilung befindet sich dazwischen. Formal erkennt man solche Formeln an dem sogenannten Mesomeriepfeil ←——→ und dem Einschluss der Formeln in geschweifte oder eckige Klammern. Die Pfeile innerhalb der Formeln deuten Elektronenverschiebungen an, um von einer Formel zur nächsten zu gelangen.

Carbonsäuren sind meist **schwache Säuren** (Protonendonatoren). Dies bedeutet, dass nicht jedes Carbonsäuremolekül in wässriger Lösung sein Proton abgibt.

Carboxylationen wiederum sind dann als korrespondierende Partner **starke Basen**, sie nehmen Protonen auf (Protonenakzeptoren). Salze der Carbonsäuren können deshalb in wässrigen Lösungen basisch reagieren:

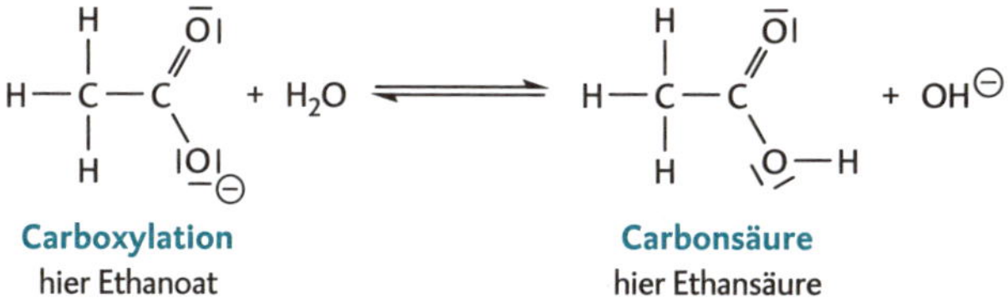

Carboxylation
hier Ethanoat

Carbonsäure
hier Ethansäure

Keine der beiden beschriebenen Reaktionen läuft in wässriger Lösung vollständig ab, es wird sich ein Gleichgewicht zwischen Carbonsäure- und Carboxylationen einstellen (siehe auch Esterkondensation/-hydrolyse S. 143 bzw. 145).

Deshalb verwendet man für die Darstellung meist den sogenannten **Gleich-gewichtspfeil** $\rightleftharpoons$.

In der Oberstufe werden diese Gleichgewichtsreaktionen ausführlich behandelt und u. a. zu Berechnungen von pH-Werten herangezogen.

Carbonsäuren lassen sich ebenso wie anorganische Säuren **neutralisieren**, indem sie unter Zugabe von Base zu Wasser und dem entsprechenden Salz reagieren (siehe S. 74 f.).

Oxidation

Bei den Reaktionen von sauerstoffhaltigen Kohlenwasserstoffverbindungen spielen Redoxreaktionen eine große Rolle.

- **bei Alkoholen:** Wie bereits in Kapitel 3.1 erwähnt wurde, erhält man durch **Oxidation** von Alkoholen Carbonylverbindungen bzw. Carbonsäuren. Welche der genannten Stoffklassen entsteht, ist von der Struktur des Alkohols, vom Oxidationsmittel und den Reaktionsbedingungen abhängig:

  – Spezielle Reaktionsbedingungen:

  primärer Alkohol   Aldehyd

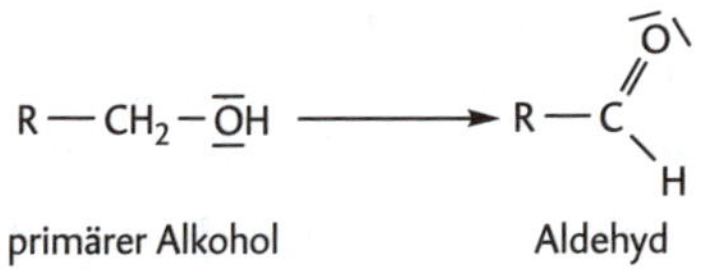

  – Starkes Oxidationsmittel, z. B. $KMnO_4$, $K_2Cr_2O_7$:

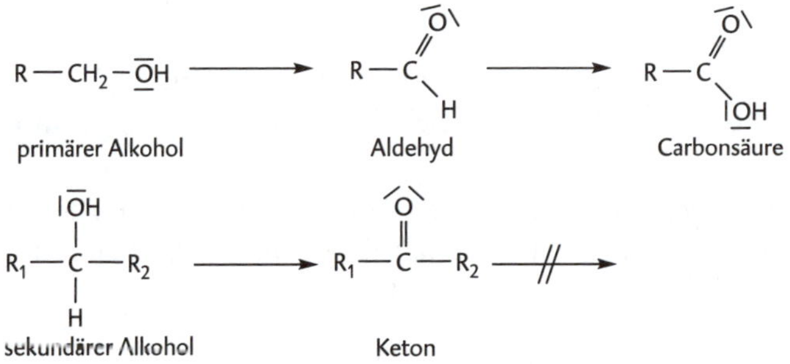

  primärer Alkohol   Aldehyd   Carbonsäure

  sekundärer Alkohol   Keton

Im Folgenden sind die Teilgleichungen für die Redoxreaktion eines primären Alkohols mit Kupferoxid gezeigt. Bevor die Gleichung aufgestellt wird, müssen die relevanten **Oxidationszahlen bestimmt** werden (siehe S. 85 und Aufgaben auf S. 93 f.).

$$\text{Ox.:} \quad H_3C-CH_2-CH_2-OH + 2\,H_2O \longrightarrow H_3C-CH_2-CHO + 2\,e^- + 2\,H_3O^+$$

$$\text{Red.:} \quad \overset{+II}{Cu}O + 2\,e^- + 2\,H_3O^+ \longrightarrow \overset{0}{Cu} + 3\,H_2O$$

$$\text{Redox.:} \quad H_3C-CH_2-CH_2-OH + CuO \longrightarrow H_3C-CH_2-CHO + Cu + H_2O$$

Tertiäre Alkohole können nicht wie primäre oder sekundäre Alkohole weiter oxidiert werden:

$$R_1-\underset{R_3}{\overset{OH}{\underset{|}{\overset{|}{C}}}}-R_2 \quad \xrightarrow{\;\;//\;\;} \quad \text{Carbonylverbindung mit gleichem Kohlenstoffgerüst}$$

tertiärer Alkohol

Berücksichtigt werden sollte jedoch, dass man tertiäre Alkohole wie alle anderen organischen Moleküle sehr wohl oxidieren kann – das entspricht dann z. B. der **Verbrennungsreaktion** mit Sauerstoff zu Kohlenstoffdioxid und Wasser. Dabei wird jedoch das Kohlenstoffgerüst zerstört.

- **zum Nachweis von Aldehyden:** Um die funktionelle Gruppe der Aldehyde nachzuweisen, nutzt man die oben dargestellten Reaktionen, denn ein Aldehyd lässt sich im Gegensatz zu einem Keton **weiter zu einer Carbonsäure oxidieren**. Dazu sollten die zwei wichtigsten Nachweisreaktionen, die **Silberspiegelprobe** (auch TOLLENS-Probe genannt) und die FEHLING-**Probe**, bekannt sein. Diese Nachweise sind so gestaltet, dass außerdem keine Alkohole oxidiert werden und damit neben der Unterscheidung zum Keton auch die zum Alkohol möglich ist.
Beim Nachweisreagenz der FEHLING-**Probe** handelt es sich um eine Kupfer(II)-sulfatlösung und eine alkalische Lösung, die unmittelbar vor der Durchführung gemischt werden. Somit liegt eine dunkelblaue, alkalische Lösung mit zweiwertigen Kupferionen vor. Während der Reaktion mit dem Probereagenz muss erhitzt werden, dabei entsteht durch Reduktion das rote Kupfer(I)-oxid. Der ziegelrote Niederschlag weist also auf die Anwesenheit eines Aldehyds hin, das im Gegenzug oxidiert wurde.

$$\text{Ox.:} \quad \overset{H}{\underset{H}{\overset{|}{C}}} - \overset{H}{\underset{H}{\overset{|}{C}}} - \overset{\overline{O}|}{\overset{+I}{C}} \diagdown_{H} \quad + \ 2\,OH^- \longrightarrow H - \overset{H}{\underset{H}{\overset{|}{C}}} - \overset{H}{\underset{H}{\overset{|}{C}}} - \overset{\overline{O}|}{\overset{+III}{C}} \diagdown_{|\overline{O} - H} \quad + \ 2\,e^- \ + \ H_2O$$

$$\text{Red.:} \quad 2\,\overset{+II}{Cu^{2+}} + \ 2\,e^- \ + \ 2\,OH^- \quad \longrightarrow \overset{+I}{Cu_2O} \ + \ H_2O$$

$$\text{Redox.:} \ H - \overset{H}{\underset{H}{\overset{|}{C}}} - \overset{H}{\underset{H}{\overset{|}{C}}} - \overset{\overline{O}|}{\overset{}{C}} \diagdown_{H} \ + \ 2\,Cu^{2+} + \ 4\,OH^- \longrightarrow H - \overset{H}{\underset{H}{\overset{|}{C}}} - \overset{H}{\underset{H}{\overset{|}{C}}} - \overset{\overline{O}|}{\overset{}{C}} \diagdown_{|\overline{O} - H} \ + \ Cu_2O \ + \ 2\,H_2O$$

Bei der **Silberspiegelprobe** dient ammoniakalische Silbernitratlösung als Oxidationsmittel (siehe Aufgabe 106, S. 148). Verläuft sie positiv, erkennt man dies an einem Silberspiegel, der sich an der Wand des Reaktionsgefäßes niederschlägt.

Nukleophile Addition

Carbonylverbindungen enthalten aufgrund ihres elektronegativen Sauerstoffatoms **ein positiv polarisiertes Kohlenstoffatom** in der funktionellen Gruppe. Dieses stellt damit ein **Elektrophil** dar, also einen Elektronenakzeptor. Ein **Nukleophil**, demnach ein **Elektronendonator**, wird deshalb hier einen Angriffspunkt finden. Als Nukleophil kann beispielsweise auch wieder ein Molekül eines sauerstoffhaltigen Kohlenwasserstoffs dienen, da das Sauerstoffatom zwei freie Elektronenpaare aufweist (siehe Abb. 48).

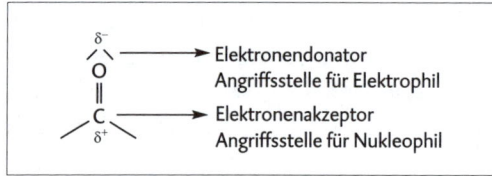

Abb. 48: Polarisierung der Carbonylgruppe

Eine typische Reaktion der **Carbonylverbindungen** ist deshalb die **nukleophile Addition**: Ein Nukleophil mit freiem Elektronenpaar kann am positiv polarisierten Kohlenstoffatom angreifen, die Doppelbindung zum Sauerstoffatom wird dabei zur Einfachbindung. Somit wird ein Teilchen addiert, d. h., die Reaktion erfolgt ohne Abspaltung eines anderen Teilchens, wie sich an folgender Gesamtgleichung zur Reaktion mit einem Alkohol zum **Halbacetal** bzw. **Halbketal** zeigt:

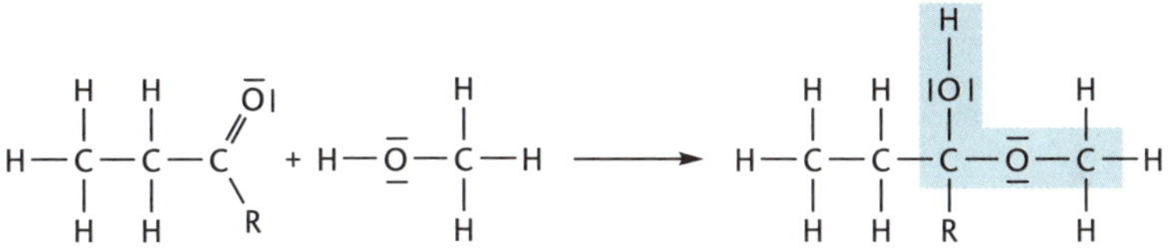

R = H: Aldehyd
R = Alkylrest: Keton

R = H: **Halbacetal**
R = Alkylrest: **Halbketal**

Mechanismus der nukleophilen Addition bei Carbonylverbindungen

1. Protonierung durch Säurekatalyse: Bei Anwesenheit von Säure (Proton H$^+$) als Katalysator entsteht ein Carbokation, da das Carbonylsauerstoffatom ein Proton bindet.

R = H: Aldehyd
R = Alkylrest: Keton

2. Nukleophiler Angriff: Das Nukleophil, hier das negativ polarisierte Sauerstoffatom von Methanol, lagert sich an das positiv geladene Kohlenstoffatom der Carbonylgruppe an.

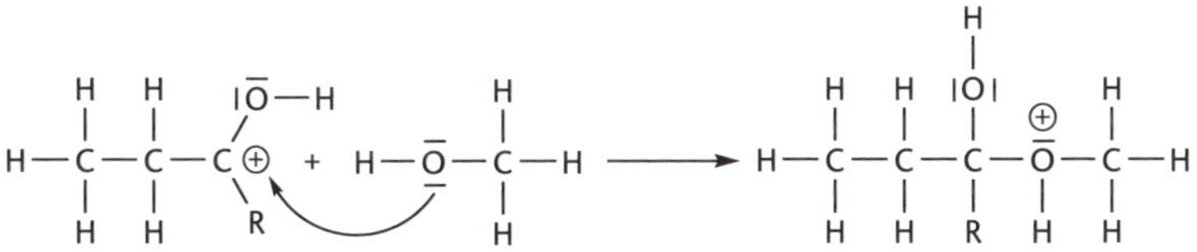

3. Abspaltung eines Protons: Das Proton aus Schritt 1 dient nur als Katalysator, deshalb wird wieder ein Proton abgespalten, das erneut eine Carbonylverbindung protonieren kann.

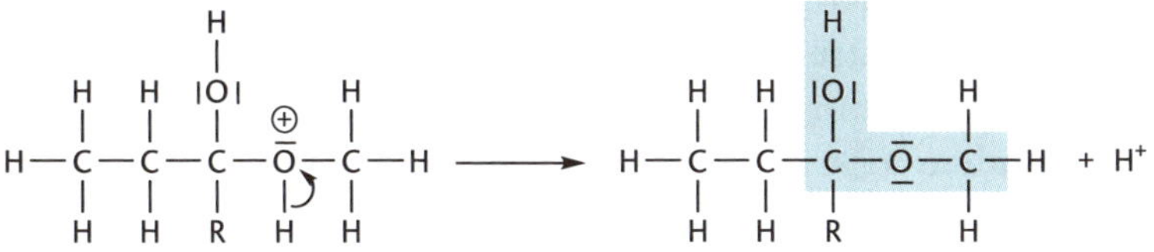

R = H: Halbacetal
R = Alkylrest: Halbketal

Ist kein Katalysator vorhanden, kommt es zu einer intramolekularen Protonenwanderung. Es wandert ein Proton des Nukleophils zum Carbonylsauerstoff:

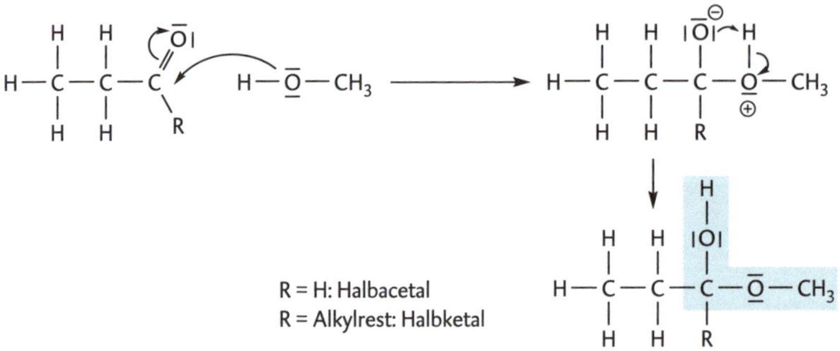

R = H: Halbacetal
R = Alkylrest: Halbketal

Das Halbacetal bzw. Halbketal kann im Anschluss mit einem weiteren Alkoholmolekül zum **Vollacetal** bzw. **Vollketal** reagieren. Dabei wird Wasser abgespalten. Somit handelt es sich hier um eine **Kondensationsreaktion** (siehe Esterkondensation S. 143 f.).

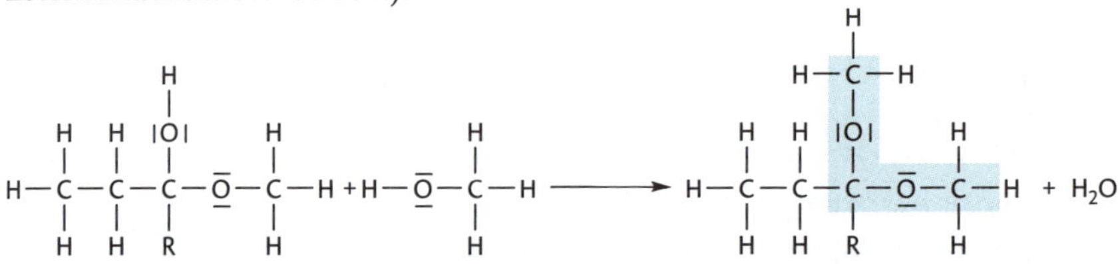

R = H: Vollacetal
R = Alkylrest: Vollketal

Die nukleophile Addition spielt auch in der Chemie der **Kohlenhydrate** eine große Rolle: Glucosemoleküle enthalten sowohl eine Aldehyd- als auch mehrere Hydroxygruppen. Sie reagieren beispielsweise innermolekular häufig zu Ringen, die dann Halbacetale darstellen. Verknüpfen sich mehrere solcher Glucoseeinheiten zu Stärke, so bilden sich Vollacetale. Ausführlicher wird dies in der Oberstufe besprochen.

Esterkondensation und Esterhydrolyse

Reagiert eine **Carbonsäure** mit einem **Alkohol**, so bilden sich ein **Carbonsäureester** und **Wasser**, man spricht dabei von der sogenannten **Esterkondensation**. **Kondensationen** sind Reaktionen, bei denen zwei Moleküle (hier Carbonsäure und Alkohol) unter Abspaltung eines kleinen Moleküls (hier Wasser) zu einem größeren Molekül reagieren (hier ein Carbonsäureester).

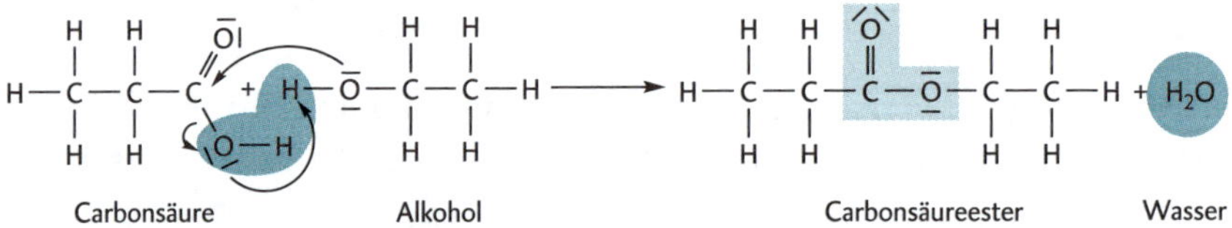

Carbonsäure
hier: Propansäure

Alkohol
hier: Ethanol

Carbonsäureester
hier: Propansäureethylester

Wasser

An dieser Stelle sei auf die **Benennung des Carbonsäureesters** hingewiesen: Der Name beginnt mit der Bezeichnung für die Carbonsäure, aus der der Ester entstand. Es schließt sich der Alkylrest des ursprünglichen Alkohols (Endung „-yl") an, das Suffix ist „-ester". Ein Ester aus Ethansäure und Butanol erhält somit die Bezeichnung Ethansäurebutylester.

Ebenso wie die nukleophile Addition wird auch die **Esterkondensation** durch Säure **katalysiert**. Dadurch entsteht auch hier ein Carbokation, an dem das Sauerstoffatom des Alkohols als Nukleophil mit einem freien Elektronenpaar angreifen kann. Im Gegensatz zur nukleophilen Addition wird bei der Esterkondensation definitionsgemäß jedoch Wasser abgespalten und es entsteht wieder eine Carbonylgruppe, die Bestandteil der Esterbindung ist.

Mechanismus der säurekatalysierten Esterkondensation

1. **Protonierung durch Säurekatalyse:** Bei Anwesenheit von Säure (Proton H^+) als Katalysator entsteht ein Carbokation, da das Carbonylsauerstoffatom ein Proton bindet.

R^1 / R^2 = beliebige Alkylreste

2. **Nukleophiler Angriff:** Das Nukleophil, hier das negativ polarisierte Sauerstoffatom der Hydroxygruppe, lagert sich an das positiv geladene Kohlenstoffatom der Carbonylgruppe an.

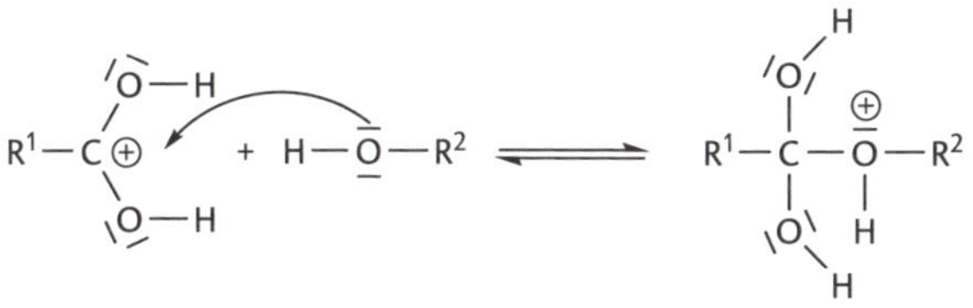

3. **Intramolekulare Protonenwanderung:** Das Proton des Alkoholrests wandert zum ursprünglichen Carbonylsauerstoffatom.

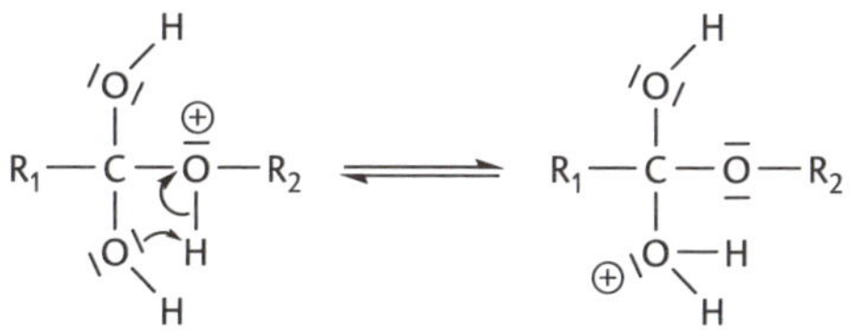

4. Abspaltung des Wassermoleküls: Durch die Protonenwanderung kann durch Verschiebung des bindenden Elektronenpaares hin zum Sauerstoff ein Wassermolekül abgespalten werden.

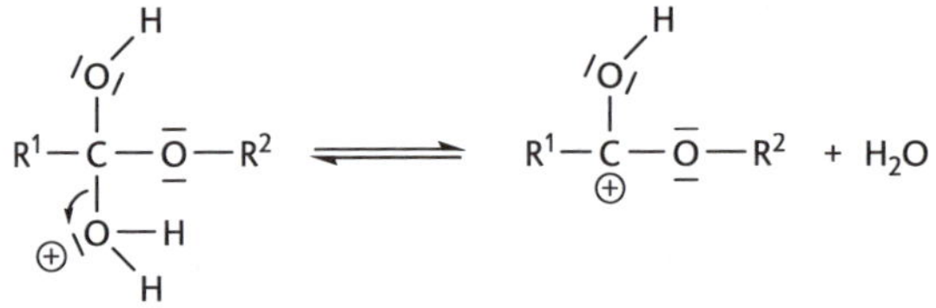

$$R^1-C-\bar{O}-R^2 \rightleftharpoons R^1-C-\bar{O}-R^2 + H_2O$$

5. Abspaltung eines Protons: Protonen dienen in dieser Reaktion nur als Katalysator, deshalb wird wieder eines abgespalten.

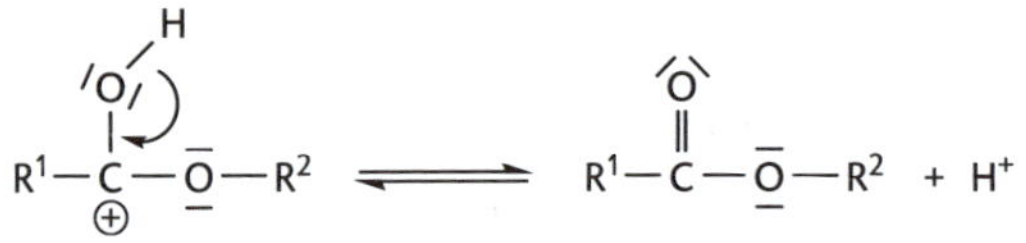

$$R^1-C-\bar{O}-R^2 \rightleftharpoons R^1-C-\bar{O}-R^2 + H^+$$

Die Teilschritte der Esterkondensation verlaufen prinzipiell immer in beide Richtungen, dies wird durch den Gleichgewichtspfeil ausgedrückt.

Auch in der Oberstufe wird die Esterkondensation eine Rolle spielen. Viele Kunststoffe sind sogenannte Polyester, sie entstehen, wenn Alkohole und Carbonsäuren mit mindestens zwei funktionellen Gruppen je Molekül mehrfach miteinander reagieren und sich so große Makromoleküle bilden, die sogenannten Polymere.

Ein Carbonsäureester kann jedoch auch wieder in eine Carbonsäure und einen Alkohol gespalten werden. Man spricht dann von der Esterhydrolyse. Hydrolysen sind Reaktionen, bei denen unter Anlagerung von Wasser ein Molekül (hier Carbonsäureester) in zwei andere (hier Carbonsäure und Alkohol) gespalten wird. Wird diese Reaktion im Basischen durchgeführt, spricht man von einer Verseifung.

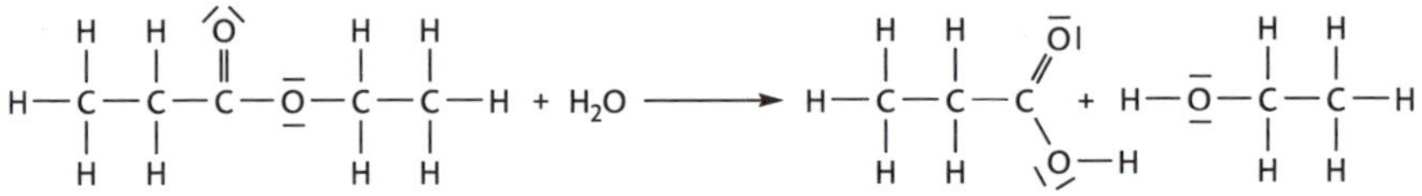

$$H-\overset{H}{\underset{H}{C}}-\overset{H}{\underset{H}{C}}-C-\bar{O}-\overset{H}{\underset{H}{C}}-\overset{H}{\underset{H}{C}}-H + H_2O \longrightarrow H-\overset{H}{\underset{H}{C}}-\overset{H}{\underset{H}{C}}-C + H-\bar{O}-\overset{H}{\underset{H}{C}}-\overset{H}{\underset{H}{C}}-H$$

Fette sind typische Ester. Sie werden seit Jahrtausenden unter Einsatz von Lauge zur Seifenherstellung verwendet – woher die Verseifung ihren Namen hat. Auch dies wird in der Oberstufe näher besprochen.

Mechanismus der basischen Esterhydrolyse

1. **Nukleophiler Angriff:** Bei Anwesenheit von Hydroxidionen greifen diese als Nukleophile am Kohlenstoffatom der Esterbindung an, da dieses positiv polarisiert ist, die Doppelbindung wird zur Einfachbindung.

2. **Abspaltung des Alkoholations:** Die Doppelbindung der Carbonylgruppe wird wieder ausgebildet, gleichzeitig wird das Alkoholation abgespalten.

3. **Säure-Base-Reaktion:** Da das Alkoholation eine sehr starke Base ist, die Carbonsäure dagegen eine schwache Säure, kommt es zur Protolyse.

Da dieser letzte Schritt praktisch irreversibel ist, stellt die Gesamtreaktion der basischen Esterhydrolyse faktisch keine Gleichgewichtsreaktion mehr dar. Die Esterhydrolyse kann jedoch auch säurekatalysiert ablaufen, dann entspricht sie genau der Umkehrung der Esterkondensation.

Die Esterkondensation und die Esterhydrolyse verhalten sich wie **Hin- und Rückreaktion**, die auch zeitgleich in beide Richtungen ablaufen (siehe S. 65 ff.). In einem Reaktionsgefäß wird sich demnach immer ein sogenanntes **chemisch dynamisches Gleichgewicht** einstellen: Das bedeutet, es werden immer sowohl Edukte als auch Produkte in gewissen den Reaktionsbedingungen entsprechenden Anteilen vorliegen (nicht notwendigerweise je 50 % Edukte und Produkte), die sich nicht mehr ändern. Treffen zwei Reaktionspartner aufeinander, so wird es weiterhin zur Reaktion kommen („dynamisch"), dies betrifft jedoch Hin- und Rückreaktion in gleichem Maße. Formal wird dies durch einen **Gleichgewichtspfeil** in der Reaktionsgleichung ausgedrückt.

$$\text{Carbonsäure} + \text{Alkohol} \; \underset{\text{Esterhydrolyse}}{\overset{\text{Esterkondensation}}{\rightleftharpoons}} \; \text{Carbonsäureester} + \text{Wasser}$$

Das Prinzip der Gleichgewichtsreaktionen wird in der Oberstufe eine große Rolle spielen. Man kann dazu beispielsweise Berechnungen anstellen, zu welchen Anteilen Edukte und Produkte unter bestimmten Bedingungen vorliegen und wie sich dies beeinflussen lässt. Auch im Hinblick auf Protolysereaktionen oder die Elektrochemie wird die Gleichgewichtsreaktion mit Berechnungen aufgegriffen.

Aufgaben

 99 Entscheiden Sie, ob folgende Aussagen richtig oder falsch sind, und verbessern Sie gegebenenfalls sinnvoll.

richtig   falsch

a Hexandisäure ist im Gegensatz zu Hexansäure besser wasserlöslich, da der polare Molekülanteil größer ist.

☐ ☐

_____

_____

_____

b Die Viskosität von Alkoholen gleicher Kettenlänge nimmt mit steigender Anzahl an Hydroxygruppen ab.

☐ ☐

_____

_____

_____

c Die Siedetemperaturen der einwertigen Carbonsäuren sind niedriger als die der einwertigen Alkohole vergleichbarer Molekülmasse, da die Polarität der Carboxygruppe größer ist als die der Hydroxygruppe.

☐ ☐

_____

_____

_____

100 **a** Suchen Sie korrekte Namen für die durch Strukturformeln vorgestellten Moleküle aus und verbinden Sie diese durch Linien

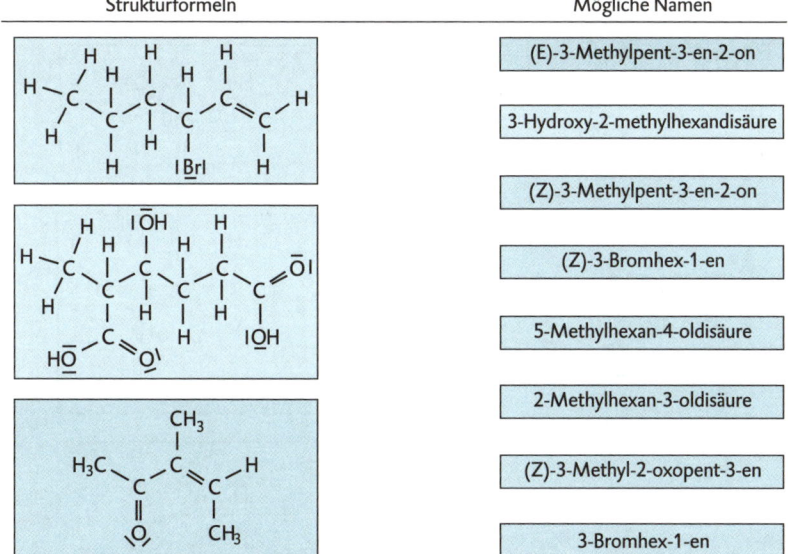

Strukturformeln	Mögliche Namen
	(E)-3-Methylpent-3-en-2-on
	3-Hydroxy-2-methylhexandisäure
	(Z)-3-Methylpent-3-en-2-on
	(Z)-3-Bromhex-1-en
	5-Methylhexan-4-oldisäure
	2-Methylhexan-3-oldisäure
	(Z)-3-Methyl-2-oxopent-3-en
	3-Bromhex-1-en

b Benennen Sie folgende Moleküle korrekt.

1   2   3

101 Formulieren Sie die Gleichung zur Neutralisation von Ethansäure mit Natronlauge (mit Strukturformeln) und benennen Sie die Produkte.

102 Beschreiben und begründen Sie die Acidität (= Fähigkeit, ein Proton abzuspalten) von Alkoholen im Vergleich zu Carbonsäuren.

103 Verbinden Sie die zugehörigen Moleküle, die auseinander hervorgingen. Ergänzen Sie fehlende Moleküle und verbinden Sie auch diese.

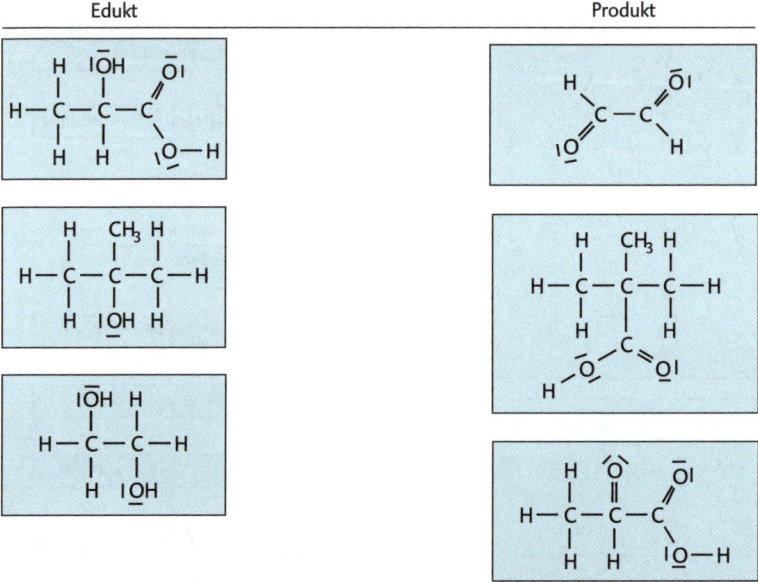

104 Bestimmen Sie die Oxidationszahlen der relevanten Kohlenstoffatome in den folgenden Verbindungen und geben Sie an, welcher Stoffklasse das Molekül jeweils angehört. Nennen Sie außerdem die Stoffklassen der Moleküle, die durch Oxidation aus den gegebenen Verbindungen entstehen würden.

105 Stellen Sie die Teilgleichungen und die Redoxgleichung für die Reaktion von Propan-2-ol mit saurer Permanganatlösung auf.

106 a Beschreiben Sie die allgemeine Durchführung und Beobachtung einer positiven Silberspiegelprobe.

  b Ein Chemiker führt diese mit Methanal und Propanon durch. Formulieren Sie die Gleichungen für die jeweils ablaufenden Reaktionen.

107 a Stellen Sie den Mechanismus der nukleophilen Addition am Beispiel der Bildung von folgendem Molekül vor:

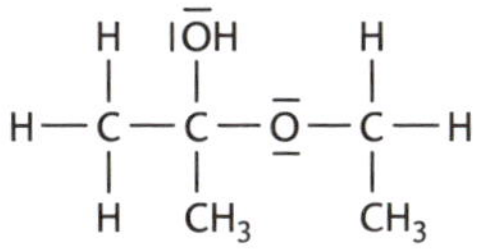

$$H-\overset{\overset{\displaystyle H}{|}}{\underset{\underset{\displaystyle H}{|}}{C}}-\overset{\overset{\displaystyle |\overline{O}H}{|}}{\underset{\underset{\displaystyle CH_3}{|}}{C}}-\overline{\underline{O}}-\overset{\overset{\displaystyle H}{|}}{\underset{\underset{\displaystyle CH_3}{|}}{C}}-H$$

b Formulieren Sie die Gesamtgleichung für die Reaktion des Produkts mit einem weiteren Alkoholmolekül.

108 Glucose besitzt folgende Strukturformel:

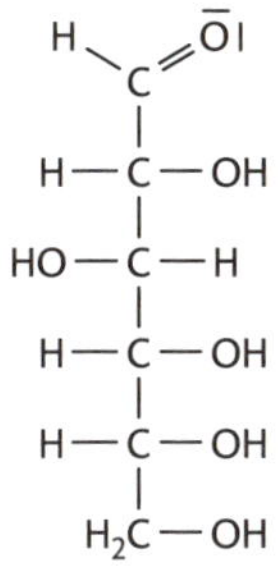

$$
\begin{array}{l}
H\diagdown_{C}\diagup^{\overline{O}|} \\
\quad | \\
H-C-OH \\
\quad | \\
HO-C-H \\
\quad | \\
H-C-OH \\
\quad | \\
H-C-OH \\
\quad | \\
H_2C-OH
\end{array}
$$

Die Hydroxygruppe von C-Atom 5 reagiert mit der Aldehydgruppe, dabei bildet sich ein ringförmiges Molekül. Notieren Sie die Gesamtgleichung mit Strukturformeln.

109 Stellen Sie tabellarisch die nukleophile und die elektrophile Addition bezüglich angreifendem Teilchen (Definition und Beispiel) und angegriffener Stelle im Molekül gegenüber.

110 Zeichnen Sie folgende Moleküle:
a 3-Hydroxypropansäure
b (Z)-Hex-3-enal
c (E)-But-2-ensäure

111 Formulieren Sie den Mechanismus zur Bildung von Propansäurebutylester.

112 Esterkondensation und Esterhydrolyse sind zwei gegenläufige Reaktionen. Die Esterhydrolyse stellt dabei die Rückreaktion der Esterkondensation dar. Um dies zu verdeutlichen, wird ein Experiment durchgeführt: In Kolben A werden Ethansäure und Ethanol gegeben, in Kolben B Ethansäureethylester und Wasser. Die Kolben werden zeitgleich befüllt (Zeitpunkt I) und verschlossen. Nach einer gewissen Zeit (Zeitpunkt II) ändern sich die Konzentrationen der Reaktionspartner in beiden Kolben nicht mehr.

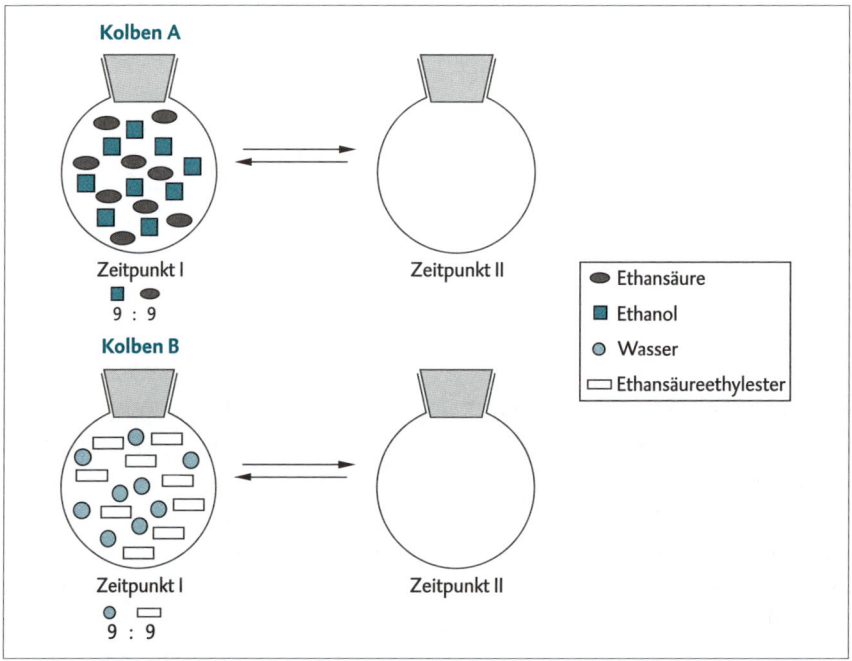

a Zeichnen Sie die Zusammensetzung der Stoffgemische zum Zeitpunkt II.
b Stellen Sie jeweils die Reaktionsgleichungen für die zu Zeitpunkt I und II ablaufenden Reaktionen für beide Kolben auf.
c Erläutern Sie das Prinzip des chemisch dynamischen Gleichgewichts anhand der Abbildung.

Zusammenfassung und Selbsteinschätzung der Grundkenntnisse

Themenbereich ☺ 😐 ☹

- Zu den sauerstoffhaltigen Kohlenwasserstoffen gehören **Alkohole, Carbonylverbindungen, Carbonsäuren und Carbonsäureester,** die jeweils typische **funktionelle Gruppen** aufweisen. ☐ ☐ ☐

- Bei den sauerstoffhaltigen Kohlenwasserstoffen gibt es homologe Reihen, die nach **IUPAC** benannt werden. Des Weiteren können auch mehrere bzw. verschiedene funktionelle Gruppen kombiniert auftreten, wofür ebenfalls Regeln nach IUPAC existieren. ☐ ☐ ☐

- Neben unpolaren Anteilen treten in sauerstoffhaltigen Kohlenwasserstoffmolekülen auch polare auf. Somit gibt es sowohl **unpolare VAN-DER-WAALS-Kräfte** als auch **polare Dipol-Dipol-Wechselwirkungen** bzw. **Wasserstoffbrücken**. Diese müssen alle zur Beurteilung der physikalischen Eigenschaften herangezogen werden. ☐ ☐ ☐

- Zu den typischen Reaktionen gehören bei den Carbonsäuren die **Protolysereaktion** und die **Esterkondensation**, bei den Alkoholen die **Redoxreaktionen** und die Esterkondensation und bei den Carbonylverbindungen die Redoxreaktion und die **nukleophile Addition**. Die Esterkondensation und ihre Umkehrreaktion, die **Esterhydrolyse**, ist wie die Protolyse der Carbonsäuren ein Beispiel für eine **Gleichgewichtsreaktion**. ☐ ☐ ☐

4 Biomoleküle

Anders als bei den aliphatischen und den sauerstoffhaltigen Kohlenwasserstoffen sind bei den Biomolekülen vor Eintritt in die Oberstufe nur Grundlagen erforderlich.

4.1 Überblick

Biomoleküle sind die Moleküle organischer Stoffe, die in Zellen von Lebewesen vorkommen. Im Laufe des Stoffwechsels werden sie auf-, um- und abgebaut und dienen dabei zum Beispiel als Bau- und Speicherstoffe oder als Energie- bzw. Informationsträger. Für die Oberstufe Chemie relevant sind die folgenden Biomoleküle:

- **Fette**, die als Energiespeicherstoffe gelten.
- **Kohlen(stoff)hydrate**, die als Energieträger (z. B. Glucose) dienen oder auch als schnell verfügbare Energiespeicher (z. B. Stärke) und Baustoffe (z. B. Cellulose).
- Proteine und deren Bausteine, die **Aminosäuren**, die Baustoffe darstellen.

Die genannten Biomoleküle gewinnen auch als nachwachsende Rohstoffe immer mehr an Bedeutung, z. B. für die Produktion von Biokraftstoffen (Fette) oder Kunststoffen (Kohlenhydrate).

Weitere bekannte Biomoleküle sind zum Beispiel Nukleinsäuren, die in der Oberstufe im Biologieunterricht ausführlich behandelt werden, oder auch Vitamine und Hormone.

4.2 Fette

Struktur

Fette sind chemisch gesehen **Tricarbonsäureglycerinester**, auch Triacylglycerine oder Triglyceride genannt. Das bedeutet, dass ein dreiwertiger Alkohol, konkret **Glycerin** (= Propan-1,2,3-triol), mit drei gleichen oder auch unterschiedlichen Carbonsäuren Esterbindungen eingegangen ist. Somit ergibt sich trotz des immer gleichen Alkoholanteils eine große Anzahl an verschiedensten Fettmolekülen.

Typischerweise werden dabei **langkettige** Carbonsäuren verestert (Ausnahme Butansäure), die eine **gerade Anzahl an Kohlenstoffatomen** enthalten. Sie werden als Fettsäuren bezeichnet. Man unterscheidet hierbei **gesättigte** Fettsäuren, die nur C–C-Einfachbindungen enthalten, und (mehrfach) **ungesättigte** Fettsäuren. Diese enthalten mindestens eine C–C-Doppelbindung, wobei meist das **(Z)-Isomer** auftritt. Sie sind häufig bei pflanzlichen Fetten zu finden und für den Menschen essenziell, d. h., unser Körper kann sie nicht selbst herstellen, weshalb sie über die Nahrung aufgenommen werden müssen.

Im folgenden Beispiel reagiert Glycerin mit zwei Hexadecansäuremolekülen (Palmitinsäuremolekülen) und einem (Z)-Octadec-9-ensäuremolekül (Ölsäuremolekül) zu einem Fett- und drei Wassermolekülen.

Da es sich bei den Fettsäuren häufig um langkettige Strukturen handelt und gleichzeitig hervorgehen muss, ob es eine Doppelbindung gibt und wo diese sich im Kohlenstoffgerüst befindet, wird häufig die Skelettschreibweise gewählt.

Eigenschaften

Trotz der gebräuchlichen Zickzack-Darstellung der Skelettschreibweise wird der räumliche Bau hier meist nicht ganz korrekt wiedergegeben. Mit der Doppelbindung in Z-Konfiguration wird ein „Knick" in der Kohlenstoffkette auftreten, welcher die Eigenschaften eines Fettes wesentlich beeinflusst (siehe Abb. 45).

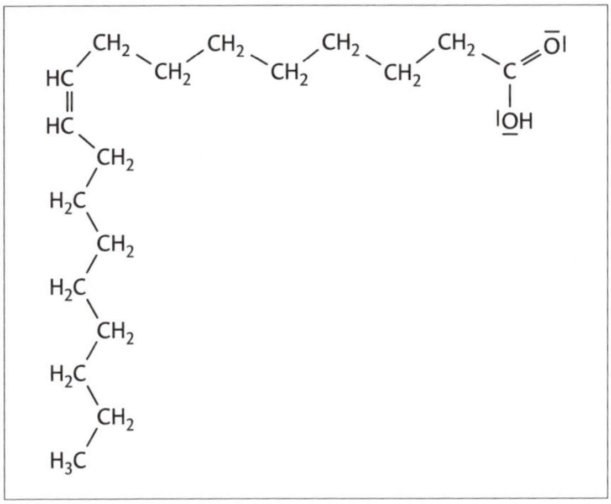

Abb. 45: Ungesättigte Fettsäure
mit Z-Konfiguration an der
Doppelbindung

Durch die geknickte Form können im Vergleich zu Fettmolekülen mit ähnlich langen, „geraden" Fettsäureresten weniger gut VAN-DER-WAALS-Kräfte ausgebildet werden. Deshalb haben sie auch geringere Schmelztemperaturen, was wiederum bewirkt, dass Fette mit ungesättigten Fettsäuren häufig bereits bei Raumtemperatur flüssig sind, wohingegen Fette mit überwiegend gesättigten Fettsäureresten entsprechend fest vorliegen.

Natürliche Fette sind selten Reinstoffe, meist handelt es sich um eine Mischung verschiedener Fettmoleküle. Dies ist der Grund, weshalb diese Fette meist keinen genauen Schmelzpunkt, sondern eher **Schmelzbereiche** aufweisen, in denen sie sich langsam verflüssigen.

Bevor Fette zum Sieden gebracht werden können, zersetzen sie sich häufig, da die Summe der VAN-DER-WAALS-Kräfte relativ hoch ist, und somit brechen Elektronenpaarbindungen auf, bevor genügend Energie vorhanden ist, um die intermolekularen Wechselwirkungen zu überwinden.

Fette sind **unpolar**, wie es aufgrund ihrer Molekülstruktur zu erwarten ist (siehe S. 132 ff.), da der unpolare Molekülteil überwiegt. Aus diesem Grund lösen sie sich auch gut in unpolaren Lösungsmitteln.

Reaktionen

Eine typische Reaktion der Fette ist die **Verseifung**, wie sie mit ihrem Mechanismus bereits aus Kapitel 3.5 (siehe S. 145) bekannt ist.

Die bei der Verseifung entstehenden Carboxylationen sind typische Tensidmoleküle, d. h., sie können sowohl mit polaren als auch unpolaren Stoffen in Wechselwirkung treten und werden deshalb als Waschmittel genutzt. Im Vergleich zu den Fettmolekülen tragen sie eine echte Ladung, weshalb hier auch starke polare Wechselwirkungen neben den unpolaren auftreten. Diese Tensidmoleküle werden mit ihren Vor- und Nachteilen im Vergleich zu synthetischen Tensiden in der Oberstufe ausführlicher besprochen.

4.3 Kohlenhydrate

Struktur

Bereits der Name „Kohlen(stoff)hydrate" weist auf die in den Molekülen enthaltenen Elemente hin: Sie bestehen aus Kohlenstoff, Wasserstoff und Sauerstoff. Der historisch begründete Name „Hydrat" leitet sich von der Summenformel ab: Häufig trifft die Formel $C_x(H_2O)_y$ zu, jedoch liegen keine gebundenen Wassermoleküle vor (siehe Abb. 46).

Kohlenhydrate werden je nach Größe eingeteilt in **Monosaccharide** (Einfachzucker), **Disaccharide** (Doppelzucker) und **Polysaccharide** (Vielfachzucker), wobei Erstere die Bausteine der anderen darstellen.

Funktionelle Gruppen eines Monosaccharids sind eine **Aldehyd- oder Ketogruppe** sowie mindestens zwei **Hydroxygruppen**, ein Einfachzucker enthält
auch mindestens drei Kohlenstoffatome. Entsprechend dieser Strukturmerk-
male formen sich bestimmte Begriffe, die das Monosaccharid genauer beschreiben: die Vorsilben Aldo- bzw. Keto- stehen für die genauere Bezeichnung der
Carbonylgruppe, die Anzahl der C-Atome wird durch den entsprechenden
Stammnamen festgelegt und die Endung -ose steht generell für einen Zucker.
Glucose und Mannose sind demnach **Aldohexosen**, Fructose ist eine **Keto-
hexose** (siehe Abb. 46).

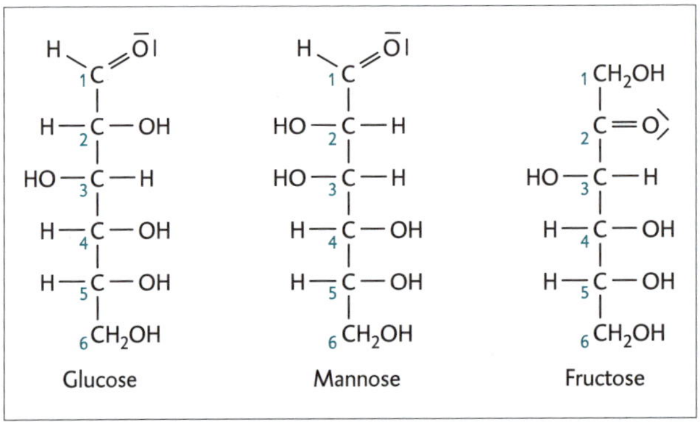

Abb. 46: FISCHER-Projektio-
nen von Glucose, Mannose
und Fructose

Die gezeigten Strukturformeln entsprechen der sogenannten FISCHER-**Projektion**. Dabei wird das C-Atom mit der höchsten Priorität oben notiert (= C1),
die anderen in einer Senkrechten darunter. Die Positionen der Hydroxygruppen, d. h. ob sie links oder rechts stehen, sind entscheidend. So ergeben sich di-
verse **Stereoisomere** (siehe Glucose und Mannose), dieses Phänomen wird in
der Oberstufe detailliert besprochen. Glucose und Fructose hingegen stellen
Konstitutionsisomere (= Strukturisomere) dar.
Wie bereits im Kapitel 3 angesprochen, kann ein Glucosemolekül intramole-
kular reagieren: Nach dem Mechanismus der **nukleophilen Addition** greift
ein Sauerstoffatom einer Hydroxygruppe am Kohlenstoffatom der Carbonylgruppe an. Somit ergibt sich ein **ringförmiges Molekül**. Dies ist bei vielen
Monosacchariden in wässriger Lösung der Fall, wobei sie mit der offenkettigen
Form im Gleichgewicht stehen.

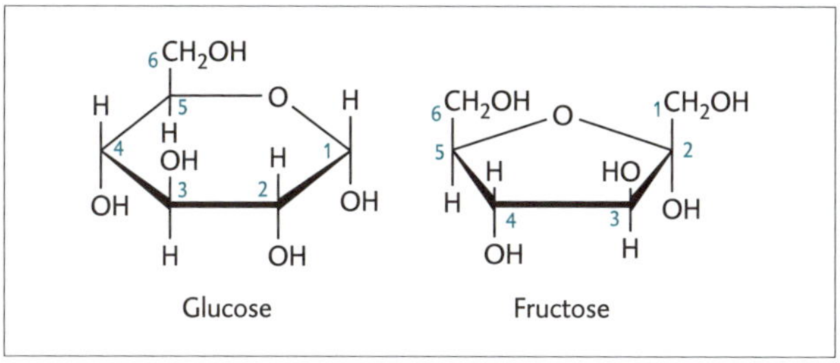

Abb. 47: HAWORTH-Projektionen von Glucose und Fructose

Die hier in Abbildung 47 gezeigte Darstellungsform nennt man HAWORTH-Projektion. Ehemals in FISCHER-Projektion links stehende Hydroxygruppen stehen in der HAWORTH-Projektion oben, also oberhalb der Ebene, in der sich die Kohlenstoffatome befinden (FLOH-Regel: „Fischer links, oben Haworth"). Auch auf diese Darstellungsform und die sich beim Ringschluss ergebenden Isomere (α-Glucose ⇒ neue Hydroxygruppe an C1 unten und β-Glucose ⇒ neue Hydroxygruppe an C1 oben) wird in der Oberstufe näher eingegangen.

Disaccharide und Polysaccharide bestehen immer aus ringförmigen Monosaccharideinheiten und entstehen durch Kondensation (siehe S. 158 f.).

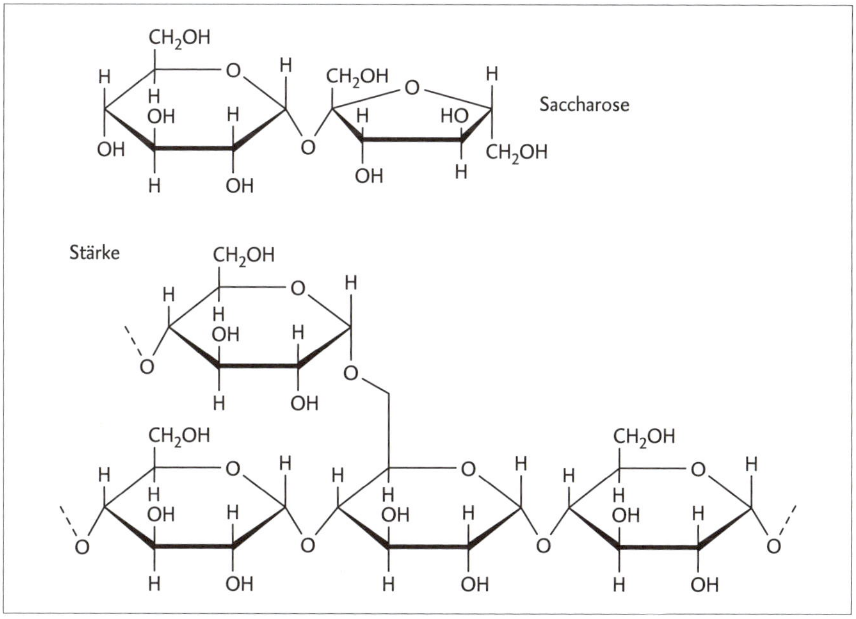

Abb. 48: Disaccharid Saccharose und Polysaccharid Stärke als Beispiele für Mehrfachzucker

Eigenschaften

Kohlenhydrate weisen relativ hohe **Schmelztemperaturen** auf, da die vielen Hydroxygruppen sehr starke Wasserstoffbrücken ausbilden. Bei Polysacchariden mit entsprechend großer Molekülmasse können sie häufig gar nicht erreicht werden, da vorher innermolekulare Bindungen brechen und die Stoffe sich so zersetzen. Dies gilt auch für die Siedetemperaturen.

Durch die vielen polaren Hydroxygruppen und die Carbonylgruppe sind Kohlenhydrate **polar** und demnach gut in Wasser löslich.

Reaktionen

Wie bereits angedeutet, setzen sich Disaccharide und Polysaccharide aus mehreren Monosaccharideinheiten zusammen, die durch **Kondensation** unter Wasserabspaltung verknüpft wurden. Diese Reaktion kann je nach Wahl des Monosaccharids und der Hydroxygruppe zur Halb- oder Vollacetal bzw. -ketalbildung führen.

Im folgenden Beispiel reagieren zwei Glucosemoleküle (Monosaccharide) zu einem Maltosemolekül (Disaccharid) und Wasser.

Diese Bindung zwischen Monosaccharideinheiten wird als **glycosidische Bindung** bezeichnet, welche in der Oberstufe noch genauer charakterisiert wird.

Da bei Aldohexosen eine Aldehydgruppe vorhanden ist, die sich auch zur Carboxygruppe oxidieren lässt, verlaufen FEHLING- **und Silberspiegelprobe positiv**. In der Oberstufe wird darauf näher eingegangen. Dabei wird ebenfalls besprochen, dass auch Fructose einen entsprechend positiven Nachweis liefert, da die Ketogruppe bei Zuckern häufig in eine Aldehydgruppe umgelagert werden kann.

Der **Iod-Stärke-Nachweis** ist eine typische Nachweisreaktion. Dabei lagern
sich vereinfacht gesehen Iodmoleküle
in die spiralförmig angeordnete
Zuckerkette aus α-Glucoseeinheiten
ein und es entsteht eine tiefblaue Fär-
bung. Bei diesem Versuch muss man
lediglich etwas bräunliche Iod-Kalium-
iodidlösung zur Probe hinzutropfen.

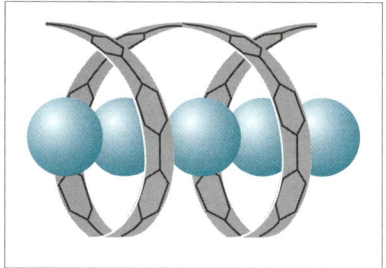

Abb. 49: Einlagerung von Iod in die Poly-
saccharidkette von Stärke

4.4 Aminosäuren und Proteine

Struktur und Benennung

Der Name „Aminosäure" weist bereits auf zwei funktionelle Gruppen hin: die
bisher noch nicht angesprochene **Aminogruppe –NH₂** und die **Carboxygruppe –COOH**, die die organischen Säuren charakterisiert.

Die **Aminogruppe –NH₂** ist von ihrer Priorität anderen funktionellen Gruppen gegenüber zwischen der Hydroxygruppe und der Doppelbindung einzu-
ordnen und besitzt demnach eine geringere Priorität als die Carboxygruppe.
Kommt sie gemeinsam mit anderen funktionellen Gruppen vor, so wird sie im
Namen als Präfix „Amino-" vorangestellt.

Die **natürlichen Aminosäuren**, aus denen die Proteine aufgebaut werden,
tragen die Carboxy- und Aminogruppe immer an benachbarten Kohlenstoffatomen (siehe Abb. 50). Das C2-Atom mit der Aminogruppe wird deshalb
auch als das α-Kohlenstoffatom bezeichnet (α = erste Position nach C1) und
die Aminosäure als α-Aminosäure. Die Anordnung der Aminogruppe ist in
der FISCHER-Projektion nach links festgelegt (L-Form), sofern es sich um eine
natürliche Aminosäure handelt.

HO–C=O   Carboxygruppe

Aminogruppe   H–N–C–H
                    R

Abb. 50: Aufbau einer natürlichen
α-Aminosäure

Der Rest R ist im einfachsten Fall ein Wasserstoffatom, damit ergibt sich die
Aminosäure Glycin (2-Aminoethansäure). Beim Menschen gibt es zwanzig

verschiedene Reste und damit auch 20 verschiedene Aminosäuren. Von ihnen sind acht **essenziell**, d. h., der Körper kann sie nicht selbst herstellen und sie müssen daher wie die essenziellen Fettsäuren mit der Nahrung aufgenommen werden.

Während die **Carboxygruppe** wie bereits bekannt ein **Protonendonator** ist, ist die **Aminogruppe** durch das freie Elektronenpaar am Stickstoff dazu in der Lage, ein Proton zu binden und kann damit als **Protonenakzeptor** fungieren. Es kann somit ein **Protonenübergang innerhalb eines Moleküls** stattfinden, nämlich von der Carboxygruppe auf die Aminogruppe. Die Folge davon ist ein sogenanntes **Zwitterion** – ein Ion, das eine gleich große positive wie negative Ladung trägt und nach außen hin elektrisch neutral ist.

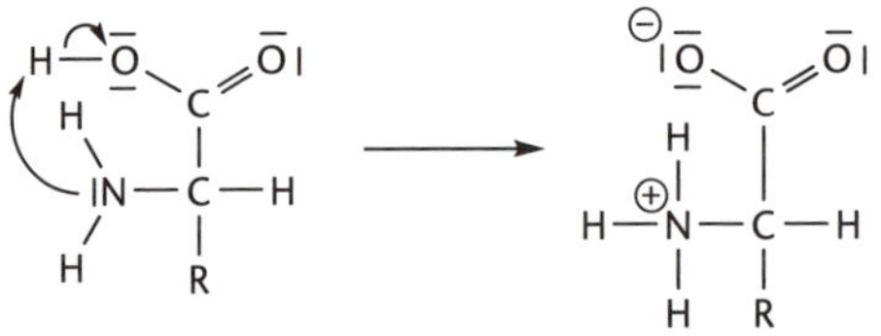

Wie die Monosaccharide gehen Aminosäuren untereinander Kondensationsreaktionen ein (siehe S. 161 f.) und bilden so größere Makromoleküle, die Proteine. Als typisches Strukturmerkmal ergibt sich dabei die **Peptidbindung** (siehe Abb. 51). Sie ist **starr** und liegt in **einer Ebene**, wodurch sich charakteristische räumliche Strukturen ergeben. Auch dies ist Gegenstand des Unterrichtsstoffes der Oberstufe, sowohl in Chemie als auch in Biologie.

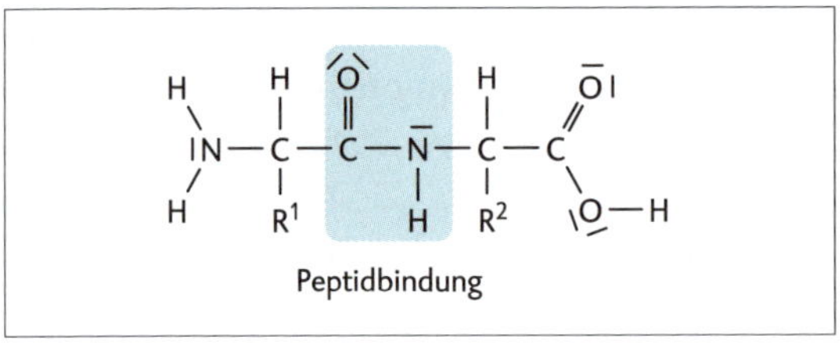

Peptidbindung

Abb. 51: Struktur eines Dipeptids

Eigenschaften

Mit der Bildung eines Zwitterions sind **ionische Wechselwirkungen** zwischen Aminosäuren möglich, wodurch sich **sehr hohe Schmelztemperaturen** ergeben können. Aus diesem Grund zersetzen sich Aminosäuren häufig, bevor sie in den flüssigen Zustand übergehen.

Durch ihre zwitterionische Struktur sind Aminosäuren **polar** und damit gut in Wasser löslich.

Ihre Wasserlöslichkeit ist dabei jedoch auch stark vom pH-Wert und ihrem sogenannten **isoelektrischen Punkt** abhängig, wie in der Oberstufe ausführlicher besprochen wird. Dabei geht es unter Berücksichtigung von chemischen Gleichgewichten darum, ob eine Aminosäure bei einem bestimmten pH-Wert überwiegend als Kation, Zwitterion oder Anion vorliegt. Mit diesem Wissen lässt sich dann auch beurteilen, ob Lösungen von Aminosäuren bei bestimmten pH-Werten **leitfähig** sind und in welche Richtung die Ionen wandern.

Reaktionen

Wie bereits angesprochen, können Aminosäuren miteinander **Kondensationsreaktionen** eingehen. Dabei fungiert die Aminogruppe mit ihrem freien Elektronenpaar als Nukleophil, das am Kohlenstoffatom der Carboxygruppe angreift.

Peptidbindung

Die Kondensation von Aminosäuren spielt auch bei der Polyamidbildung in der Kunststoffchemie eine Rolle, die in der Oberstufe ebenso besprochen wird. Dabei handelt es sich aber bei relevanten Reaktionen wie zum Beispiel der Herstellung von Perlon meist nicht um natürliche α-Aminosäuren. Strukturell gesehen entsteht dabei jedoch ebenso eine Peptidbindung, die dann als **Amidbindung** bezeichnet wird.

ufgaben

113 a Zeichnen Sie folgende Fettsäuren: Linolsäure ((Z,Z)-Octadeca-9,12-diensäure), Buttersäure (Butansäure) und Stearinsäure (Octadecansäure) in der Skelettformel unter Berücksichtigung der räumlichen Anordnung.

b Zeichnen Sie mit den unter Teilaufgabe a vorgegebenen Fettsäuren ein typisches Fettmolekül für ein Fett, das bei Raumtemperatur fest ist. Begründen Sie ihre Wahl.

114 Stellen Sie den Mechanismus der Verseifungsreaktion und die Gesamtgleichung anhand von folgendem Molekül vor.

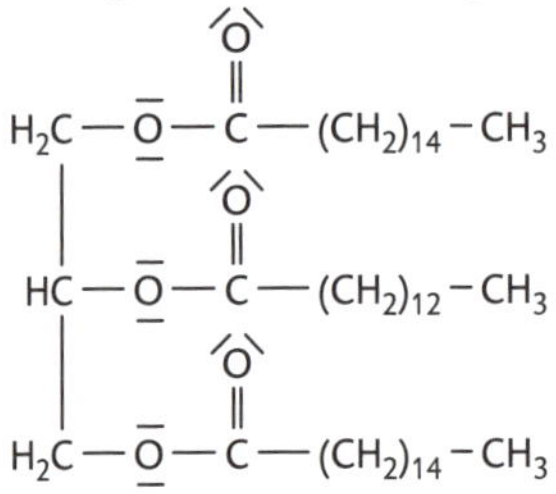

$$H_2C - \overline{O} - \overset{\overset{O}{\|}}{C} - (CH_2)_{14} - CH_3$$

$$HC - \overline{O} - \overset{\overset{O}{\|}}{C} - (CH_2)_{12} - CH_3$$

$$H_2C - \overline{O} - \overset{\overset{O}{\|}}{C} - (CH_2)_{14} - CH_3$$

115 Benennen Sie folgende Moleküle nach IUPAC.

a

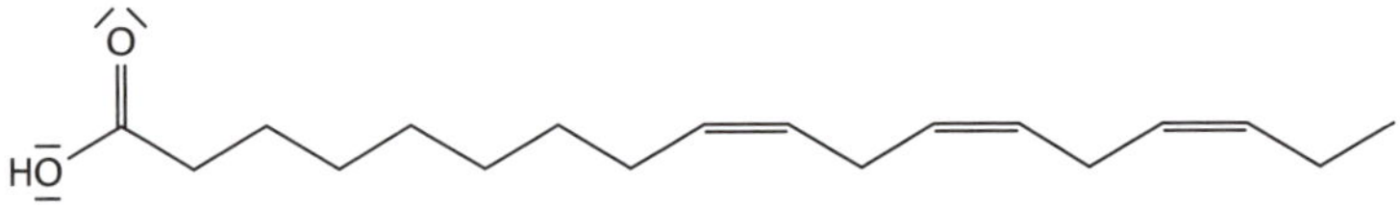

b

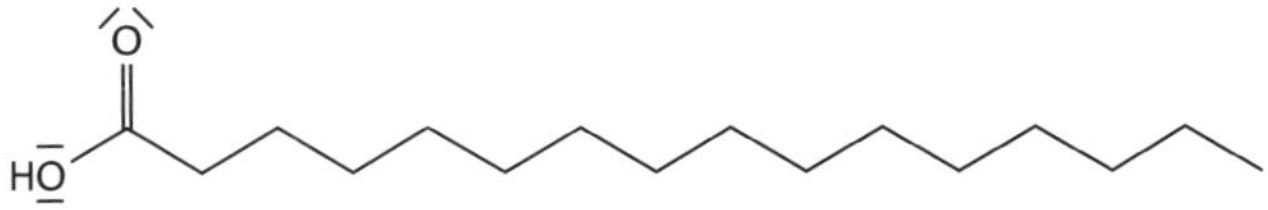

c

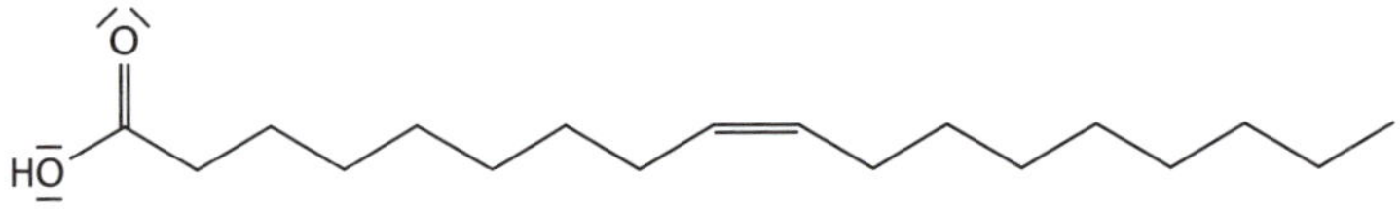

116 Bei der Herstellung von Biodiesel kann Rapsöl mit Methanol umgeestert werden, d. h., die Esterbindung im Fett wird gespalten und eine neue zu Methanol entsteht. Dabei fällt Glycerin als Nebenprodukt an. Formulieren Sie die Gesamtgleichung, die Fettsäurereste können Sie mit R^1, R^2, R^3 abkürzen.

117 Nennen und definieren Sie den Reaktionstyp, der zur Bildung des Vollacetals aus dem Halbacetal führt. Zeichnen Sie einen Strukturformelausschnitt der Stärke und markieren Sie den Teil des Moleküls, der typisch für Vollacetale ist.

118 Zeichnen Sie ein Monosaccharid in seiner offenkettigen und ringförmigen Struktur (5-Ring), das folgende Anforderungen erfüllt:
- Summenformel: $C_5H_{10}O_5$
- In offenkettiger Form ist eine Aldehydgruppe vorhanden.

119 Formulieren Sie Teilreaktionen (Oxidation und Reduktion) der FEHLING-Probe für Mannose.

120 Überlegen Sie, weshalb Proteine sehr unterschiedliche räumliche Strukturen aufweisen können.

121 Formulieren Sie die Kondensationsreaktion für die Bildung eines Dipeptids aus den Aminosäuren Glutaminsäure (= 2-Aminopentandisäure) und Glycin (= 2-Aminoethansäure) und markieren Sie die Peptidbindung.

122 Ordnen Sie die Formeln den korrekten IUPAC-Namen zu und ergänzen Sie fehlende Formeln bzw. Namen.

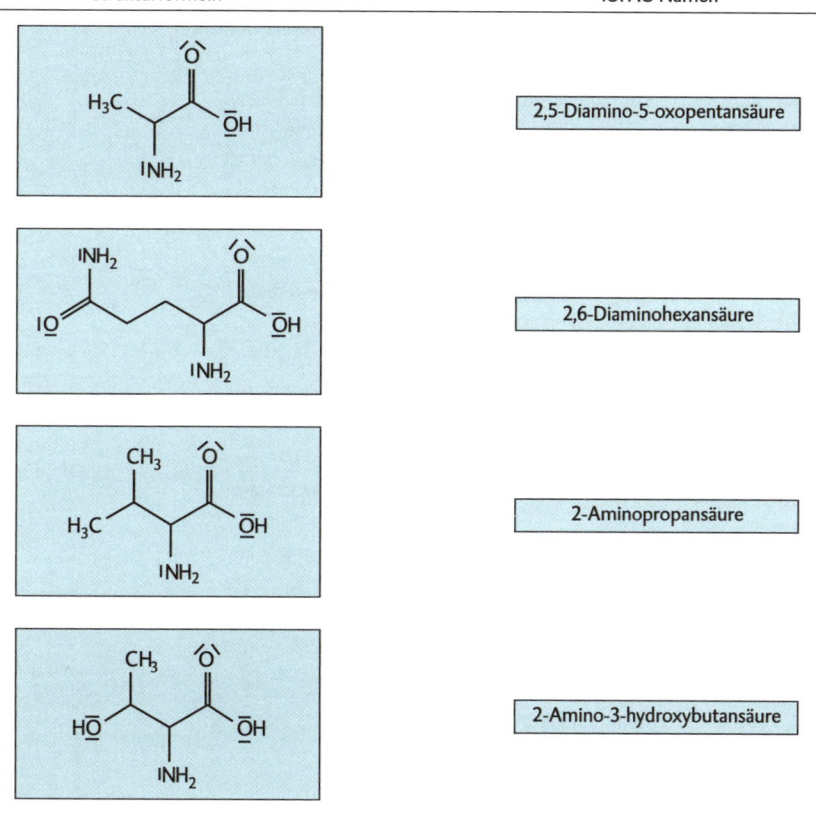

Strukturformeln	IUPAC-Namen
	2,5-Diamino-5-oxopentansäure
	2,6-Diaminohexansäure
	2-Aminopropansäure
	2-Amino-3-hydroxybutansäure

Zusammenfassung und Selbsteinschätzung der Grundkenntnisse

Themenbereich   ☺   😐   ☹

- **Fette** sind strukturell gesehen Tricarbonsäureglycerinester, die (meist) langkettige, geradzahlige Fettsäurereste besitzen. Man unterscheidet gesättigte und ungesättigte Fettsäurereste. ☐ ☐ ☐

- Fette sind **unpolare Stoffe**, da der unpolare Fettsäurerest den größten Teil des Moleküls darstellt. Ihre Schmelzbereiche hängen unter anderem davon ab, wie groß der Anteil ungesättigter Fettsäuren ist. ☐ ☐ ☐

- Fette können **verseift** werden, dabei entstehen Carboxylationen (Tenside) und Glycerin. ☐ ☐ ☐

- **Kohlenhydrate** enthalten eine Carbonylgruppe und mehrere Hydroxygruppen. Eine bekannte Darstellungsform ist die FISCHER-**Projektion**, die vielen möglichen Anordnungen der Hydroxygruppen dabei zeigen die Vielzahl der auftretenden Stereoisomere. ☐ ☐ ☐

- Durch die vielen polaren funktionellen Gruppen sind Kohlenhydrate **polare Moleküle**, die sich in Wasser lösen und die hohe Schmelztemperaturen aufweisen. ☐ ☐ ☐

- Monosaccharide können durch nukleophile Addition einen Ringschluss innerhalb des Moleküls eingehen, die Darstellungsform dafür ist die HAWORTH-**Projektion**. ☐ ☐ ☐

- Durch **Kondensationsreaktionen** können sich unter Wasserabspaltung mehrere Monosaccharide zu Di- bzw. Polysacchariden zusammenlagern. ☐ ☐ ☐

- Natürliche **Aminosäuren** weisen eine Carboxy- und eine Aminogruppe am benachbarten Kohlenstoffatom auf. Sie können durch Protonenübergang von der Carboxy- auf die Aminogruppe Zwitterionen bilden und sind damit gut wasserlöslich. ☐ ☐ ☐

- Aminosäuren gehen Peptidbindungen ein und bilden dadurch Polypeptide (Proteine und Amide). ☐ ☐ ☐

5 Tabellarische Übersichten

	Isomerie	
	Isomerie liegt bei Verbindungen mit gleicher Summenformel, aber unterschiedlichem Molekülbau vor.	
Isomerie-formen	**Konstitutionsisomerie** **(=Strukturisomerie)**	**Stereoisomerie**
Definition	Atome in den Isomeren sind unterschiedlich verknüpft	Atome in den Isomeren sind gleich verknüpft, unterscheiden sich aber in der räumlichen Anordnung
Beispiele	lineare und verzweigte Alkane (siehe S. 112) 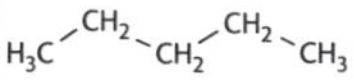 *n*-Pentan 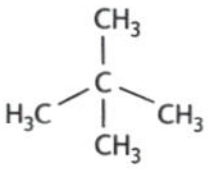 2,2-Dimethyl-propan	Konformationsisomerie bei Alkanen (siehe S. 113) 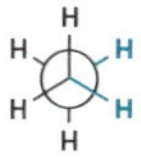 gestaffelt 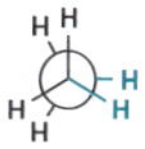 verdeckt
	unterschiedliche Positionen funktioneller Gruppen (siehe S. 127) 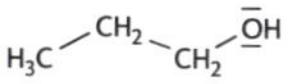 Propan-1-ol 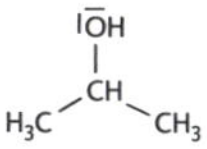 Propan-2-ol	E/Z-Isomerie bei Alkenen (siehe S. 113) 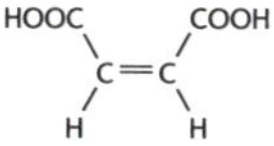 (Z)-Butendisäure (Maleinsäure) 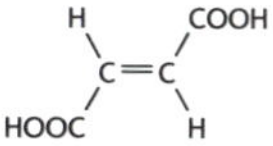 (E)-Butendisäure (Fumarsäure)
	unterschiedliche funktionelle Gruppen (siehe S. 128) 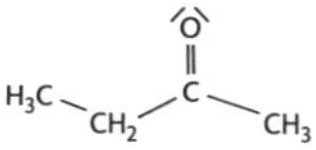 Butan-2-on 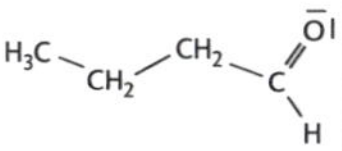 Butanal	Stereoisomerie bei Kohlenhydraten (siehe S. 154) 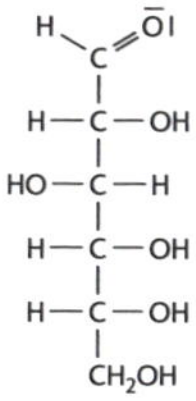 Glucose 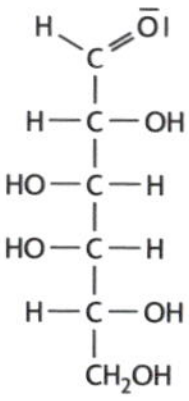 Galactose

Tab. 25: Übersicht über nach der Mittelstufe bekannte Isomerieformen

	Kohlenwasserstoffe		
Stoffklasse	Alkane	Alkene	Alkine
funktionelle Gruppe	C–C-Einfachbindung 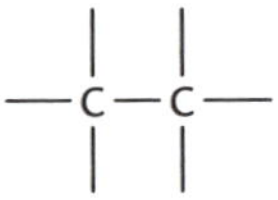	C–C-Doppelbindung 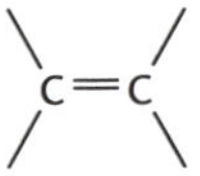	C–C-Dreifachbindung 
	(siehe Strukturformel)	(siehe Strukturformel)	$—C\equiv C—$
Beispiel	Propan 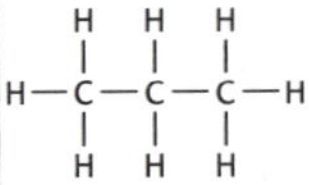	Propen 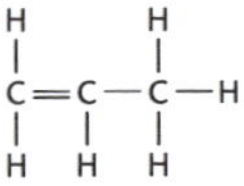	Propin 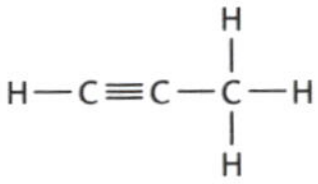
	(siehe Strukturformel)	(siehe Strukturformel)	(siehe Strukturformel)
typische Reaktionen	vollständige und unvollständige Verbrennungsreaktion mit Sauerstoff		
	Radikalische Substitution mit Halogenen	Elektrophile Addition mit Halogenen	
Besonderheit	• Nutzung als fossile Brennstoffe • Umweltproblematik der Halogenkohlenwasserstoffe		
		• Nachweis der Mehrfachbindung durch Bromwasserprobe (≙ elektrophile Addition)	

Tab. 26: Übersicht über die wichtigsten Stoffklassen organischer Verbindungen

Sauerstoffhaltige Kohlenwasserstoffe

Alkohole	Carbonylverbindungen		Carbonsäuren	Carbonsäure-ester
	Aldehyde	**Ketone**		

Hydroxygruppe | Carbonylgruppe — Aldehydgruppe / Ketogruppe | Carboxygruppe

Propan**ol**	Propan**al**	Propan**on**	Propan**säure**	Propansäure-methyl**ester**

- **Alkohole:** Oxidation zu Carbonylverbindungen; Esterkondensation mit Carbonsäuren; Nukleophile Addition mit Aldehyden/Ketonen
- **Carbonylverbindungen:** Nukleophile Addition mit Alkoholen zu Halb- und Vollacetalen bzw. -ketalen; Oxidation zu Carbonsäuren bei Aldehyden
- **Carbonsäuren:** Esterkondensation mit Alkohol; Reaktion als Säure: Proton der Carboxygruppe wird abgegeben
- **Carbonsäureester:** Esterhydrolyse zu Carbonsäure und Alkohol

funktionelle Gruppen der Kohlenhydrate

- primäre, sekundäre bzw. tertiäre Alkohole reagieren unterschiedlich
- Nachweis der Aldehydgruppe durch Silberspiegelprobe (= TOLLENS-Probe) oder FEHLING-Probe (≙ Oxidation)
- bei der Reaktion als Säuren entsteht das stabile Carboxylat-Ion, das mesomere Grenzstrukturen aufweist
- Esterkondensation und -hydrolyse weisen ein chemisch-dynamisches Gleichgewicht auf
- funktionelle Gruppe der Fette

Lösungen

1 Die vier Kernaussagen laut DALTON lauten:
- Elemente bestehen aus Atomen, kleinsten nicht weiter teilbaren Teilchen.
  Diese Aussage ist falsch, da es Protonen, Neutronen und Elektronen gibt.
- Die Atome eines Elements sind gleich und besitzen die gleiche Masse. Es gibt also so viele Atomarten, wie es Elemente gibt.
  Diese Aussage ist richtig. Da es jedoch Isotope gibt, existieren weniger Elemente als es Atomarten gibt.
- Atome können durch chemische Vorgänge weder vernichtet noch erzeugt werden.
  Diese Aussage ist bis auf die Ausnahme des radioaktiven Zerfalls richtig.
- Atome werden bei chemischen Reaktionen voneinander getrennt, neu angeordnet und in einem ganz bestimmten Zahlverhältnis verknüpft.
  Diese Aussage ist richtig.

2 a **Gemeinsam** ist beiden Atommodellen, dass ein Atom aus einem sehr kleinen, positiv geladenen Atomkern aufgebaut ist, der die Atommasse enthält. Dieser ist von einer nahezu masselosen Atomhülle umgeben, in der sich die negativ geladenen Elektronen befinden.
Ein **Unterschied** besteht darin, dass laut dem Schalenmodell in der Atomhülle jedoch geschlossene Schalen (= Energiestufen) zu unterscheiden sind, auf denen die Elektronen den Atomkern umkreisen.

b Unter einem Orbital versteht man einen Aufenthaltsraum von ein bis maximal zwei Elektronen mit bestimmter räumlicher Struktur, in dem sich das Elektron bzw. die beiden Elektronen mit einer bestimmten Wahrscheinlichkeit aufhält bzw. aufhalten.

3

Baustein	Symbol	Ladung	Masse	Aufenthaltsbereich im Atom
Proton	p$^+$	positiv	1 u	Atomkern
Neutron	n	neutral	1 u	Atomkern
Elektron	e$^-$	negativ	0,0006 u	Atomhülle

4 a Während Z die Protonenzahl (= Kernladungszahl, Ordnungszahl) bezeichnet, symbolisiert A die Nukleonenzahl (= Massenzahl).

b

Beispiel	Protonen	Elektronen	Neutronen	Elektronenkonfiguration
$^{31}_{15}P$	15	15	16	$1^2 2^8 3^5$
$^{19}_{9}F$	9	9	10	$1^2 2^7$
$^{32}_{16}S$	16	16	16	$1^2 2^8 3^6$

c Die angegebene Atomsorte des Elementes Kohlenstoff hat eine Protonen-
zahl von sechs und damit ist die Anzahl der **Protonen** sechs.
Da Kohlenstoff ein ungeladenes Atom ist, muss die Anzahl der Protonen im
Atomkern gleich der Anzahl der Elektronen in der Atomhülle sein. Die
Anzahl der **Elektronen** beträgt also ebenfalls sechs.
Die angegebene Atomsorte des Elementes Kohlenstoff hat eine Nukleonen-
zahl von 14. Indem man von der Anzahl der Nukleonen, also 14, die Anzahl
der Protonen, also sechs, abzieht, erhält man die Anzahl der Neutronen. Die
Anzahl der **Neutronen** ist somit acht.

d Die beiden unterschiedlichen Atomsorten des Elements Kohlenstoff besitzen sechs Elektronen und sechs Protonen. Sie unterscheiden sich einzig in
der Anzahl der Neutronen, im Beispiel acht und im Periodensystem sechs.
Die beiden unterschiedlichen Atomsorten unterscheiden sich also nur in
der Anzahl der Neutronen und damit der Masse, diese bezeichnet man also
als Isotope.

5 a Es müssen 79 Elektronen laut dem Schachbrett-Code verteilt werden:
$1s^2 2s^2 2p^6 3s^2 3p^6 4s^2 3d^{10} 4p^6 5s^2 4d^{10} 5p^6 6s^2 4f^{14} 5d^9$

b Laut PSE ist jedoch die tatsächliche Elektronenkonfiguration folgenderma-
ßen angegeben:
$1s^2 2s^2 2p^6 3s^2 3p^6 4s^2 3d^{10} 4p^6 5s^2 4d^{10} 5p^6 6s^1 4f^{14} 5d^{10}$ angegeben.
Anscheinend ist es energetisch günstiger, wenn die 5d-Orbitale vollständig
gefüllt sind. Dafür wurde ein Elektron aus dem 6s-Orbital in das 5d-Orbital
verschoben.

6 a

Element	Symbolschreibweise	Elektronenkonfiguration
Sauerstoff	$^{16}_{8}O$	$1^2 2^6$
Stickstoff	$^{15}_{7}N$	$1^2 2^5$

b Da sich Stickstoff und Sauerstoff innerhalb der gleichen Periode (der 2. Periode) befinden, bleibt bei ihren Atomen die Zahl der Hauptschalen mit $n = 2$ konstant, jedoch steigt die Zahl der Valenzelektronen von links nach rechts an: Sauerstoffatome besitzen mit sechs Valenzelektronen ein Valenzelektron mehr als Stickstoffatome.
Außerdem sind beim Sauerstoffatom neben Elektronenaffinität und Elektronegativität auch die Ionisierungsenergie höher als beim Stickstoffatom. Der Atomradius dagegen ist beim Stickstoffatom größer.

7 Bor, Br, Aluminium, Fluor, Fe, Kupfer, Cobalt, Hg, Mangan, Si, K, Calcium, Pb

8 a Al_2O_3: Aluminiumionen : Sauerstoffionen 2:3
$(NH_4)_2S$: Ammoniumionen : Sulfidionen 2:1
H_2O_2: Wasserstoffatome : Sauerstoffatome 2:2
CH_4: Kohlenstoffatome : Wasserstoffatome 1:4

b

Formelschreibweise	Benennung
Al_2O_3	Aluminiumoxid
$(NH_4)_2S$	Ammoniumsulfid
H_2O_2	Wasserstoffperoxid (Diwasserstoffdioxid)
CH_4	Methan

9 Mg_3N_2, FeO, Al_2S_3, K_2O, H_2O_2, C_4H_{10}, P_4O_{10}, $Ca(NO_3)_2$, NH_4OH

10 a
$$\overset{IV\ II}{PbO_2} \quad \overset{II\ II}{ZnS} \quad \overset{VI\ II}{SO_3} \quad \overset{IV\ II}{SO_2} \quad \overset{III\ I}{FeCl_3} \quad \overset{III\ I}{Fe(OH)_3} \quad \overset{II\ VI\ II}{CuSO_4}$$

b Blei(IV)-oxid, Zink(II)-sulfid (Zinksulfid ist ausreichend), Schwefeltrioxid, Schwefeldioxid, Eisen(III)-chlorid, Eisen(III)-hydroxid, Kupfer(II)-sulfat

11 Verbinden sich zwei Wasserstoffatome zu einem Wasserstoffmolekül, so durchdringen sich die beiden mit **einem Elektron** besetzten **Atomorbitale**. Für die Elektronen entsteht durch Überlappung ein gemeinsamer Aufenthaltsbereich, das **Molekülorbital**, das beide Atomkerne umschließt. Die hohe

Dichte an **negativer** Ladung bewirkt die Anziehung zwischen den beiden **positiv** geladenen Atomkernen.

12 **a** Die Molekülformel lautet SCl_2. Das Molekül ist aus einem Schwefelatom (der Index 1 wird immer weggelassen) und zwei Chloratomen zusammengesetzt.

b

Summe vorhandener Valenzelektronen	6 VE (S)+ 2·7 VE (Cl) = 20 VE
Summe benötigter Elektronen berechnen	3 · 8 VE = 24
Anzahl der bindenden Elektronen berechnen: vorhandene – benötigte Elektronen	24 – 20 = 4 ⇒ 2 Bdg.
Anzahl der freien Elektronen berechnen: vorhandene – bindende Elektronen	20 – 4 = 16 ⇒ 8 nichtbindende Elektronenpaare
Valenzstrichformel aufstellen	$\mid\overline{\underline{Cl}} —\overline{\underline{S}}— \overline{\underline{Cl}}\mid$

c Das Schwefeldichloridmolekül laut EPA-Modell gewinkelt, da sich die negativ geladenen Elektronenpaare so weit wie möglich voneinander abstoßen und die bindenden und nichtbindenden Elektronenpaare sich deshalb näherungsweise tetraedrisch um das zentrale Schwefelatom anordnen. Außerdem benötigen die Molekülorbitale nichtbindender Elektronenpaare etwas mehr Raum wie die von bindenden Elektronenpaaren, was zu einem gestauchten Cl–S–Cl-Winkel führt.

d Zu jeder der beiden Elektronenpaarbindungen im Schwefeldichlorid-molekül steuert jedes der drei Nichtmetallatome je ein Elektron bei. Dazu verschmelzen unter Abgabe von Energie zwei einfach besetzte Schwefel- und Chloratomorbitale zu je einem **Molekülorbital**. Das Elektronenpaar, welches sich in einer gemeinsamen Elektronenhülle befindet, wird als bindendes Elektronenpaar bezeichnet, da es die beiden Atome verbindet. Diese negativ geladenen Elektronen befinden sich zwischen den positiv geladenen Atomrümpfen und halten durch die Anziehung der Ladungen die Schwefel- und Chloratome zusammen.

13 **a** Bei dem angegebenen Molekül handelt es sich um Distickstoffpentoxid. Aus der Molekülformel lässt sich entnehmen, dass im Molekül zwei Stickstoff- und fünf Sauerstoffatome vorliegen.

b

Summe vorhandener Valenzelektronen	$2 \cdot 5$ VE (N)+ $5 \cdot 6$ VE (O) = 40 VE
Summe benötigter Elektronen berechnen	$7 \cdot 8$ VE = 56
Anzahl der bindenden Elektronen berechnen: vorhandene – benötigte Elektronen	$56 - 40 = 16 \Rightarrow 8$ Bdg.
Anzahl der freien Elektronen berechnen: vorhandene – bindende Elektronen	$40 - 16 = 24 \Rightarrow 12$ nichtbindende Elektronen-paare
Valenzstrichformel aufstellen	

14

Vorgehen	Methan (CH$_4$)	Ethan (C$_2$H$_6$)	Propan (C$_3$H$_8$)
Summe vorhandener Valenzelektronen	4 VE (C)+ $4 \cdot 1$ VE (H) = 8 VE	$2 \cdot 4$ VE (C)+ $6 \cdot 1$ VE (H) = 14 VE	$3 \cdot 4$ VE (C)+ $8 \cdot 1$ VE (H) = 20 VE
Summe benötigter Elektronen berechnen	$1 \cdot 8 + 4 \cdot 2$ VE = 16	$2 \cdot 8 + 6 \cdot 2$ VE = 28	$3 \cdot 8 + 8 \cdot 2$ VE = 40
Anzahl der bindenden Elektronen berechnen: vorhandene – benötigte Elektronen	$16 - 8 = 8$ $\Rightarrow 4$ Bdg.	$28 - 14 = 14$ $\Rightarrow 7$ Bdg.	$40 - 20 = 20$ $\Rightarrow 10$ Bdg.
Anzahl der freien Elektronen berechnen: vorhandene – bindende Elektronen	$8 - 8 = 0$ $\Rightarrow 0$ nichtbindende Elektronenpaare	$14 - 14 = 0$ $\Rightarrow 0$ nichtbindende Elektronenpaare	$20 - 20 = 0$ $\Rightarrow 0$ nichtbindende Elektronenpaare
Valenzstrichformel aufstellen			

15 a Dipolmoleküle sind Moleküle mit mindestens einer polaren Bindung, in dem die Ladungsschwerpunkte aufgrund des räumlichen Baus nicht zusammenfallen.

b

Beispiel	Valenzstrichformel	Dipol-molekül	Begründung
HI	$\overset{\delta^+}{H}-\overset{\delta^-}{\underset{..}{\overset{..}{I}}}$	ja	Polare Bindung; Ladungsschwerpunkte fallen aufgrund des linearen Molekülbaus nicht zusammen.
CO_2	$\underset{\delta^-}{\overset{..}{O}}=\overset{\overset{\delta^+}{}}{C}=\underset{\delta^-}{\overset{..}{O}}$	nein	Polare Bindung; Ladungsschwerpunkte fallen aufgrund des linearen Molekülbaus zusammen.
CH_4	$\overset{\delta^+}{H}-\overset{\delta^-}{C}\cdots$ mit H, $\overset{\delta^+}{H}$, $\overset{\delta^+}{H}$	nein	Polare Bindung; Ladungsschwerpunkte fallen aufgrund des tetraedrischen Molekülbaus zusammen.
CH_3Cl	$\overset{\delta^+}{H}-C\cdots\overset{\delta^-}{\underset{..}{\overset{..}{Cl}}}$ mit $\overset{\delta^+}{H}$, $\overset{\delta^+}{H}$	ja	Polare Bindung; Ladungsschwerpunkte fallen aufgrund des tetraedrischen Molekülbaus nicht zusammen.

16 Die Aussage, dass alle Elemente aus Atomen aufgebaut sind, ist korrekt. Allerdings liegen nicht alle Elemente atomar vor, wie z. B. die zweiatomigen Elemente Wasserstoff, Sauerstoff, Fluor, Brom, Chlor und Iod.

Unter dem Begriff Verbindung werden alle Reinstoffe zusammengefasst, die sich durch chemische Reaktionen in Elemente zerlegen lassen. Neben den Molekülen gehören dazu auch metallische und salzartige Verbindungen. Der zweite Teil der Aussage ist daher falsch.

17 Unter einem Ion versteht man elektrisch geladene Atome oder Moleküle. Die Ionen sind Bausteine der Salze, dabei bilden positiv geladene Ionen (Kationen) und negativ geladene Ionen (Anionen) gemeinsam ein Ionengitter. Salze liegen deshalb bei Raumtemperatur als Feststoff vor.

18 a **Leitfähigkeit:** Viele Salze sind in Wasser gut löslich. Die Ionen werden durch die Wassermoleküle aus ihren festen Gitterplätzen herausgelöst und sind dadurch frei beweglich. Somit können sie Ladung transportieren.

b **Sprödigkeit:** Viele Salze sind sehr spröde. Durch das Einwirken mechanischer Kräfte werden die Ionen aus ihren Gitterplätzen verschoben. Dadurch kommen gleichgeladene Ionen nebeneinander zu liegen und stoßen sich elektrostatisch ab.

19

Element	Formel Atom	Formel Ion
Wasserstoff	H	H^+ oder H^-
Sauerstoff	O	O^{2-}
Fluor	F	F^-
Kohlenstoff	C	C^{4+} oder C^{4-}
Natrium	Na	Na^+

20 a $\overset{II\ I}{OF_2}$ $\overset{I\ I}{ICl}$ $\overset{III\ I}{GaBr_3}$

b PbI_2: Blei(II)-iodid; Sb_2O_5: Antimonoxid; Al_4C_3: Aluminiumcarbid

c Calciumbromid: $CaBr_2$; Kaliumfluorid: KF; Aluminiumchlorid. $AlCl_3$

21 a Das Siliciumatom ist aufgebaut aus 14 Protonen und 14 Neutronen, die sich im Atomkern befinden. In der Atomhülle besitzt es 14 Elektronen, wobei sich zwei in der 1. Schale und acht in der 2. Schale befinden. Außerdem enthält die 3. Schale noch 4 Valenzelektronen.

b Silicium ist ein typisches Halbmetall und weist daher sowohl Eigenschaften von Metallen als auch von Nichtmetallen auf:
Elementares Silicium besitzt eine grauschwarze Farbe und weist wie Aluminium einen typisch metallischen Glanz auf.
Silicium bildet in den natürlich vorkommenden Verbindungen wie Phosphor hauptsächlich Elektronenpaarbindungen aus.
Das chemische Reaktionsverhalten wird weitgehend von den Valenzelektronen bestimmt. Bei allen drei Elementen stellt die 3. Schale die Valenzschale dar, jedoch steigt die Anzahl der Valenzelektronen von Aluminium über Silicium zu Phosphor von 3 auf 5.

22 a $Zn + 2\,HCl \longrightarrow ZnCl_2 + H_2$

b Unedle Metalle werden von Salzsäure oxidiert zu Zinkionen. Die Oxoniumionen der Salzsäure werden dagegen zu Wasserstoff reduziert. Zinkionen und Chloridionen, die Säurereste der Salzsäure, reagieren dann zum Salz Zinkchlorid. Edle Metalle dagegen können von verdünnten Säuren nicht oxidiert werden.

23 a

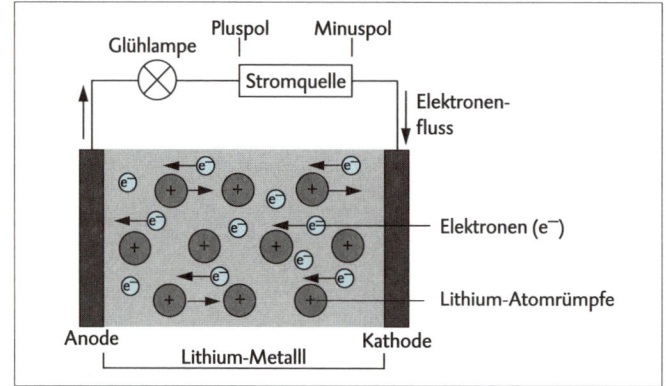

b Die Lampe leuchtet.

c Sind die Stromquelle (z. B. eine Batterie) und der Verbraucher (hier eine Lampe) leitend miteinander verbunden, so ist der Stromkreis geschlossen. In der rechten Abbildung fließt der elektrische Strom vom Pluspol der Batterie, durch den Draht zu der Glühbirne und wieder zurück zu der Batterie (technische Stromrichtung). Die Glühbirne leuchtet.

Das Metall Lithium schließt ebenfalls den Stromkreislauf, da sich die negativ geladenen Elektronen zwischen den Atomrümpfen zum Pluspol bewegen (physikalische Stromrichtung).

24

Beispiel	Aluminiumchlorid	Natrium	Wasserstoff
Bindungsart	Ionenbindung	Metallbindung	Elektronenpaarbindung = Atombindung = kovalente Bindung
Bindungspartner	Metall + Nichtmetall	Metall + Metall	Nichtmetall + Nichtmetall
Anordnung der Bausteine	Ionengitter	Metallgitter	Moleküle
Beispiel			
Ursache des Zusammenhalts	Elektrostatische Anziehungskräfte zwischen Kation und Anion	Elektrostatische Anziehungskräfte zwischen positiv geladenen Metallrümpfen und frei beweglichen Elektronen (Elektronengas)	gemeinsames Elektronenpaar (elektrostatische Anziehungskräfte zwischen Elektronen und Atomkernen)

25 a

Zwischenmolekulare Wechselwirkungen	Stärke der Wechselwirkung	Beispiel
Wasserstoffbrücken nur bei H-Verbindungen mit F, O, N		Wasserstofffluorid (HF), Wasser (H$_2$O), Ammoniak (NH$_3$)
Ion-Dipol-Wechselwirkungen sind umso stärker, je kleiner das Ion und je größer die Ionenladung ist	Stärke der Wechselwirkungen nimmt ab	gelöste Salze wie Kochsalz (NaCl) in Wasser
Dipol-Dipol-Wechselwirkungen nehmen mit steigender EN-Differenz der Bindungspartner ab		Wasserstoffiodid (HI), Wasserstoffsulfid (H$_2$S), Phosphan (PH$_3$),
VAN-DER-WAALS-Kräfte vor allem bei unpolaren Molekülen; nehmen mit der Moleküloberfläche bzw. der Molekülmasse zu		Methan (CH$_4$), Kohlenstoffdioxid (CO$_2$), Sauerstoff (O$_2$)

b Bei Stickstoff handelt es sich um ein unpolares Molekül, da zwischen den beiden Stickstoffatomen eine unpolare Dreifachbindung vorliegt. Bei Wasserstofffluorid liegen dagegen polare Moleküle vor, da die Elektronenpaarbindung zwischen dem H- und dem F-Atom polar ist und die Ladungsschwerpunkte aufgrund des linearen Baus nicht zusammenfallen.

Zwischen den Stickstoffmolekülen liegen somit nur die VAN-DER-WAALS-Kräfte vor, während zwischen den HF-Molekülen die wesentlich stärkeren Wasserstoffbrücken herrschen. Aufgrund des großen Elektronegativitätsunterschieds wird die Elektronenpaarbindung zwischen den Fluor- und Wasserstoffatomen stark polarisiert und das Wasserstoffatom stark positiv teilgeladen. Es bildet sich also eine starke elektrostatische Anziehungskraft zwischen dem stark positiv teilgeladenen Wasserstoffatom des einen HF-Moleküls und dem freien Elektronenpaar des stark negativ teilgeladenen F-Atoms eines anderen HF-Moleküls aus.

Aufgrund der höheren intermolekularen Wechselwirkungen muss bei HF mehr Energie aufgewendet werden, um die Anziehungskräfte zwischen den Molekülen zu überwinden. Deshalb ist die Siedetemperatur von +19,5 °C Wasserstofffluorid und die von –196 °C Stickstoff zuzuordnen.

c Nach der Regel „Ähnliches löst sich in Ähnlichem" lösen sich nur Stoffe im polaren Lösungsmittel Wasser, die mit dessen Molekülen wechselwirken können. Wechselwirkungen mit Wassermolekülen können Salze über Ion-Dipol-Wechselwirkungen oder andere polare Stoffe über Dipol-Dipol-Wechselwirkungen bzw. Wasserstoffbrücken ausbilden.

26 **a** Die Siedetemperatur eines Stoffes ist abhängig von den auf der Teilchenebene vorliegenden Wechselwirkungen: Je stärker die Wechselwirkungen und damit die Anziehungskräfte zwischen den Teilchen sind, desto mehr Energie muss zur Überwindung dieser aufgewendet werden und desto höher liegt die Siedetemperatur des Stoffes.

b Obwohl die Molaren Massen von Methan und Wasser bzw. Propan und Ethanol ähnlich sind, unterscheiden sich die Siedetemperaturen sehr deutlich.

Der Unterschied beruht in beiden Fällen darauf, dass sowohl zwischen den Wassermolekülen als auch zwischen den Ethanolmolekülen Wasserstoffbrücken vorliegen. Diese stärkste Wechselwirkung tritt auf, da in beiden Molekülen Wasserstoffatome an Sauerstoffatomen gebunden sind. Aufgrund der großen Elektronegativitätsunterschiede wird die Elektronenpaarbindung stark polarisiert und das Wasserstoffatom stark positiv teilgeladen. Es bildet sich nun eine starke elektrostatische Anziehungskraft zwischen dem stark positiv teilgeladenen Wasserstoffatom des einen Wasser- bzw. Ethanolmoleküls und dem freien Elektronenpaar des stark negativ teilgeladenen Sauerstoffatoms eines anderen Wasser- bzw. Ethanolmoleküls.

Zwischen den Methan- bzw. Propanmolekülen liegen dagegen mit den VAN-DER-WAALS-Kräften nur die schwächsten Wechselwirkungen vor.

Hinweis: Bei Propan treten aufgrund der großen Masse bzw. der größeren Anzahl an Elektronen stärkere VAN-DER-WAALS-Kräfte auf, deshalb besitzt dieses Molekül einen höheren Siedepunkt.

c Auch wenn zwischen Wasser- und Ethanolmolekülen Wasserstoffbrücken vorliegen, so sind trotzdem auch die VAN-DER-WAALS-Kräfte zu berücksichtigen. Diese treten bei allen Molekülen auf und steigen mit zunehmender Molekülmasse bzw. Moleküloberfläche an.

27 **a**

$$
\begin{array}{ccc}
 & H & H \\
 & | & | \\
H- & C-C & -\overline{O}-H \\
 & | & | \\
 & H & H
\end{array}
$$

b Ethanolmoleküle können über zwei unterschiedliche Arten mit anderen Molekülen wechselwirken: VAN-DER-WAALS-Kräfte durch den C_2H_5-Anteil des Moleküls und Wasserstoffbrücken durch die OH-Gruppe.

Bei Lösungsvorgängen bilden sich laut der Regel „Ähnliches löst sich in Ähnlichem" Wechselwirkungen zwischen den Teilchen des Lösungsmittels und des zu lösenden Stoffes aus. Da Ethanol über VAN-DER-WAALS-Kräfte mit den unpolaren Molekülen des Benzins genauso wechselwirken kann wie über Wasserstoffbrücken mit den polaren Wassermolekülen, ist es als Lösungsmittel vielseitig verwendbar. Ethanol ist sowohl hydrophil als auch lipophil.

28 Zunächst wird die innere Energie des fossilen Brennstoffs in Wärmeenergie umgewandelt. Dies geschieht mithilfe einer chemischen Reaktion: der Verbrennung des Kraftstoffs. Die Wärmeenergie wird dazu genutzt, den Motor anzutreiben, und wird somit in mechanische Energie umgewandelt. Schließlich erfolgt die Umwandlung in kinetische Energie, wenn das Auto sich in Bewegung setzt.

Ebenfalls richtig sind folgende Aspekte:

- Nutzen der Wärmeenergie (thermische Energie) zum Heizen der Fahrgastzelle und des Motorraums
- Umwandlung der mechanischen Energie in elektrische Energie zum Betreiben der Lichtmaschine, daraus folgende Umwandlung in Lichtenergie
- Umwandlung der kinetischen Energie in potenzielle Energie durch Überwindung von Steigungen

29 a Die Temperatur ist von 20 °C auf 45 °C gestiegen, der Kolbenprober zeigt eine Volumenzunahme von 87 mL an.

b Die innere Energie der Produkte ist geringer als die innere Energie der Edukte. Die chemische Energie der Produkte wird umgewandelt in Wärmeenergie (Temperatur steigt) und mechanische Energie (Hubarbeit).

30 a $CH_{4(g)} + 2 O_{2(g)} \longrightarrow CO_{2(g)} + 2 H_2O_{(g)}$

$\Delta E_i = E_i(\text{Produkte}) - E_i(\text{Edukte})$

$\Delta E_i = 1\,mol \cdot E_i(CO_2) + 2\,mol \cdot E_i(H_2O) - 1\,mol \cdot E_i(CH_4) - 2\,mol \cdot E_i(O_2)$

$\Delta E_i = 1\,mol \cdot (-393{,}0\,kJ \cdot mol^{-1}) + 2\,mol \cdot (-245{,}1\,kJ \cdot mol^{-1}) -$
$\qquad 1\,mol \cdot (-74{,}8\,kJ \cdot mol^{-1}) - 2\,mol \cdot (0\,kJ \cdot mol^{-1})$

$\Delta E_i = -808{,}4\,kJ$

Die Reaktion ist exotherm.

b $2 H_2O_{(l)} \longrightarrow O_{2(g)} + 2 H_{2(g)}$

$\Delta E_i = E_i(\text{Produkte}) - E_i(\text{Edukte})$

$\Delta E_i = 1\,mol \cdot E_i(O_2) + 2\,mol \cdot E_i(H_2) - 2\,mol \cdot E_i(H_2O)$

$\Delta E_i = 1\,mol \cdot (0\,kJ \cdot mol^{-1}) + 2\,mol \cdot (0\,kJ \cdot mol^{-1}) - 2\,mol \cdot (-285{,}7\,kJ \cdot mol^{-1})$

$\Delta E_i = +571{,}4\,kJ$

Die Reaktion ist endotherm.

c Die Zahlenwerte berücksichtigen bei Wasser die beiden Aggregatzustände flüssig und gasförmig. Wasserdampf hat eine höhere innere Energie als flüssiges Wasser, daher ist der entsprechende Zahlenwert größer.

31 a Laut Angabe friert das Becherglas an der Tischplatte fest. Das bedeutet, dass die Temperatur in der Umgebung sinkt. Es handelt sich hierbei also um eine endotherme Reaktion: Wärme wird aus der Umgebung aufgenommen, somit ist die innere Energie der Produkte größer als die innere Energie der Edukte.

b Die Reaktion verläuft nach einer Aktivierung durch einen mit dem Zündstein erzeugten Funken ab. Es handelt sich hierbei also um eine exotherme Reaktion: Wärme wird an die Umgebung abgegeben, somit ist die innere Energie der Produkte kleiner als die innere Energie der Edukte.

32 a Es handelt sich um eine exotherme Reaktion. Energie wird nicht dauerhaft von außen zugeführt, sondern durch Wärme und Lichterscheinung an die Umgebung abgegeben.

b

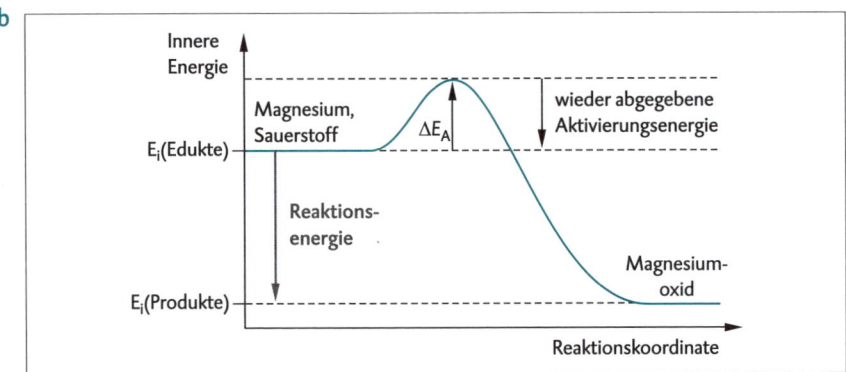

c Das Entzünden dient nur der Aktivierung der Verbrennungsreaktion und entspricht damit der Aktivierungsenergie. Durch das Entzünden werden die Eduktteilchen Magnesium und Sauerstoff aus dem metastabilen Zustand in den Übergangszustand gebracht. Erst nach dieser Aktivierung befinden sich die Teilchen in einem reaktionsbereiten Zustand, da sie mit einer für die Reaktion spezifischen Mindestenergie (E_{min}) zusammenstoßen müssen. Hat die Reaktion zwischen den Teilchen erst einmal begonnen, so führt die frei werdende Energie dazu, dass weitere Teilchen den reaktionsbereiten Zustand erreichen. Die Reaktion läuft nun unter Energieabgabe vollständig ab.

richtig falsch

33 Die Aktivierungsenergie ist der Energiebetrag, der häufig bei exothermen Reaktionen ~~frei~~ **benötigt** wird. ☐ ☒

Bei einer endothermen Reaktion enthalten die Produkte mehr innere Energie als die Edukte. ☒ ☐

Der Betrag der inneren Energie ist bei einer endothermen Reaktion ~~größer~~ **kleiner** als die Aktivierungsenergie. ☐ ☒

Metastabile Gemische reagieren ~~spontan~~ **nicht spontan** zu einem stabilen Zustand. ☐ ☒

34 a Braunstein wirkt als Katalysator. Er verändert den Reaktionsweg, vermindert dadurch die Aktivierungsenergie, beschleunigt deshalb die Reaktion erheblich und geht selber unverändert aus der Reaktion hervor.

b

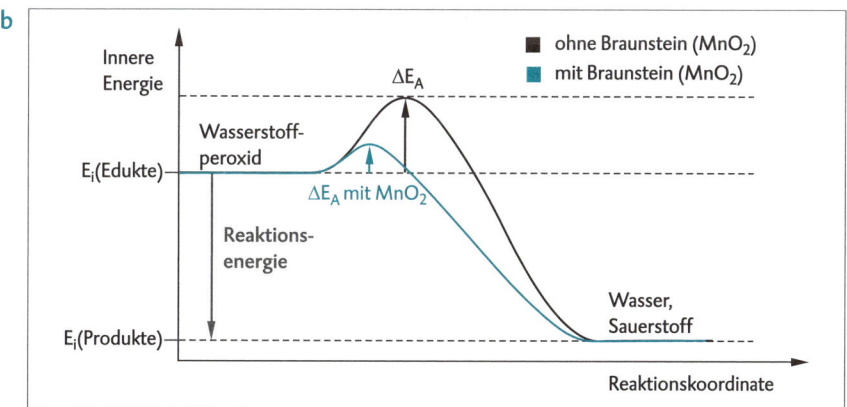

c Eine Reaktion kann nur stattfinden, wenn die Wasserstoffperoxidmoleküle mit einer Mindestenergie zusammenstoßen. Durch eine Temperaturerniedrigung bewegen sich die Moleküle deutlich langsamer. Durch eine kühle Lagerung wird also sowohl der Energiegehalt der Moleküle als auch die Anzahl der Zusammenstöße verringert, die Vorschrift ist somit sinnvoll.

35

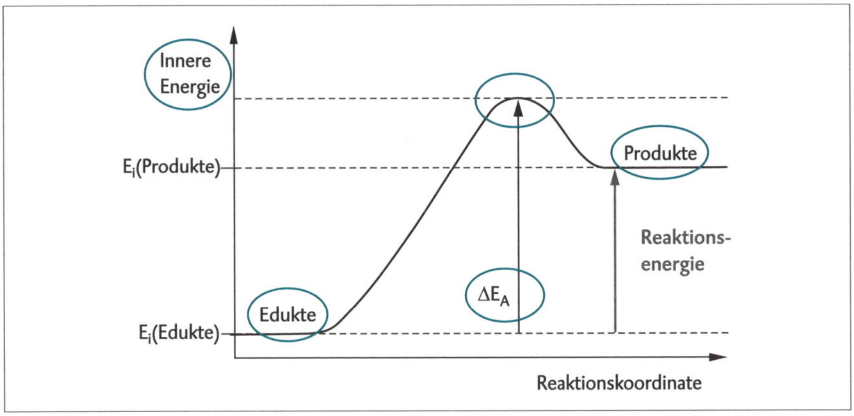

- Die Beschriftung der y-Achse ist falsch. Statt ΔE_i steht an dieser Stelle die Innere Energie.
- Die Begriffe „Edukte" und „Produkte" müssen vertauscht werden.
- Der Kurvenverlauf ist fehlerhaft, es fehlt die Steigung durch die Aktivierungsenergie.
- Die Aktivierungsenergie wurde dementsprechend ebenfalls nicht eingezeichnet.

36

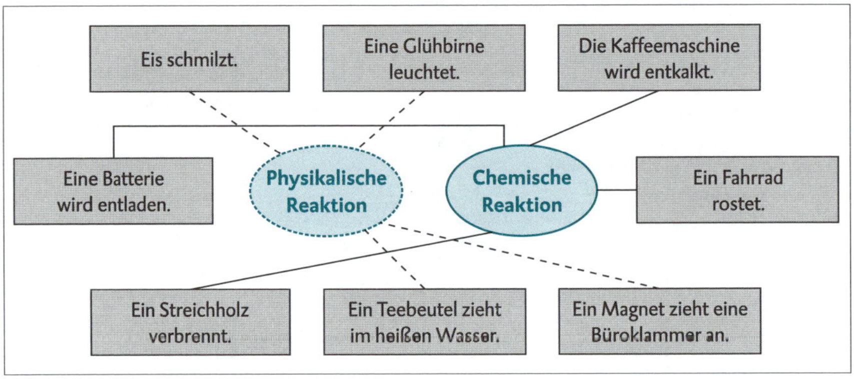

37
- Edukte werden in Produkte umgewandelt, deren Stoffeigenschaften sich unterscheiden.
- Chemische Reaktionen sind an einen Energieumsatz geknüpft.
- Chemische Reaktionen sind prinzipiell umkehrbar.

38 a Wasserstoff wird häufig als Energieträger der Zukunft bezeichnet. Allerdings befindet sich kaum Wasserstoff in unserer Atmosphäre, weshalb er erst gewonnen werden muss. Hierzu wird **Wasser** mithilfe von **elektrischer Energie**, die z. B. aus Solaranlagen stammt, zu den **Gasen Wasserstoff und Sauerstoff zerlegt**. Der so gewonnene Wasserstoff könnte beispielsweise zu Tankstellen transportiert werden, wo er von Fahrzeugen getankt wird. Im Motor kann der **Wasserstoff zusammen mit dem Sauerstoff** aus der Luft reagieren, wodurch als Abgas **nur Wasser entsteht**. Die **Energie aus der Verbrennung** des Wasserstoffs kann zum Antrieb des Fahrzeugs genutzt werden.

- „Wasser wird [...] zu den Gasen Wasserstoff und Sauerstoff zerlegt."
Flüssiges Wasser ist das Edukt, Wasserstoff und Sauerstoff die gasförmigen Produkte.
- „mithilfe von elektrischer Energie"
Elektrischer Strom stellt die Energiequelle dar.
- „Wasserstoff zusammen mit dem Sauerstoff [...] nur Wasser entsteht."
Chemische Reaktionen sind umkehrbar. Diesmal sind Wasserstoff und Sauerstoff die Edukte, während Wasser das Produkt ist.
- „Energie aus der Verbrennung des Wasserstoffs ..."
Auch diese Reaktion ist mit einem Energieumsatz verbunden.

b Wasser $\longrightarrow$ Wasserstoff + Sauerstoff

Wasserstoff + Sauerstoff $\longrightarrow$ Wasser

39 ☐ Die ~~Produkte~~ **Edukte** werden links vom Reaktionspfeil geschrieben, die ~~Edukte~~ **Produkte** rechts davon.

☒ Gibt es mehrere Edukte oder Produkte werden sie durch ein „+" Zeichen verbunden.

☐ Um die Atomzahlen in chemischen Gleichungen richtigzustellen, ~~muss man den Index der einzelnen Verbindungen verändern~~ **darf man den Index der einzelnen Verbindungen nicht verändern**.

☒ Um die Atomzahlen in chemischen Gleichungen richtigzustellen, muss man den passenden Koeffizienten vor die Elementsymbole bzw. chemischen Formeln verändern.

☒ Der Koeffizient gilt als Faktor für die gesamte chemische Formel.

☐ Der Reaktionspfeil wird als „~~ist gleich~~" **„reagiert zu"** oder **„wird zu"** gelesen.

40 a $2\,H_2 + O_2 \longrightarrow 2\,H_2O$

b $2\,Fe + 3\,I_2 \longrightarrow 2\,FeI_3$

c $2\,C_8H_{18} + 25\,O_2 \longrightarrow 16\,CO_2 + 18\,H_2O$

d $2\,NO_2 + H_2O \longrightarrow HNO_3 + HNO_2$

e $C_6H_{12}O_6 + 6\,O_2 \longrightarrow 6\,CO_2 + 6\,H_2O$

41 $2\,Cu_2S + 3\,O_2 \longrightarrow 2\,Cu_2O + 2\,SO_2$

$2\,Cu_2O + Cu_2S \longrightarrow 6\,Cu + SO_2$

$2\,SO_2 + O_2 \longrightarrow 2\,SO_3$

$SO_3 + H_2O \longrightarrow H_2SO_4$

42 $2\,ZnS + 3\,O_2 \longrightarrow 2\,ZnO + 2\,SO_2$ **Umsetzung**

$ZnO + C \longrightarrow Zn + CO$ **Umsetzung**

$2\,Zn + O_2 \longrightarrow 2\,ZnO$ **Synthese**

43 a $2\,H_2O \longrightarrow 2\,H_2 + O_2$ **Analyse**

b $BaCl_2 + Na_2SO_4 \longrightarrow BaSO_4 + 2\,NaCl$ **Umsetzung**

44 Beim chemischen Gleichgewicht finden die Hin- und die Rückreaktion einer Gleichgewichtsreaktion gleich schnell statt, sodass sich die Zusammensetzung des Stoffgemisches nicht ändert. Ein Beispiel ist das Lösen von CO_2 in Getränkeflaschen, die Kohlensäure enthalten.

45

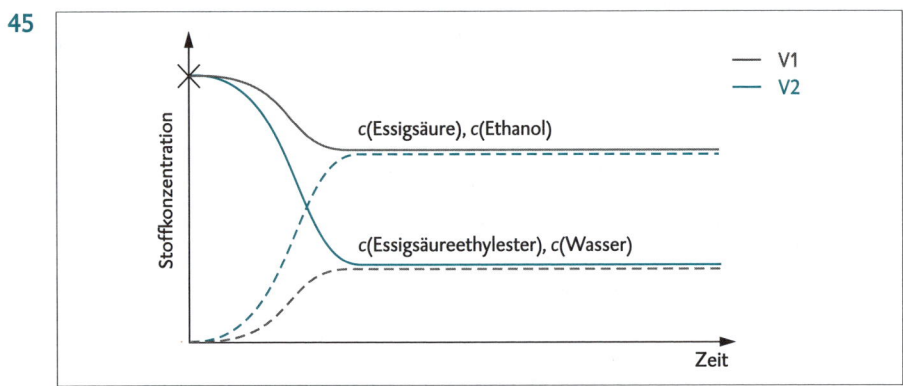

46

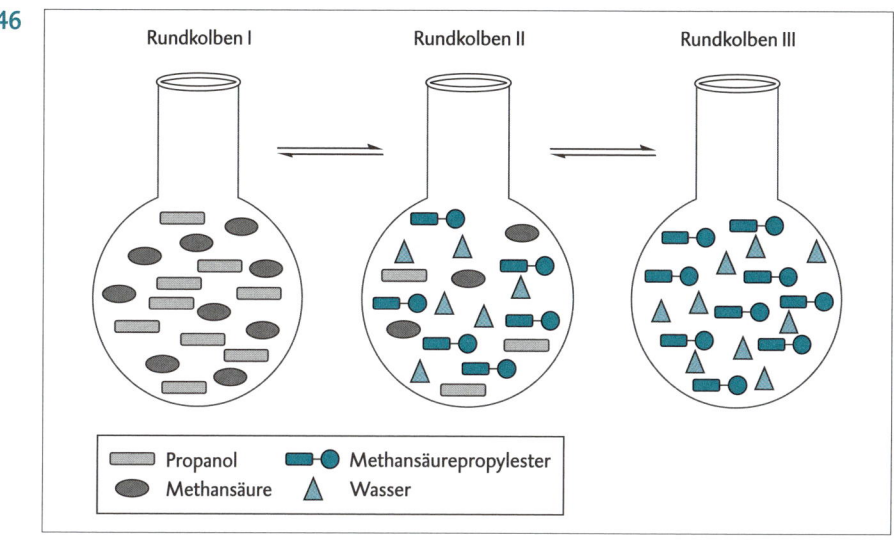

Rundkolben I   Rundkolben II   Rundkolben III

▭ Propanol	▬● Methansäurepropylester
⬭ Methansäure	△ Wasser

47 Säuren sind nach ARRHENIUS Stoffe, die in wässriger Lösung unter Bildung von Protonen und dem Säurerest dissoziieren. Basen dissoziieren in wässriger Lösung in Hydroxidionen und Basenrest.

Nach BRÖNSTED sind Säuren Stoffe, deren Teilchen Protonen abgeben können, sie sind Protonendonatoren. Basen sind Stoffe, deren Teilchen Protonenakzeptoren sind, also Protonen aufnehmen können.

48 a Das Hydrogensulfation kann einerseits als Protonendonator zum Sulfation, andererseits als Protonenakzeptor zur Schwefelsäure reagieren. Es handelt sich um einen Ampholyten.

b Gleichung 1:

1. korrespondierendes Säure-Base-Paar: H_2SO_4 / HSO_4^-
2. korrespondierendes Säure-Base-Paar: H_2O / H_3O^+

Gleichung 2:

1. korrespondierendes Säure-Base-Paar: HSO_4^- / SO_4^{2-}
2. korrespondierendes Säure-Base-Paar: H_2O / H_3O^+

49

HNO_3	+	H_2O	⇌	NO_3^-	+	H_3O^+
Säure 1		Base 2		Base 1		Säure 2

HCl	+	NH_3	⇌	Cl^-	+	NH_4^+
Säure 1		Base 2		Base 1		Säure 2

HCl	+	HSO_4^-	⇌	Cl^-	+	H_2SO_4
Säure 1		Base 2		Base 1		Säure 2

50 a Salzsäure

b Im destillierten Wasser kann keine Leitfähigkeit gemessen werden, da die Lampe nicht aufleuchtet, während die Wasserstoffchloridlösung eine Leitfähigkeit aufweist. Wird Wasserstoffchlorid in Wasser eingeleitet, so reagiert es zu Chlorid- und Oxoniumionen.

$$HCl_{(g)} + H_2O \longrightarrow Cl^-_{(aq)} + H_3O^+_{(aq)}$$

In der wässrigen Lösung der Säure sind Ionen vorhanden, die die elektrische Leitfähigkeit erklären.

51 Essigreiniger enthält Essigsäure. Die saure Lösung greift Carbonat-Salze an und löst diese auf. Der Marmorboden würde deshalb Schaden nehmen.

$$2\,H_3O^+ + 2\,CH_3{-}COO^- + CaCO_3 \longrightarrow Ca^{2+} + 2\,CH_3{-}COO^-$$
$$+ CO_2 + 3\,H_2O$$

52

$$CO_2 + H_2O \longrightarrow H_2CO_3$$
$$SO_3 + H_2O \longrightarrow H_2SO_4$$
$$SO_2 + H_2O \longrightarrow H_2SO_3$$
$$2\,NO_2 + H_2O \longrightarrow HNO_3 + HNO_2$$
$$P_4O_{10} + 6\,H_2O \longrightarrow 4\,H_3PO_4$$

53

$$2\,Ca + O_2 \longrightarrow 2\,CaO$$
$$CaO + H_2O \longrightarrow Ca(OH)_2$$
$$Ca(OH)_2 \xrightarrow{H_2O} Ca^{2+}_{(aq)} + 2\,OH^-_{(aq)}$$

54

Teilchen	reagiert eher als Säure	reagiert eher als Base
$H-\overset{\displaystyle H}{\underset{\displaystyle H}{N}}-H$	☐	☒
$H-\overline{\underline{O}}-H$	☒	☒
$H_3C-CH_2-C\overset{\overline{\underline{O}}I}{\underset{\diagdown\underline{O}-H}{}}$	☒	☐
$H_3C-\overset{\displaystyle}{\underset{\displaystyle H-\underline{N}-H}{CH}}-CH_3$	☐	☒
$H-\overline{\underline{O}}-Cl$	☒	☐
$\overset{\ominus}{I\underline{O}}-\overset{\overbrace{O}}{\underset{}{\overset{\|}{S}}}-\overline{\underline{O}}-H$	☒	☐

55 $2\,H_3O^+ + 2\,NO_3^- + Mg \longrightarrow Mg^{2+} + 2\,NO_3^- + H_2 + 2\,H_2O$ Magnesiumnitrat

$2\,H_3O^+ + 2\,NO_3^- + CuO \longrightarrow Cu^{2+} + 2\,NO_3^- + 3\,H_2O$ Kupfer(II)-nitrat

56 **a** $H_2SO_{4\,(aq)} + Ca(OH)_{2\,(aq)} \longrightarrow CaSO_{4\,(aq)} + 2\,H_2O$

$2\,H_3O^+ + SO_4^{2-} + Ca^{2+} + 2\,OH^- \longrightarrow Ca^{2+} + SO_4^{2-} + 4\,H_2O$

b $2\,HNO_{3\,(aq)} + Ba(OH)_{2\,(aq)} \longrightarrow Ba(NO_3)_{2\,(aq)} + 2\,H_2O$

$2\,H_3O^+ + 2\,NO_3^- + Ba^{2+} + 2\,OH^- \longrightarrow Ba^{2+} + 2\,NO_3^- + 4\,H_2O$

c $H_3PO_{4\,(aq)} + 3\,NaOH_{(aq)} \longrightarrow Na_3PO_{4\,(aq)} + 3\,H_2O$

$3\,H_3O^+ + PO_4^{3-} + 3\,Na^+ + 3\,OH^- \longrightarrow 3\,Na^+ + PO_4^{3-} + 6\,H_2O$

d $HOOC-COOH_{(aq)} + 2\,KOH_{(aq)} \longrightarrow KOOC-COOK_{(aq)} + 2\,H_2O$

$2\,H_3O^+ + {}^-OOC-COO^- + 2\,K^+ + 2\,OH^- \longrightarrow 2\,K^+ + {}^-OOC-COO^- + 4\,H_2O$

(Alternative: $K_2C_2O_4$)

e $H_2SO_{3\,(aq)} + 2\,NH_{3\,(aq)} \longrightarrow (NH_4)_2SO_{3\,(aq)}$

$2\,H_3O^+ + SO_4^{2-} + 2\,NH_4^+ + 2\,OH^- \longrightarrow 2\,NH_4^+ + SO_3^{2-} + 4\,H_2O$

f $HCOOH_{(aq)} + NH_{3\,(aq)} \longrightarrow HCOONH_{4\,(aq)}^+$

$H_3O^+ + HCOO^- + NH_4^+ + OH^- \longrightarrow NH_4^+ + HCOO^- + 2\,H_2O$

57 **a** $n(\text{KOH}) = \dfrac{m(\text{KOH})}{M(\text{KOH})} = \dfrac{20\,\text{g}}{56,11\,\text{g}\cdot\text{mol}^{-1}} = 0,36\,\text{mol}$

$\qquad c(\text{KOH}) = \dfrac{n(\text{KOH})}{V(\text{H}_2\text{O})} = \dfrac{0,36\,\text{mol}}{2\,\text{L}} = 0,18\,\text{mol}\cdot\text{L}^{-1}$

b $n(\text{NH}_3) = \dfrac{V(\text{NH}_3)}{V_M(\text{NH}_3)} = \dfrac{4\,\text{L}}{22,4\,\text{L}\cdot\text{mol}^{-1}} = 0,18\,\text{mol}$

$\qquad c(\text{NH}_3) = \dfrac{n(\text{NH}_3)}{V(\text{H}_2\text{O})} = \dfrac{0,18\,\text{mol}}{0,3\,\text{L}} = 0,60\,\text{mol}\cdot\text{L}^{-1}$

c $\text{SO}_3 + \text{H}_2\text{O} \longrightarrow \text{H}_2\text{SO}_4$

Stoffmengenverhältnis: $n(\text{SO}_3) = n(\text{H}_2\text{SO}_4)$

$\qquad n(\text{SO}_3) = \dfrac{m(\text{SO}_3)}{M(\text{SO}_3)} = \dfrac{10\,\text{g}}{80,07\,\text{g}\cdot\text{mol}^{-1}} = 0,12\,\text{mol}$

$\qquad n(\text{SO}_3) = n(\text{H}_2\text{SO}_4) = 0,12\,\text{mol}$

$\qquad c(\text{H}_2\text{SO}_4) = \dfrac{n(\text{H}_2\text{SO}_4)}{V(\text{H}_2\text{O})} = \dfrac{0,12\,\text{mol}}{0,5\,\text{L}} = 0,24\,\text{mol}\cdot\text{L}^{-1}$

58 $c(\text{H}_3\text{O}^+)\cdot c(\text{OH}^-) = 1\cdot 10^{-14}\,\text{mol}^2\cdot\text{L}^{-2}$

$\qquad c(\text{H}_3\text{O}^+) = \dfrac{1\cdot 10^{-14}\,\text{mol}^2\cdot\text{L}^{-2}}{1\cdot 10^{-2}\,\text{mol}^2\cdot\text{L}^{-2}} = 1\cdot 10^{-12}\,\text{mol}\cdot\text{L}^{-1}$

59 **a** $c(\text{H}_3\text{O}^+) = c(\text{HCl}) = 0,2\,\text{mol}\cdot\text{L}^{-1}$

$\qquad \text{pH} = -\log c(\text{H}_3\text{O}^+)$

$\qquad \text{pH} = -\log 0,2 = 0,70$

b $c(\text{OH}^-) = c(\text{NH}_3) = 0,75\,\text{mol}\cdot\text{L}^{-1}$

$\qquad \text{pOH} = -\log c(\text{OH}^-)$

$\qquad \text{pOH} = -\log 0,75 = 0,12$

$\qquad \text{pH} + \text{pOH} = 14 \implies \text{pH} = 14 - \text{pOH} = 14 - 0,12 = 13,88$

c $c(\text{H}_3\text{O}^+) = c(\text{HNO}_3) = 0,01\,\text{mol}\cdot\text{L}^{-1}$

$\qquad \text{pH} = -\log c(\text{H}_3\text{O}^+) = -\log 0,01 = 2$

60 $n(\text{NaOH}) = \dfrac{m(\text{NaOH})}{M(\text{NaOH})} = \dfrac{5\,\text{g}}{40\,\text{g}\cdot\text{mol}^{-1}} = 0,13\,\text{mol}$

$\qquad c(\text{NaOH}) = \dfrac{n(\text{NaOH})}{V(\text{H}_2\text{O})} = \dfrac{0,13\,\text{mol}}{0,2\,\text{L}} = 0,65\,\text{mol}\cdot\text{L}^{-1}$

$\text{HCl} + \text{NaOH} \longrightarrow \text{NaCl} + \text{H}_2\text{O}$

$n(\text{HCl}) = n(\text{NaOH}) = 0,13\,\text{mol}$

$$V(HCl) = \frac{n(HCl)}{c(HCl)} = \frac{0{,}13\,mol}{0{,}5\,mol \cdot L^{-1}} = 0{,}26\,L$$

61 $\quad H_2SO_4 \; + \; 2\,NaOH \longrightarrow Na_2SO_4 \; + \; 2\,H_2O$

$n(H_2SO_4) : n(NaOH) = 1 : 2$

$n(NaOH) = c(NaOH) \cdot V(NaOH) = 0{,}5\,mol \cdot L^{-1} \cdot 8 \cdot 10^{-3}\,L = 4 \cdot 10^{-3}\,mol$

$$n(H_2SO_4) = \frac{n(NaOH)}{2} = \frac{4 \cdot 10^{-3}\,mol}{2} = 2 \cdot 10^{-3}\,mol$$

$$n(H_2SO_4) = \frac{n(H_2SO_4)}{V(H_2SO_4)} = \frac{2 \cdot 10^{-3}\,mol}{0{,}02\,L} = 0{,}1\,mol \cdot L^{-1}$$

62 **a** Ox.: $\qquad$ Na $\qquad\qquad\longrightarrow$ Na$^+$ + e$^-$ $\quad | \cdot 2$

$\qquad\quad$ Red.: $\qquad Cl_2$ + 2 e$^-$ $\longrightarrow$ 2 Cl$^-$

$\qquad\quad$ Redox.: $\quad$ 2 Na + Cl_2 $\longrightarrow$ 2 Na$^+$ + 2 Cl$^-$

$\quad$ **b** Ox.: $\qquad$ Al $\qquad\qquad\longrightarrow$ Al^{3+} + 3e$^-$ $\quad | \cdot 4$

$\qquad\quad$ Red.: $\qquad O_2$ + 4 e$^-$ $\longrightarrow$ 2 O^{2-}

$\qquad\quad$ Redox.: $\quad$ 4 Al + 3 O_2 $\longrightarrow$ 4 Al^{3+} + 6 O^{2-}

63

	Reduktionsmittel	Oxidationsmittel
Paar 1	Na	Na$^+$
Paar 2	Cl$^-$	Cl_2
Paar 1	Al	Al^{3+}
Paar 2	O^{2-}	O_2

64 $\quad$ $\overset{+I}{}\overset{-II}{}\quad \overset{-IV}{}\overset{+I}{}\quad \overset{-III}{}\overset{+I}{}\quad \overset{-II}{}\overset{+I}{}\quad \overset{+II}{}\overset{-I}{}\quad \overset{+I}{}\overset{+VI}{}\overset{-II}{}\quad \overset{+I}{}\overset{+V}{}\overset{-II}{}\quad \overset{+I}{}\overset{-I}{}\quad \overset{+I}{}\overset{-I}{}\quad \overset{+I}{}\overset{-I}{}\quad \overset{+IV}{}\overset{-II}{}\quad \overset{+I}{}\overset{+III}{}\overset{-II}{}\quad \overset{+V}{}\overset{-II}{}\quad \overset{+I}{}\overset{-II}{}$

$\qquad H_2O, \; CH_4, \; NH_3, \; OCl_2, \; OF_2, \; H_2SO_4, \; HNO_3, \; H_2O_2, \; NaH, \; KBr, \; CO_3^{2-} \; H_2PO_3^- \; NO_3^-, \; N_2O$

65 $\quad \overset{-III}{C}H_3 - \overset{-II}{C}H_2 - \overset{0}{C}HOH - \overset{I}{C}HO, \qquad \overset{-III}{C}H_3 - \overset{0}{C}(\overset{-III}{C}H_3)_2 - \overset{III}{C}OOH, \qquad \overset{-I}{C}H_2OH - \overset{II}{C}O - \overset{-III}{C}H_3$

66 $\quad$ Ox.: $\qquad \overset{0}{Al} \longrightarrow \overset{+III}{Al}{}^{3+}$ + 3 e$^-$

$\qquad\quad$ Red.: $\quad \overset{+III}{Fe}{}^{3+}$ + 3 e$^-$ $\longrightarrow \overset{0}{Fe}$

$\qquad\quad$ Redox.: $\quad$ Al + Fe^{3+} $\longrightarrow$ Al^{3+} + Fe

67

Ox.: $\overset{+IV\ -II}{SO_3^{2-}}$ + 2 OH$^-$ $\longrightarrow$ $\overset{+VI\ -II}{SO_4^{2-}}$ + 2 e$^-$ + H$_2$O

Red.: $\overset{+VII\ -II}{MnO_4^-}$ + e$^-$ $\longrightarrow$ $\overset{+VI}{MnO_4^{2-}}$ $\quad\big|\cdot 2$

Redox.: 2 MnO$_4^-$ + 2 e$^-$ + SO$_3^{2-}$ + 2 OH$^-$ $\longrightarrow$ 2 MnO$_4^{2-}$ + SO$_4^{2-}$ + 2 e$^-$ + H$_2$O

Redox.: 2 MnO$_4^-$ + SO$_3^{2-}$ + 2 OH$^-$ $\longrightarrow$ 2 MnO$_4^{2-}$ + SO$_4^{2-}$ + H$_2$O

68

Ox.: $\overset{+I\ -II}{H_2S}$ + 2 H$_2$O $\longrightarrow$ $\overset{0}{S}$ + 2 e$^-$ + 2 H$_3$O$^+$ $\quad\big|\cdot 3$

Red.: $\overset{+I\ +V\ -II}{HNO_3}$ + 3 e$^-$ + 3 H$_3$O$^+$ $\longrightarrow$ $\overset{+II\ -II}{NO}$ + 5 H$_2$O $\quad\big|\cdot 2$

Redox.: 2 HNO$_3$ + 6 e$^-$ + 6 H$_3$O$^+$ + 3 H$_2$S + 6 H$_2$O $\longrightarrow$ 2 NO + 10 H$_2$O + 3 S + 6 e$^-$ + 6 H$_3$O$^+$

Redox.: 2 HNO$_3$ + 3 H$_2$S $\longrightarrow$ 2 NO + 4 H$_2$O + 3 S

69

Ox.: $\overset{0}{Cu}$ $\longrightarrow$ $\overset{+II}{Cu^{2+}}$ + 2 e$^-$

Red.: $\overset{+I\ +V\ -II}{HNO_3}$ + e$^-$ + H$_3$O$^+$ $\longrightarrow$ $\overset{+IV\ -II}{NO_2}$ + 2 H$_2$O $\quad\big|\cdot 2$

Redox.: 2 HNO$_3$ + 2 e$^-$ + 2 H$_3$O$^+$ + Cu $\longrightarrow$ 2 NO$_2$ + 4 H$_2$O + 2 e$^-$ + Cu^{2+}

Redox.: 2 HNO$_3$ + 2 H$_3$O$^+$ + Cu $\longrightarrow$ 2 NO$_2$ + 4 H$_2$O + Cu^{2+}

70

Ox.: $\overset{-I\ +I\ -II\ +I}{CH_3-CH_2OH}$ + 2 H$_2$O $\longrightarrow$ $\overset{+I\ +I\ -II}{CH_3-CHO}$ + 2 e$^-$ + 2 H$_3$O$^+$ $\big|\cdot 3$

Red.: $\overset{+VI\ -II}{Cr_2O_7^{2-}}$ + 6 e$^-$ + 14 H$_3$O$^+$ $\longrightarrow$ $\overset{+III}{2\,Cr^{3+}}$ + 21 H$_2$O

Redox.: 3 CH$_3$-CH$_2$OH + 6 H$_2$O + Cr$_2$O$_7^{2-}$ + 6 e$^-$ + 14 H$_3$O$^+$ $\longrightarrow$

$\qquad$ 3 CH$_3$-CHO + 21 H$_2$O + 2 Cr^{3+} + 6 e$^-$ + 6 H$_3$O$^+$

Redox.: 3 CH$_3$-CH$_2$OH + Cr$_2$O$_7^{2-}$ + 8 H$_3$O$^+$ $\longrightarrow$ 3 CH$_3$-CHO + 2 Cr^{3+} + 15 H$_2$O

71 a

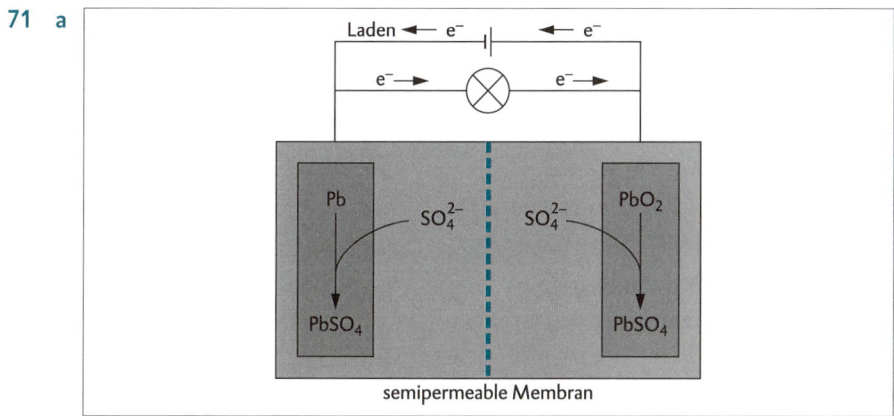

semipermeable Membran

b

$\overset{+IV\ -II}{\text{Red.:}\quad PbO_2}\ +\ SO_4^{2-}\ +\ 2\,e^-\ +\ 4\,H_3O^+ \quad\longrightarrow\quad \overset{+II\ -II}{PbSO_4}\ +\ 6\,H_2O$

$\overset{0}{\text{Ox.:}\quad Pb}\ +\ SO_4^{2-} \quad\longrightarrow\quad \overset{+II\ -II}{PbSO_4}\ +\ 2\,e^-$

Redox.: $PbO_2 + SO_4^{2-} + 2\,e^- + 4\,H_3O^+ + Pb + SO_4^{2-} \quad\longrightarrow\quad PbSO_4 + 6\,H_2O + PbSO_4 + 2\,e^-$

Redox.: $PbO_2 + 2\,SO_4^{2-} + 4\,H_3O^+ + Pb \quad\longrightarrow\quad 2\,PbSO_4 + 6\,H_2O$

72

$\overset{+III\ -II\ -II\ +I}{\text{Red.:}\quad NiO(OH)}\ +\ e^-\ +\ H_2O \quad\longrightarrow\quad \overset{+II\ -II\ +I}{Ni(OH)_2}\ +\ OH^- \qquad |\ \cdot 2$

$\overset{0}{\text{Ox.:}\quad Cd}\ +\ 2\,OH^- \quad\longrightarrow\quad \overset{+II\ -II\ +I}{Cd(OH)_2}\ +\ 2\,e^-$

Redox.: $2\,NiO(OH) + 2\,e^- + 2\,H_2O + Cd + 2\,OH^- \quad\longrightarrow\quad 2\,Ni(OH)_2 + 2\,OH^- + Cd(OH)_2 + 2\,e^-$

Redox.: $2\,NiO(OH) + 2\,H_2O + Cd \quad\longrightarrow\quad 2\,Ni(OH)_2 + Cd(OH)_2$

73

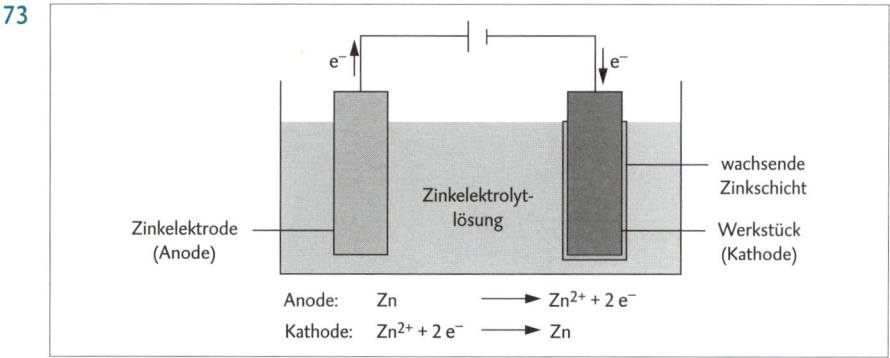

Zinkelektrolyt-lösung

wachsende Zinkschicht

Zinkelektrode (Anode)

Werkstück (Kathode)

Anode: $Zn \quad\longrightarrow\quad Zn^{2+} + 2\,e^-$

Kathode: $Zn^{2+} + 2\,e^- \quad\longrightarrow\quad Zn$

74 $m_T(Al_2O_3) = 2 \cdot 26{,}98\,u + 3 \cdot 16{,}00\,u = 101{,}96\,u$

$m_T(NaCl) = 22{,}99\,u + 35{,}45\,u = 58{,}44\,u$

$m_T(SO_2) = 32{,}07\,u + 2 \cdot 16{,}00\,u = 64{,}07\,u$

$m_T(H_2SO_4) = 2 \cdot 1{,}01\,u + 32{,}07\,u + 4 \cdot 16\,u = 98{,}09\,u$

$m_T(SiO_2) = 28{,}09\,u + 2 \cdot 16{,}00\,u = 60{,}09\,u$

$m_T(Ca(OH)_2 = 40{,}08\,u + 2 \cdot 16{,}00\,u + 2 \cdot 1{,}01\,u = 74{,}10\,u$

$m_T(H_3PO_4) = 3 \cdot 1{,}01\,u + 30{,}97\,u + 4 \cdot 16\,u = 98{,}00\,u$

$m_T(KI) = 39{,}10\,u + 126{,}90\,u = 166{,}00\,u$

$m_T(CH_4) = 12{,}01\,u + 4 \cdot 1{,}01\,u = 16{,}05\,u$

75 $N(H_2O) = n(H_2O) \cdot N_A = 3\,mol \cdot 6{,}022 \cdot 10^{23}\,mol^{-1} = 1{,}81 \cdot 10^{24}$

$N(NaCl) = n(NaCl) \cdot N_A = 0{,}5\,mol \cdot 6{,}022 \cdot 10^{23}\,mol^{-1} = 3{,}01 \cdot 10^{23}$

$N(O_2) = n(O_2) \cdot N_A = 1{,}8\,mol \cdot 6{,}022 \cdot 10^{23}\,mol^{-1} = 1{,}08 \cdot 10^{24}$

76 $m(H_2O) = n(H_2O) \cdot M(H_2O) = 0{,}5\,mol \cdot 18{,}02\,g \cdot mol^{-1} = 9{,}01\,g$

$m(Al_2O_3) = n(Al_2O_3) \cdot M(Al_2O_3) = 2{,}5\,mol \cdot 101{,}96\,g \cdot mol^{-1} = 254{,}90\,g$

$m(H_3PO_4) = n(H_3PO_4) \cdot M(H_3PO_4) = 5\,mol \cdot 98\,g \cdot mol^{-1} = 490{,}00\,g$

77 $V(H_2O) = 1L \;\Rightarrow\; m(H_2O) = 1000\,g$ da $\rho(H_2O) = 1kg \cdot L^{-1}$

$$n(H_2O) = \frac{m(H_2O)}{M(H_2O)} = \frac{1000\,g}{18{,}02\,g \cdot mol^{-1}} = 55{,}49\,mol$$

78 $$M(X) = \frac{m(X)}{n(X)} = \frac{0{,}5\,g}{1{,}97 \cdot 10^{-3}\,mol} = 253{,}80\,g \cdot mol^{-1}$$

Da es kein Atom mit der Masse 253,80 u gibt, muss es sich um ein Element handeln, das aus Molekülen aufgebaut ist:

$M(X_2) = 253{,}80\,g \cdot mol^{-1} \;\Rightarrow\; M(X) = 126{,}90\,g \cdot mol^{-1}$

$\Rightarrow$ Bei dem gesuchten Element handelt es sich um Iod.

79 $m(C_7H_{16}) = \rho(C_7H_{16}) \cdot V(C_7H_{16}) = 680\,g \cdot L^{-1} \cdot 0{,}5\,L = 340{,}00\,g$

$$n(C_7H_{16}) = \frac{m(C_7H_{16})}{M(C_7H_{16})} = \frac{340\,g}{100{,}23\,g \cdot mol^{-1}} = 3{,}39\,mol$$

80 $$n(CO_2) = \frac{m(CO_2)}{M(CO_2)} = \frac{100\,000\,g}{44{,}01\,g \cdot mol^{-1}} = 2\,272{,}21\,mol$$

$V(CO_2) = n(CO_2) \cdot V_M = 2\,272{,}21\,mol \cdot 22{,}4\,L \cdot mol^{-1} = 50\,897{,}50\,L$

81 $\quad n(\text{NaCl}) = \dfrac{m(\text{NaCl})}{M(\text{NaCl})} = \dfrac{29,22\,\text{g}}{58,44\,\text{g}\cdot\text{mol}^{-1}} = 0,5\,\text{mol}$

$\quad\ c(\text{NaCl}) = \dfrac{n(\text{NaCl})}{V(\text{NaCl})} = \dfrac{0,5\,\text{mol}}{0,1\,\text{L}} = 5\,\text{mol}\cdot\text{L}^{-1}$

82 $\quad 4\,\text{Al} + 3\,\text{O}_2 \longrightarrow 2\,\text{Al}_2\text{O}_3$

$\quad \dfrac{n(\text{Al})}{n(\text{O}_2)} = \dfrac{4}{3}$

$\quad n(\text{Al}) = \dfrac{m(\text{Al})}{M(\text{Al})} = \dfrac{13,5\,\text{g}}{26,98\,\text{g}\cdot\text{mol}^{-1}} = 0,50\,\text{mol}$

$\quad \Rightarrow n(\text{O}_2) = \dfrac{3}{4}\cdot n(\text{Al}) = \dfrac{3}{4}\cdot 0,5\,\text{mol} = 0,38\,\text{mol}$

$\quad V(\text{O}_2) = n(\text{O}_2)\cdot V_\text{m} = 0,38\,\text{mol}\cdot 22,4\,\text{L}\cdot\text{mol}^{-1} = 8,51\,\text{L}$

Da der Sauerstoffanteil in der Luft nur ca. 21 % beträgt, gilt:

$\quad V(\text{Luft}) = \dfrac{V(\text{O}_2)}{21}\cdot 100 = \dfrac{8,5\,\text{L}}{21}\cdot 100 = 40,48\,\text{L}$

83 $\quad \text{N}_2\text{H}_4 + \text{O}_2 \longrightarrow \text{N}_2 + 2\,\text{H}_2\text{O}$

Hinweis: Bei den vorliegenden Temperaturen liegt Wasser gasförmig vor $\Rightarrow$
$n(\text{Gase}) = n(\text{N}_2) + n(\text{H}_2\text{O})$

$\quad n(\text{N}_2\text{H}_4) : \underbrace{n(\text{N}_2) + n(\text{H}_2\text{O})}_{n(\text{Gase})} = 1 : 3$

$\quad n(\text{N}_2\text{H}_4) = \dfrac{m(\text{N}_2\text{H}_4)}{M(\text{N}_2\text{H}_4)} = \dfrac{64,00\,\text{g}}{32,06\,\text{g}\cdot\text{mol}^{-1}} = 2,00\,\text{mol}$

$\quad n(\text{Gase}) = n(\text{N}_2\text{H}_4)\cdot 3 = 6,00\,\text{mol}$

$\quad V(\text{Gase}) = n(\text{Gase})\cdot(V_\text{M}\cdot 12) = 6\,\text{mol}\cdot 22,4\,\text{L}\cdot\text{mol}^{-1}\cdot 12 = 1612,80\,\text{L}$

84 $\quad 2\,\text{HBr} + \text{H}_2\text{SO}_4 \longrightarrow \text{Br}_2 + \text{SO}_2 + 2\,\text{H}_2\text{O}$

$\quad \dfrac{n(\text{HBr})}{n(\text{Br}_2)} = \dfrac{2}{1}$

Umrechnung: $1\,\text{L} = 1\,\text{dm}^3 = 1000\,\text{cm}^3$

$\quad m(\text{Br}_2) = \rho(\text{Br}_2)\cdot V(\text{Br}_2) = 3,12\,\text{g}\cdot\text{cm}^{-3}\cdot 1\,\text{L} = 3,12\,\text{g}\cdot\text{cm}^{-3}\cdot 1000\,\text{cm}^3 = 3120\,\text{g}$

$\quad n(\text{Br}_2) = \dfrac{m(\text{Br}_2)}{M(\text{Br}_2)} = \dfrac{3120\,\text{g}}{159,8\,\text{g}\cdot\text{mol}^{-1}} = 19,52\,\text{mol}$

$\quad \Rightarrow n(\text{HBr}) = n(\text{Br}_2)\cdot 2 = 19,52\,\text{mol}\cdot 2 = 39,04\,\text{mol}$

$\quad V(\text{HBr}) = n(\text{HBr})\cdot V_\text{M} = 39,04\,\text{mol}\cdot 24,04\,\text{L}\cdot\text{mol}^{-1} = 938,52\,\text{L}$

85 $C_6H_{12}O_6 \longrightarrow 2\,C_2H_5OH + 2\,CO_2$

$$\frac{n(C_2H_5OH)}{n(C_6H_{12}O_6)} = \frac{2}{1}$$

$$n(C_6H_{12}O_6) = \frac{m(C_6H_{12}O_6)}{M(C_6H_{12}O_6)} = \frac{10\,000\,g}{180{,}18\,g \cdot mol^{-1}} = 55{,}50\,mol$$

$$\Rightarrow n(C_2H_5OH) = n(C_6H_{12}O_6) \cdot 2 = 55{,}5\,mol \cdot 2 = 111\,mol$$

$$m(C_2H_5OH) = n(C_2H_5OH) \cdot M(C_2H_5OH) = 111\,mol \cdot 46{,}08\,g \cdot mol^{-1} = 5\,114{,}88\,g = ca.\,5{,}1\,kg$$

86 **a** $n(C_6H_{12}O_6) = \dfrac{E_i}{E_M} = \dfrac{-282{,}42\,kJ}{-2\,831\,kJ \cdot mol^{-1}} = 0{,}10\,mol$

$$m(C_6H_{12}O_6) = n(C_6H_{12}O_6) \cdot M(C_6H_{12}O_6) = 0{,}10\,mol \cdot 180{,}18\,g \cdot mol^{-1} = 18{,}02\,g$$

b $C_6H_{12}O_6 + 6\,O_2 \longrightarrow 6\,CO_2 + 6\,H_2O$

$n(C_6H_{12}O_6) : n(O_2) = 1:6$

$n(C_6H_{12}O_6) = 0{,}1\,mol$ (s. Aufgabe 12a)

$\Rightarrow n(O_2) = n(C_6H_{12}O_6) \cdot 6 = 0{,}1\,mol \cdot 6 = 0{,}6\,mol$

$V(O_2) = n(O_2) \cdot V_M = 0{,}6\,mol \cdot 25{,}43\,L \cdot mol^{-1} = 15{,}26\,L$

87 **a**

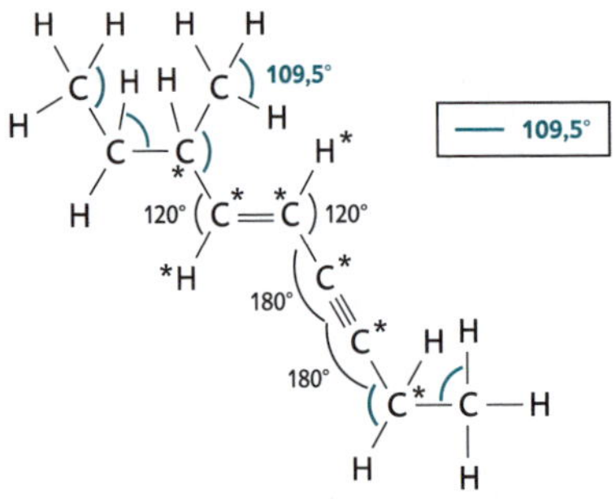

b

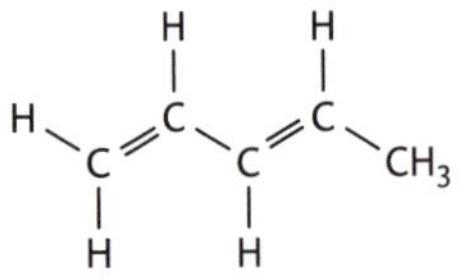

oder

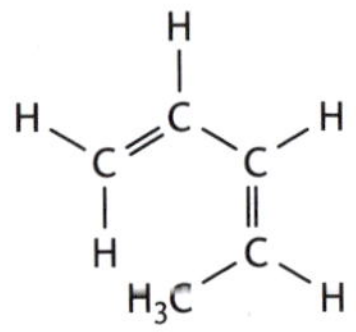

88 **a**

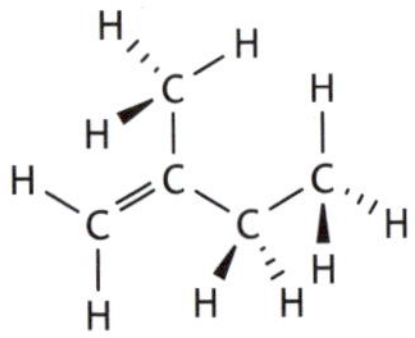

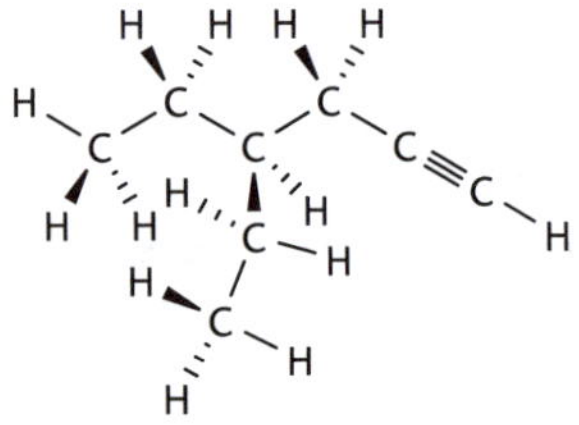

b   2-Methylbut-1-en   4-Ethylhex-1-in

89 Konstitutionsisomere sind Verbindungen mit gleicher Summenformel, wobei
die Atome in den Molekülen der entsprechenden Verbindungen unterschiedlich miteinander verknüpft sind.
Konstitutionsisomere sind (1); (4); (6) und (2); (3)

90 (1) *n*-Heptan

(2) 2-Methylbutan

(3) 2,2-Dimethylpropan

(4) 3,3-Dimethylpentan

(5) 3-Methylheptan

(6) 3-Ethylpentan

91 a

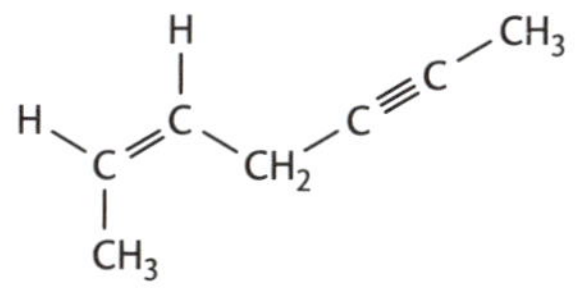

b

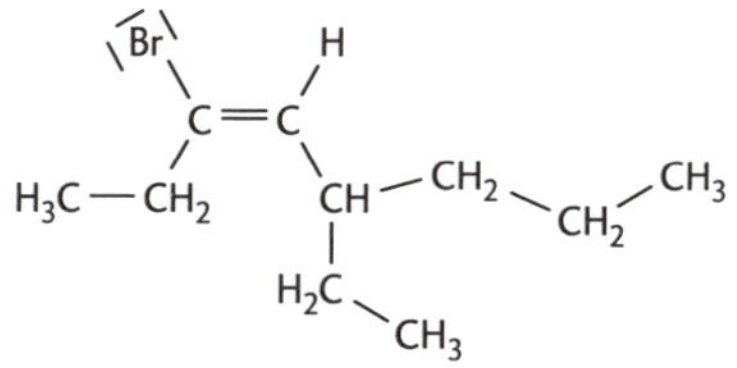

92   richtig   falsch

a Kohlenwasserstoffe sind gut in Fett löslich, da sie ebenfalls ~~polare~~ **unpolare** Wechselwirkungen aufweisen.   ☐   ☒

b Kohlenwasserstoffe weisen mit steigender Kettenlänge
stärkere VAN-DER-WAALS-Kräfte auf.   ☒   ☐

c Die Siedetemperatur von isomeren Alkanen steigt mit
~~zunehmendem~~ **abnehmenden** Verzweigungsgrad, da
sich so mehr VAN-DER-WAALS-Kräfte ausbilden können.   ☐   ☒

93 c < b < d < f < a < e

Je schwächer die VAN-DER-WAALS-Kräfte sind, desto weniger Energie muss man beim Erhitzen aufwenden, um die Moleküle voneinander zu trennen und den Stoff zum Sieden zu bringen.

Die VAN-DER-WAALS-Kräfte sind umso schwächer, je geringer die Masse eines Moleküls ist, da damit auch die Oberfläche kleiner wird. Bei isomeren Verbindungen ist der Siedepunkt umso kleiner, je mehr Verzweigungen auftreten, da dann die VAN-DER-WAALS-Kräfte aufgrund geringerer Anlagerungsfläche schlechter ausgebildet werden können.

Deshalb besitzen die Stoffe mit der Summenformel C_5H_{12} die geringsten Siedepunkte. Da das Molekül (3) jedoch mehr Verzweigungen aufweist, hat der zugehörige Stoff einen niedrigeren als der von Molekül (2). Es schließen sich die Stoffe mit der Summenformel C_7H_{16} an, von denen aufgrund der Anzahl der Verzweigungen in den jeweiligen Molekülen erst (4), dann (6) und schließlich (1) siedet. Es folgt der Stoff von Molekül e), der die größte Masse aufweist.

94 Für den Stoff mit der Summenformel C_4H_{10} gibt es zwei Isomere: das unverzweigte n-Butan und das verzweigte Methylpropan. Nachdem die Moleküle der unverzweigten Form eine größere Oberfläche aufweisen und damit besser VAN-DER-WAALS-Kräfte ausbilden können, besitzt dieser Stoff einen höheren Siedepunkt als Methylpropan, da die Wechselwirkungen durch größeren Energieaufwand überwunden werden müssen.

95 $C_3H_8 + 5\,O_2 \longrightarrow 3\,CO_2 + 4\,H_2O$

Im Vergleich zur hier gezeigten vollständigen Verbrennung entstehen bei der unvollständigen nicht nur Kohlenstoffdioxid und Wasser, sondern auch kürzerkettige Kohlenwasserstoffe, Ruß und Kohlenstoffmonooxid. Sie tritt auf, wenn nicht genügend Sauerstoff vorhanden ist. Beide Arten von Verbrennungen sind Oxidationsreaktionen.

96 Es tritt eine elektrophile Addition auf:

$$HC \equiv C - CH_3 \quad + \quad |\overline{Br} - \overline{Br}| \quad \longrightarrow \quad HC \equiv C - CH_3$$

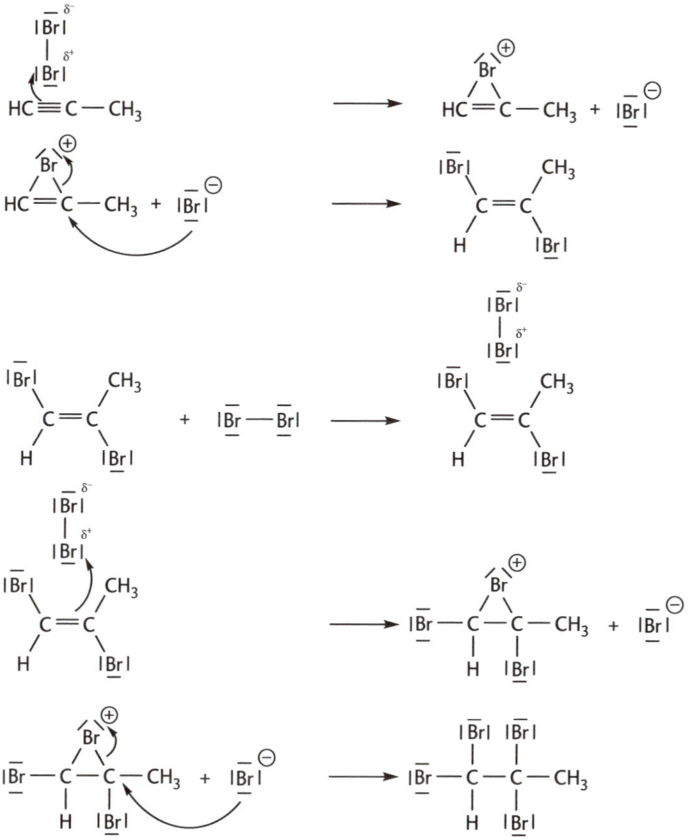

[Reaktionsmechanismen – chemische Strukturformeln]

97 **a** Es wird Licht benötigt.

b Startreaktion:

$$|\overline{Cl}-\overline{Cl}| \xrightarrow{\text{Licht}} 2\ |\overline{Cl}\cdot$$

Kettenreaktion:

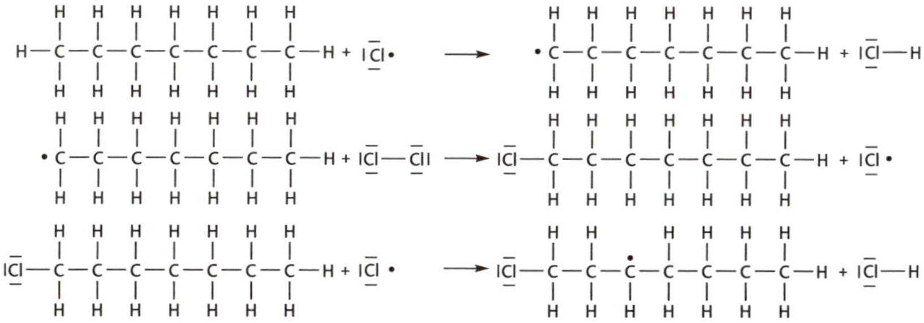

[chemische Reaktionsgleichungen mit Strukturformeln]

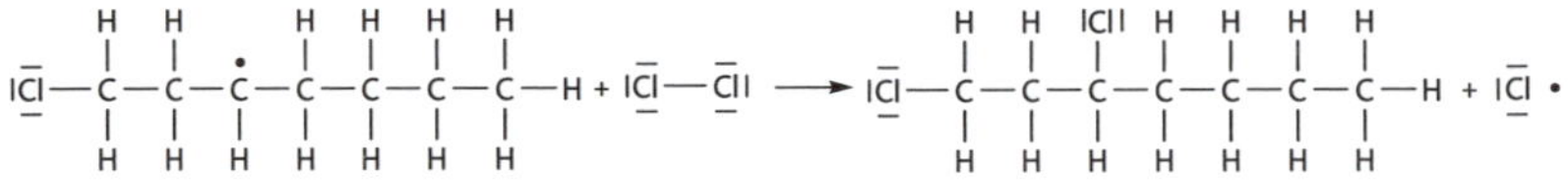

möglige Abbruchreaktion:

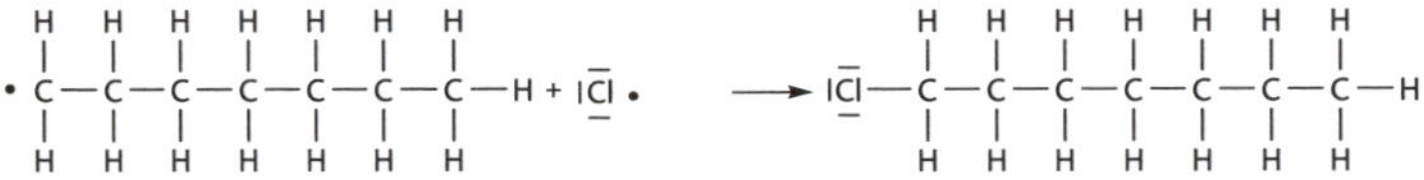

98 Propen reagiert als Alken nach dem Mechanismus der elektrophilen Addition unter Auflösung der C–C-Doppelbindung zu 1,2-Dichlorpropan:

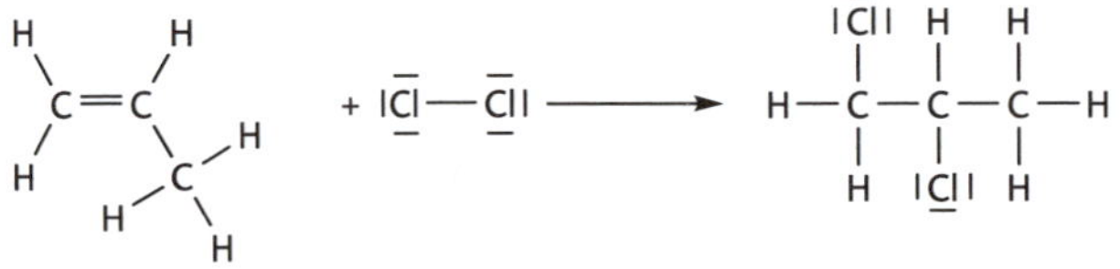

Anschließend reagiert das 1,2-Dichlorpropan unter Belichtung nach dem Mechanismus der radikalischen Substitution weiter zu 1,2,3-Trichlorpropan:

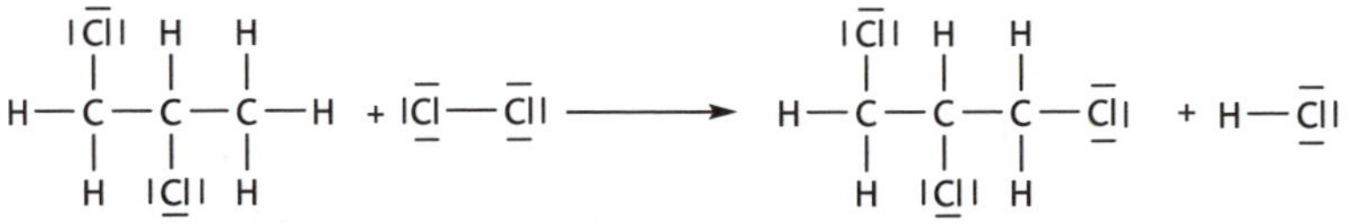

1,1,3-Trichlorpropan kann nicht entstehen, da durch die hohe Elektronendichte der Doppelbindung zwingend eine elektrophile Addition abläuft und nach diesem Mechanismus die Chloratome immer in Position 1 und 2 addiert werden.1,2,2-Trichlorpropan kann hingegen entstehen, da bei der radikalischen Substitution im Anschluss jedes beliebige Wasserstoffatom ausgetauscht werden kann.

		richtig	falsch
99	**a** Hexandisäure ist im Gegensatz zu Hexansäure besser wasserlöslich, da der polare Molekülanteil größer ist.	☒	☐
	b Die Viskosität von Alkoholen gleicher Kettenlänge nimmt mit steigender Anzahl an Hydroxygruppen ~~ab~~ zu.	☐	☒

b Die Viskosität von Alkoholen gleicher Kettenlänge nimmt mit steigender Anzahl an Hydroxygruppen ~~ab~~ zu.

Erklärung: *Die Anziehungskräfte der Moleküle werden stärker (vor allem aufgrund von Wasserstoffbrücken untereinander)*

c Die Siedetemperaturen der einwertigen Carbonsäuren sind ~~niedriger~~ höher als die der einwertigen Alkohole vergleichbarer Molekülmasse, da die Polarität der Carboxygruppe größer ist als die der Hydroxygruppe.

100 a

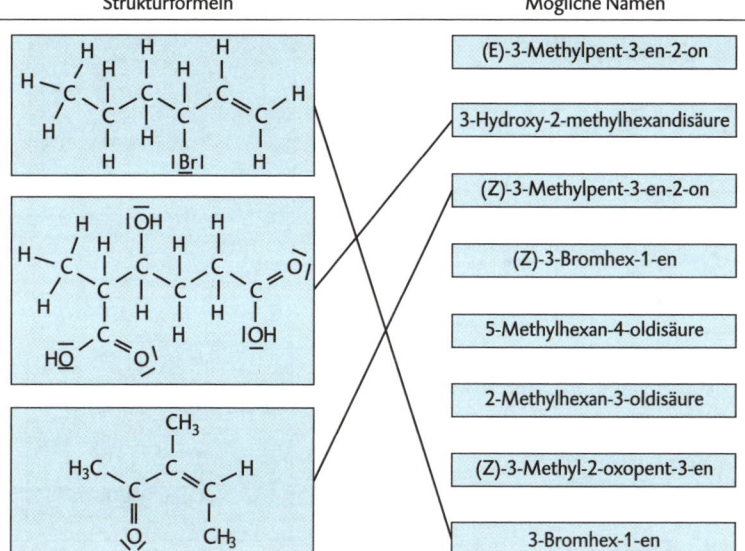

| Strukturformeln | Mögliche Namen |

(E)-3-Methylpent-3-en-2-on

3-Hydroxy-2-methylhexandisäure

(Z)-3-Methylpent-3-en-2-on

(Z)-3-Bromhex-1-en

5-Methylhexan-4-oldisäure

2-Methylhexan-3-oldisäure

(Z)-3-Methyl-2-oxopent-3-en

3-Bromhex-1-en

b 1: 6-Chlor-3-ethyl-4-methylhex-1-en-5-in

2: 3-Carboxypentandisäure

3: (Z)-2,4-Dimethylhex-3-en

101

H—C—C⟍ + NaOH ⟶ H—C—C⟍ + H₂O

Natriummethanoat   Wasser

102 Die Acidität bei Alkoholen ist geringer als bei Carbonsäuren. Dies liegt daran, dass bei Alkoholen das Wasserstoffatom der Hydroxygruppe nicht so stark polarisiert ist wie das der Carboxygruppe, da es bei der Hydroxygruppe keinen Elektronensog gibt. Dieser wird in der Carboxygruppe durch das Carbonylsauerstoffatom ausgelöst. Des Weiteren ist beim Alkoholation die negative Ladung am Sauerstoffatom zu finden, beim Carboxylation hingegen ist sie verteilt über die gesamte Carboxylatgruppe. Deshalb nehmen Alkoholationen im Gegensatz zu Carboxylationen leichter Protonen auf, das Alkoholation ist also weniger stabil als das Carboxylation.

103

Edukt	Produkt

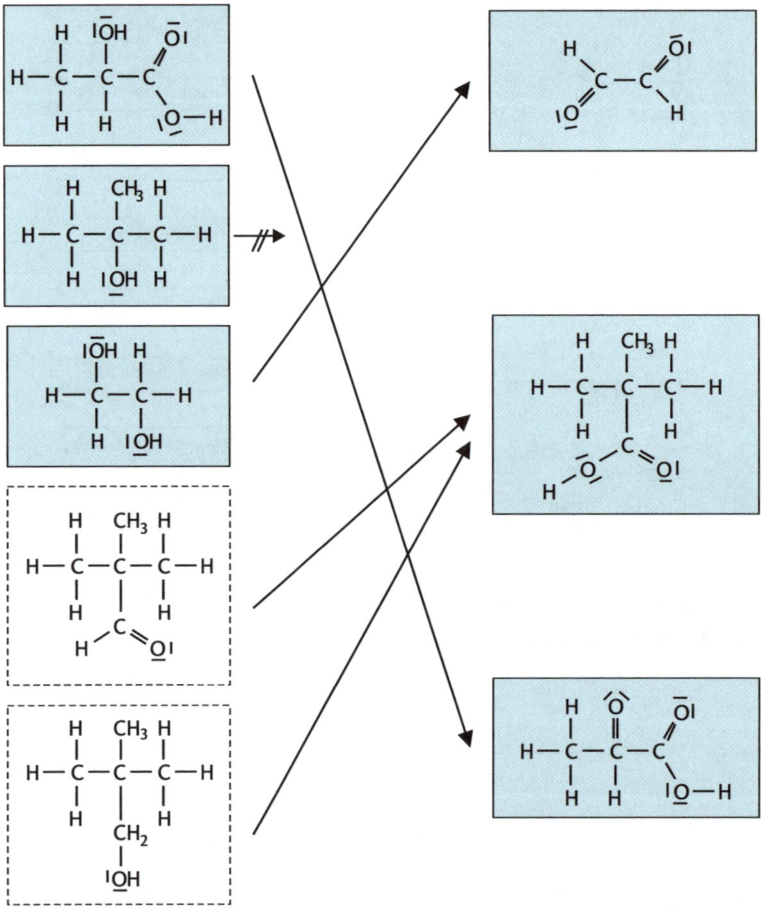

104

Oxidationszahlen	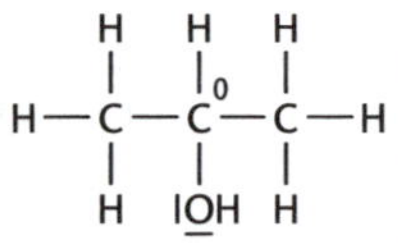 H H H H—C—C—C—H (0) H IOH H	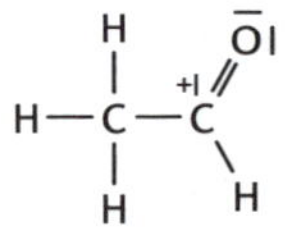 H O H—C—C (+I) H H	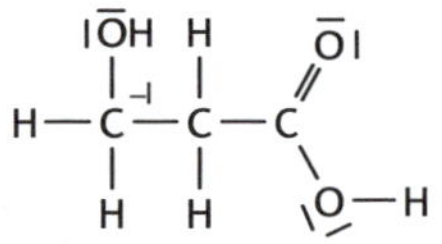 IOH H O H—C—C—C (-I) H H O—H
Stoffklasse	(sekundärer) Alkohol	Aldehyd	Carbonsäure mit Hydroxygruppe am primären C-Atom
Stoffklasse nach Oxidation	Keton	Carbonsäure	Carbonsäure mit Aldehydgruppe bzw. Dicarbonsäure

105

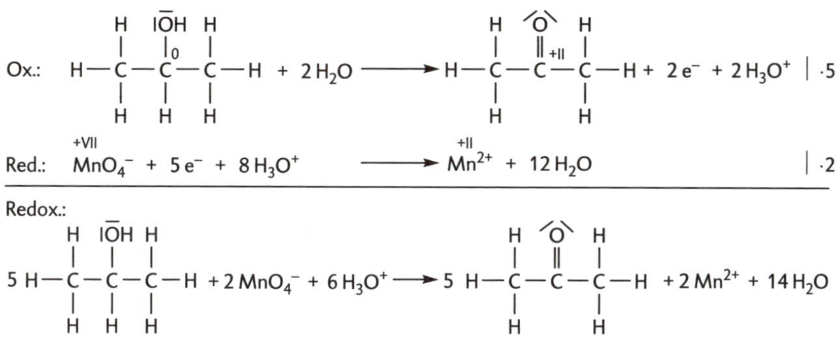

Ox.: (Oxidation equation with structural formulas)

$$5\,H_3C-CHOH-CH_3 + 2\,H_2O \longrightarrow ... + 2\,e^- + 2\,H_3O^+ \quad | \cdot 5$$

Red.: $MnO_4^- + 5\,e^- + 8\,H_3O^+ \longrightarrow Mn^{2+} + 12\,H_2O \quad | \cdot 2$

Redox.:

$$5\,H_3C-CHOH-CH_3 + 2\,MnO_4^- + 6\,H_3O^+ \longrightarrow 5\,H_3C-CO-CH_3 + 2\,Mn^{2+} + 14\,H_2O$$

106 **a** Zu einer Probe wird ammoniakalische Silbernitratlösung gegeben und gegebenenfalls etwas im Wasserbad erwärmt. Ist ein Aldehyd vorhanden, bildet sich an der Wand des Reaktionsgefäßes ein Silberspiegel aus.

b **Silberspiegelprobe** mit **Methanal:**

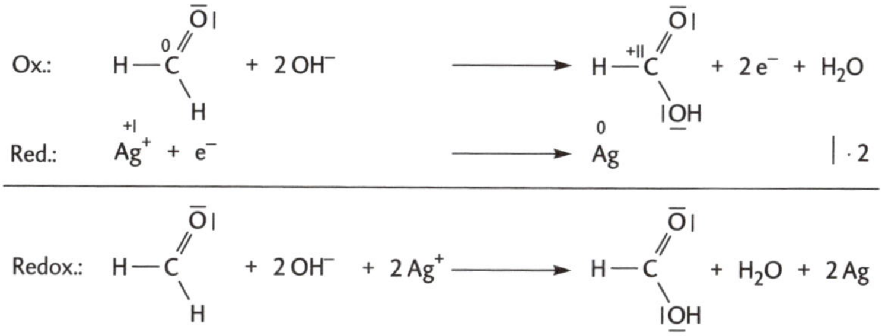

Ox.: $H-CHO + 2\,OH^- \longrightarrow H-COOH + 2\,e^- + H_2O$

Red.: $Ag^+ + e^- \longrightarrow Ag \quad | \cdot 2$

Redox.: $H-CHO + 2\,OH^- + 2\,Ag^+ \longrightarrow H-COOH + H_2O + 2\,Ag$

Silberspiegelprobe mit **Propanon:** keine Reaktion
Propanon ist ein Keton und kann deshalb nicht weiter oxidiert werden.

107 a

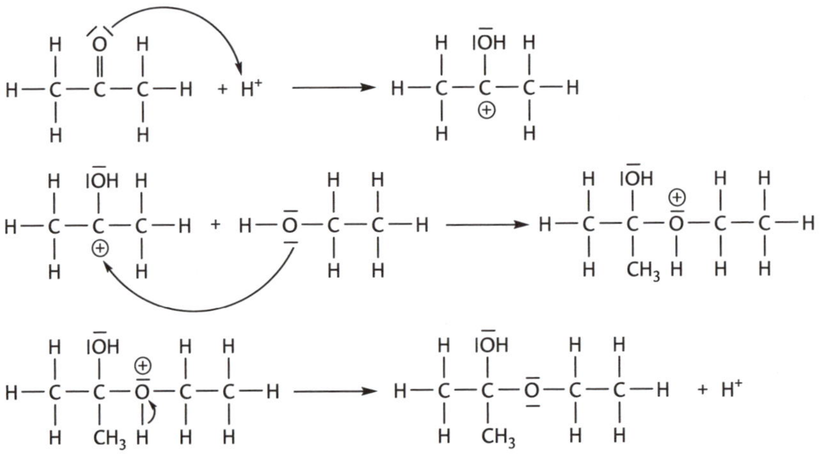

H—C—C—C—H + H⁺ ⟶ H—C—C—C—H

H—C—C—C—H + H—Ō—C—C—H ⟶ H—C—C—Ō—C—C—H

H—C—C—Ō—C—C—H ⟶ H—C—C—Ō—C—C—H + H⁺

b

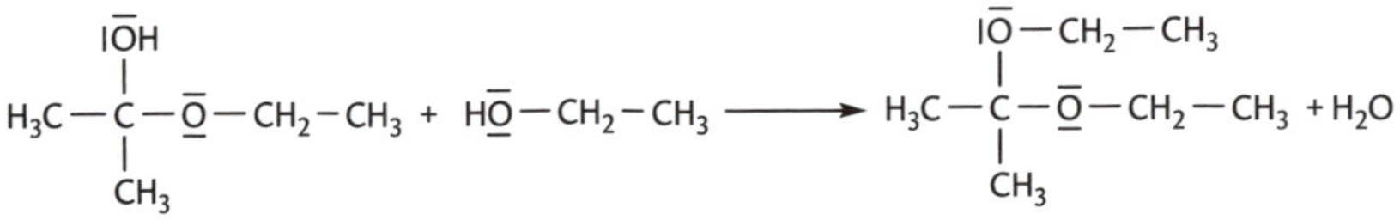

$H_3C-\overset{|\overline{O}H}{\underset{CH_3}{C}}-\overline{O}-CH_2-CH_3 + H\overline{O}-CH_2-CH_3 \longrightarrow H_3C-\overset{|\overline{O}-CH_2-CH_3}{\underset{CH_3}{C}}-\overline{O}-CH_2-CH_3 + H_2O$

108

H—C=ŌI
H—C—OH
HO—C—H
H—C—OH
H—C—OH
H₂C—OH

⟶

|ŌH
H—C—O
H—C—OH
HO—C—H
H—C—OH
H—C
H₂C—OH

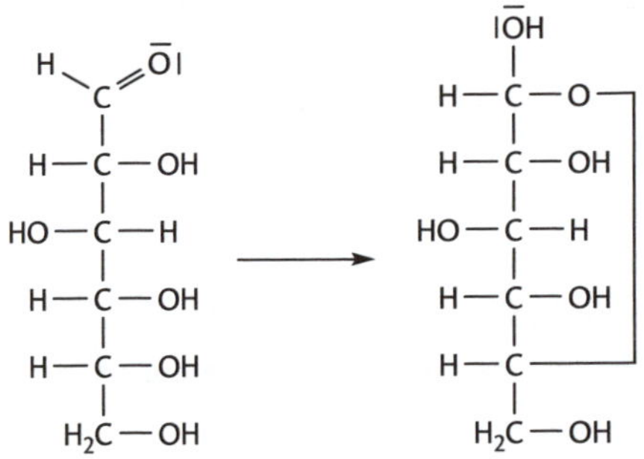

109

	Nukleophile Addition	Elektrophile Addition
Angreifendes Teilchen	Nukleophil = Elektronendonator mit freiem Elektronenpaar, z. B. $R-\overline{O}H, I\overline{O}H^{\ominus}$	Elektrophil = Elektronenakzeptor, z. B. $\overline{I}\,\overset{\oplus}{Br}$
angegriffene Stelle im Molekül	Positiv polarisiertes C-Atom bzw. aktivierte Carbonylgruppe	Doppel- bzw. Dreifachbindung

110 a

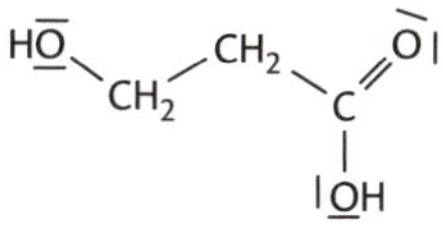

b

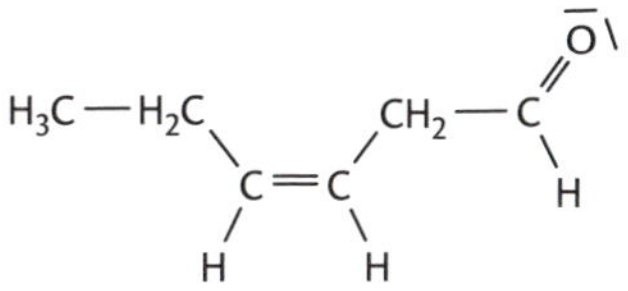

c

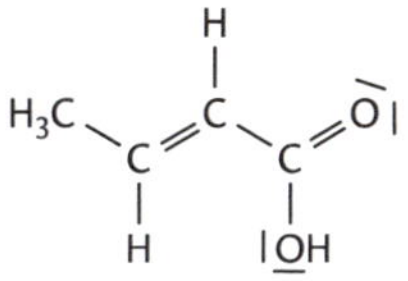

111

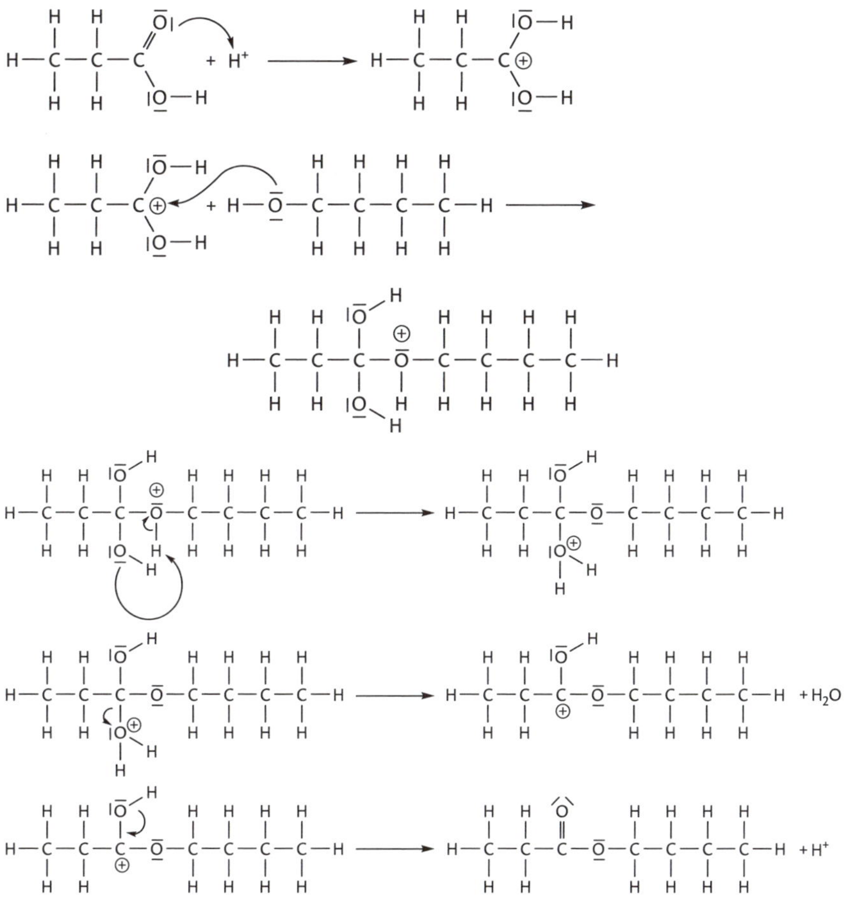

112 a

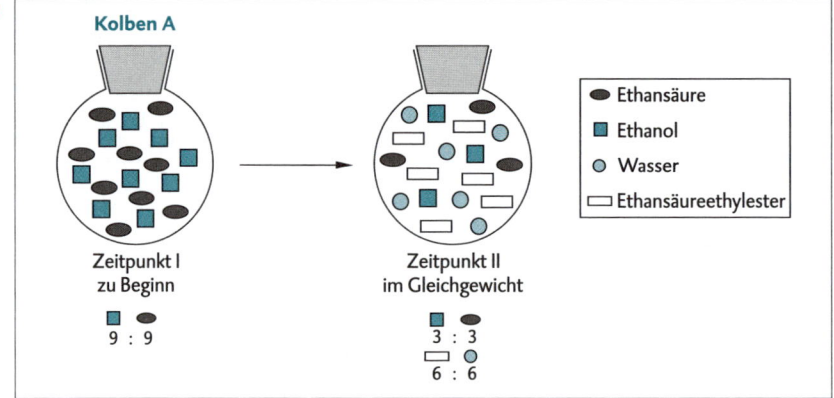

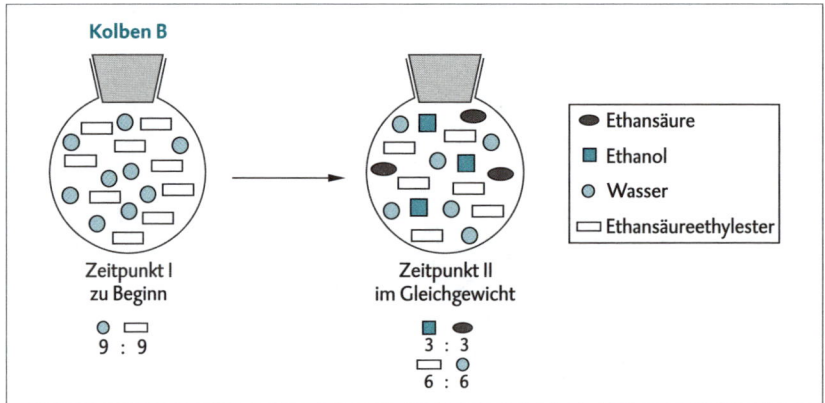

Erklärung: Nach Einstellung des Gleichgewichts (Zeitpunkt II) sind in Kolben A und B die jeweiligen Stoffmengenverhältnisse der vier Stoffe identisch. Die Gesamtanzahl der im jeweiligen Kolben vorhandenen Teilchen ist nach der Reaktion unverändert. Es liegen jeweils gleiche Mengen Ethansäure und Ethanol sowie Ethylsäureethylester und Wasser vor. Das genaue Stoffmengenverhältnis der Reaktionspartner hängt von der Lage des Gleichgewichts ab; in dieser beispielhaften Lösung wurde das Verhältnis von 3:6 Molekülen bei 9 Ausgangsmolekülen gewählt..

b **Kolben A**

Zeitpunkt I

$$H_3C-\overset{\overset{\displaystyle \bar{O}|}{\|}}{\underset{\displaystyle |\underline{O}H}{C}} \;+\; H_3C-CH_2-\bar{\underline{O}}H \;\longrightarrow\; H_3C-\overset{\overset{\displaystyle \bar{O}|}{\|}}{\underset{\displaystyle |\underline{O}-CH_2-CH_3}{C}} \;+\; H_2O$$

Zeitpunkt II

$$H_3C-C\overset{\overline{O}|}{\underset{|\underline{O}H}{{}}} + H_3C-CH_2-\overline{O}H \longrightarrow H_3C-C\overset{\overline{O}|}{\underset{|\underline{O}-CH_2-CH_3}{{}}} + H_2O$$

$$H_3C-C\overset{\overline{O}|}{\underset{|\underline{O}-CH_2-CH_3}{{}}} + H_2O \longrightarrow H_3C-C\overset{\overline{O}|}{\underset{|\underline{O}H}{{}}} + H_3C-CH_2-\overline{O}H$$

$$H_3C-C\overset{\overline{O}|}{\underset{|\underline{O}H}{{}}} + H_3C-CH_2-\overline{O}H \rightleftharpoons H_3C-C\overset{\overline{O}|}{\underset{|\underline{O}-CH_2-CH_3}{{}}} + H_2O$$

Kolben B

Zeitpunkt I

$$H_3C-C\overset{\overline{O}|}{\underset{|\underline{O}-CH_2-CH_3}{{}}} + H_2O \longrightarrow H_3C-C\overset{\overline{O}|}{\underset{|\underline{O}H}{{}}} + H_3C-CH_2-\overline{O}H$$

Zeitpunkt II

$$H_3C-C\overset{\overline{O}|}{\underset{|\underline{O}-CH_2-CH_3}{{}}} + H_2O \longrightarrow H_3C-C\overset{\overline{O}|}{\underset{|\underline{O}H}{{}}} + H_3C-CH_2-\overline{O}H$$

$$H_3C-C\overset{\overline{O}|}{\underset{|\underline{O}H}{{}}} + H_3C-CH_2-\overline{O}H \longrightarrow H_3C-C\overset{\overline{O}|}{\underset{|\underline{O}-CH_2-CH_3}{{}}} + H_2O$$

$$H_3C-C\overset{\overline{O}|}{\underset{|\underline{O}H}{{}}} + H_3C-CH_2-\overline{O}H \rightleftharpoons H_3C-C\overset{\overline{O}|}{\underset{|\underline{O}-CH_2-CH_3}{{}}} + H_2O$$

c Zum Zeitpunkt II befinden sich bestimmte Konzentrationen von Ethansäure, Ethanol, Ethansäureethylester und Wasser im Kolben A, diese entsprechen auch denen im Kolben B. Wenn sich ein chemisch dynamisches Gleichgewicht eingestellt hat, dann erfolgen sowohl Hin- als auch Rückreaktion gleich häufig und die Konzentrationen ändern sich deshalb nicht mehr.

113 a

b Das dargestellte Molekül enthält nur gesättigte Fettsäuren, damit treten keine
„Knicke" im räumlichen Bau auf und somit können besser VAN-DER-WAALS-Kräfte ausgebildet werden. Außerdem enthält
es mit Palmitinsäure im Vergleich zu Buttersäure längerkettige Fettsäuren, aufgrund
derer ebenfalls mehr VAN-DER-WAALS-
Kräfte ausgebildet werden können.

Mit den damit größeren zwischenmolekularen Anziehungskräften steigt
somit auch die Schmelztemperatur (dieses Reinstoffes), da mehr Energie
aufgebracht werden muss, um diese Kräfte zu überwinden und das Fett
damit zum Schmelzen zu bringen.

114 Mechanismus der Verseifung:

Gesamtgleichung der Verseifung:

115 a (Z,Z,Z)-Octadeca-9,12,15-triensäure (Trivialname: α-Linolensäure)

  b Hexadecansäure (Trivialname: Palmitinsäure)

  c (Z)-Octadec-9-ensäure (Trivialname: Ölsäure)

116

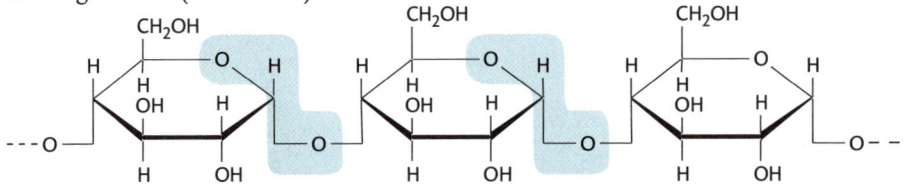

117 Es handelt sich um eine Kondensationsreaktion: zwei kleinere Moleküle (hier Glucose) reagieren unter Abspaltung eines kleinen Moleküls (hier Wasser) zu einem größeren (hier Stärke).

118 z. B.

Erklärung: Die Positionen der Hydroxygruppen an den Kohlenstoffatomen 2–5 in der offenkettigen Form sind variabel. Sie müssen nur berücksichtigen, dass die FLOH-Regel eingehalten wird, wobei die Position der Hydroxygruppe an C-Atom 1 in der HAWORTH-Projektion wiederum variabel ist. Das Sauerstoffatom im Ring stammt von der Hydroxygruppe des Kohlenstoffatoms C4 aus der offenkettigen Form.

119

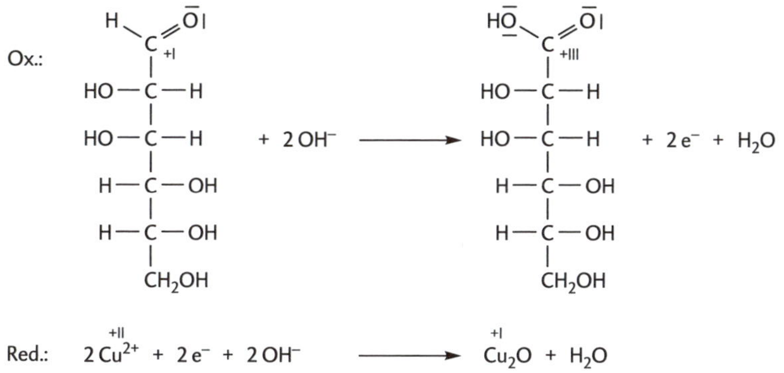

Ox.:

$$\text{(Glucose oxidation)} + 2\,OH^- \longrightarrow \text{(Gluconic acid)} + 2\,e^- + H_2O$$

Red.: $2\,\overset{+II}{Cu^{2+}} + 2\,e^- + 2\,OH^- \longrightarrow \overset{+I}{Cu_2O} + H_2O$

120 Durch das Vorkommen von 20 Aminosäuren mit unterschiedlichsten Resten gibt es eine Vielzahl an Kombinationsmöglichkeiten innerhalb eines Proteins. Da die Reste sehr unterschiedlich sind und verschiedenste Wechselwirkungen mit den Resten der anderen Aminosäuren eines Proteins eingehen können (z. B. Wasserstoffbrücken bei zusätzlichen Carboxy-/Hydroxy-/Aminogruppen, VAN-DER-WAALS-Kräfte bei Alkylresten), kommen auch verschiedenste räumliche Anordnungen zustande.

121

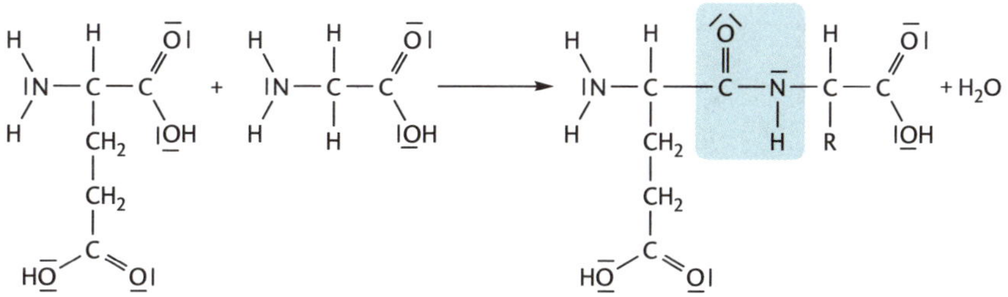

122   Strukturformeln   IUPAC-Namen

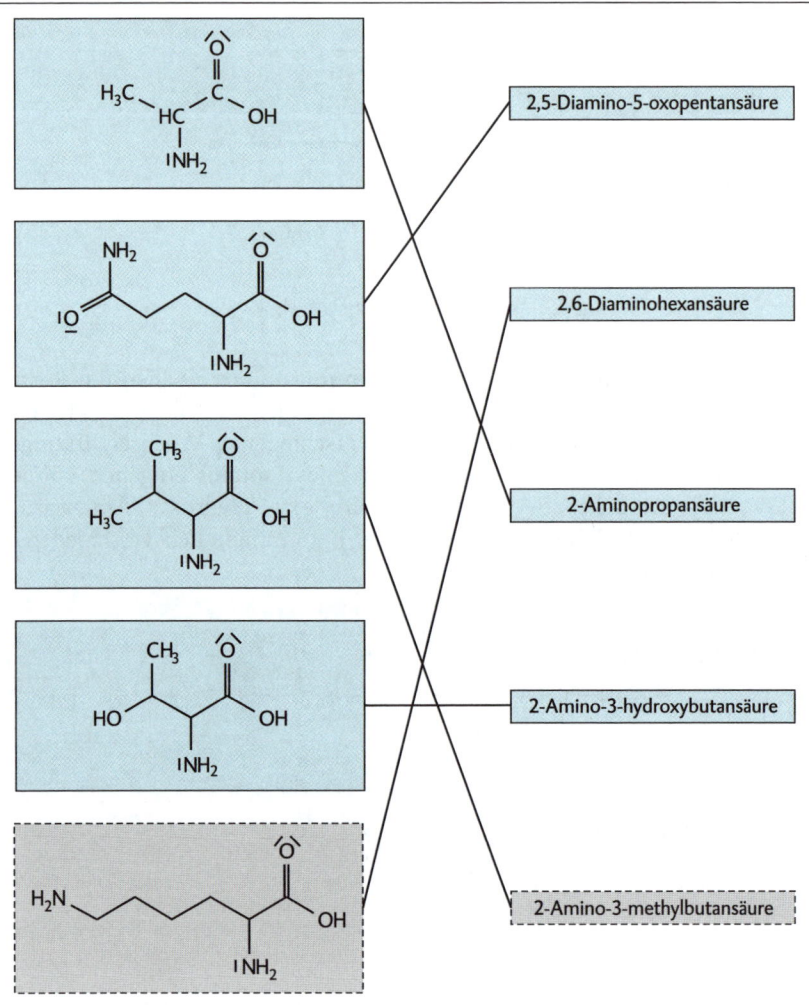

Stichwortverzeichnis

Addition
- nukleophile 139 ff., 154
- elektrophile 119 ff.
Aldehyd 125 ff.
- Nachweis 137 f.
Alkan 107 ff.
Alken 107 ff.
Alkin 109 ff.
Alkohole 125 ff., 136 f.
- Konstitutionsisomerie 127
Alkylrest 126 ff.
Akkumulator 88
Aktivierung 50 ff.
Aminosäuren 157 ff.
- Aminogruppe 157
- Eigenschaften 158 f.
- Reaktionen 159
Ammoniak
- -wasser (Ammoniak-
  lauge) 72
Ampholyt 68
Analyse 58
ARRHENIUS 67
Autoprotolyse 74
Atom 2 ff.
- -bausteine 4
- -masse 96 f.
- -modell nach DALTON 3
- -radius 13 f.
Aufbauregel 5
AVOGADRO
- -Konstante 97
- Satz von ~ 99

Barytwasser (Barytlauge) 72
Base 66 ff.
- basische (alkalische)
  Lösungen 71
Batterie 88
Biomoleküle 150 ff.
BOHR 5
- Schalenmodell 5
Brennstoffzelle 88 ff.

Carbonsäure 125 ff.
- -ester 140 f.
- Protolyse 134 ff.
- -ester 125
Carbonyl
- -gruppe 125 f.
- -verbindung 125 ff.
Carboxygruppe 125, 159
Chemische Formel 18 ff.
Chrom 87
- Oxidationsstufe 87

DANIELL-Element 89
Dichte 88, 117
Donator-Akzeptor-Prinzip 68,
  83

Edelgas 8
- -konfiguration (Edelgaszustand) 8 f.
Edukt (Ausgangsstoff) 56
Element 4 ff.
- -symbol 18, 20
Elektrochemie 87
- elektrochemische
  Spannungsreihe 88
Elektronegativität 13 f.
Elektrolyse 88, 90
Elektronen
- -affinität 13 f.
- -akzeptor 32, 82
- -donator 32, 36, 82, 138
- -duplett 9
- -gas 35 f.
- -konfiguration 5, 7
- -oktett 9, 26
- -paarabstoßungsmodell
  (EPA) 26
- -paarbindung 24 ff.
- -sog 134
endotherm 47 ff.
Energie 45 ff.
- Aktivierungs-~ 51 f.
- chemische ~ 46

- diagramm 49 ff.
- -erhaltungssatz 46
- innere 46 f., 49 f.
- Mindest-~ 50 ff.
- Reaktions-~ 47
- -umsatz 56
Ester 125 f.
- -bindung 125
- -hydrolyse 140, 142 f.
- -kondensation 140 ff.
Ethan 107 f.
- -säure (Essigsäure) 71
exotherm 46 ff.

FEHLING-Probe 137
- bei Kohlenhydraten 156
Fette 150 ff.
- Eigenschaften
- gesättigte Fettsäuren 151
- Reaktionen
- Struktur 150 f.
- ungesättigte Fettsäuren 150
FISCHER-Projektion 154, 167
Fructose 154
Funktionelle Gruppen 125

Galvanisches Element 89
Galvanisieren 88, 90
Gleichgewicht 63 f., 135 f.
- chemisches 63, 143 f.
- -spfeil 136, 142
- -sreaktion 63 f.
- bei Zuckern 154 f.
Glucose 154 f.
glycosidische Bindung 156

Halbacetal 138 ff.
Halbmetall 11
Halbketal 138 ff.
Halbstrukturformel 70, 108,
  116
Hauptquantenzahl 5
HAWORTH-Projektion 155
homologe Reihe 108, 126
Hydratation 40

Hydroxidion 67, 69, 71 ff.
Hydroxygruppe 125, 127

Index 18
Indikator 66
Iod-Stärke-Nachweis 156
Ionen 2, 4, 30 ff.
• -bindung 30
• -gitter 30
• -gleichung 33
Ionisierungsenergie 12 f.
Isomerie 110 ff.
• Konformations-~
  (Strukturisomerie) 110
• Konstitutions-~ 110
• Stereo-~ 110
• -E/Z-Isomerie bei Alkenen
  110 ff.
Isomere 110 ff.
Isotop 4

Kalilauge 72
Kalkwasser 72
Katalyse 50
Katalysator 50
Keilstrichformel 109
Keton 125 f.
Kern-Hülle-Modell 3, 5
Kernladungszahl 4, 13
Kohlensäure 70
Kohlenwasserstoffe 107 ff.
• Benennung 114
• Dichte 117
• gesättigte 107
• Isomerie 110
• Löslichkeit 116 f.
• räumlicher Bau 108
• Reaktionen 117 ff.
• Schmelz- und Siede-
  punkte 114 ff.
• ungesättigte 107
• Viskosität 117
Sauerstoffhaltige Kohlen-
  wasserstoffe 125 ff.
• Benennung 128
• Isomerie 127
• Löslichkeit 133
• räumlicher Bau 126 f.
• Reaktionen 134 ff.
Schmelz- und Siedepunkte
  132
• Strukturen 125 ff.
Kohlenhydrate 153 ff.
• Eigenschaften 155 f.

• Reaktionen 155 ff.
• Stereoisomerie 154
• Struktur 153 f.
Kohlenstoff 9 f.
• -modifikationen 9 f.
Kondensation
• Ester-~ 140 ff
• bei Zuckern 155
• bei Aminosäuren 159

Legierung 35
Leitfähigkeit
• elektrische 36
• thermische 36

Mangan 87
• Oxidationsstufe 87
Masse 96 f.
• Atom-~ 97
• Formel-~ 97
• Molekül-~ 97
• Teilchen-~ 97
Massenzahl (Nukleonenzahl)
  4
Mesomerie 135
Metall 11, 35
• -bindung 35
• -gitter 35
• edle Metalle 36
• unedle Metalle 36
Methan
• -säure (Ameisensäure) 71
Mol 48, 98
Molare Masse 98
Molare Reaktionsenergie 102
Molares Volumen 99
Molekül 2, 23 ff
• -formel 18, 23 f
• -geometrie 26
• -masse 97

Natronlauge 72
Neutralisation 72
Nichtmetall 11
Nomenklatur
• allgemeine Regeln 19 f.
• IUPAC-Regeln 112,
• von Carbonsäureestern 141
• von Molekülen 23
• von Salzen 31
• von Kohlenwasserstoffen
  112
• von sauerstoffhaltigen
  Kohlenwasserstoffen 128

Normalbedingungen 99
Nukleonenzahl (Massen-
  zahl) 4

Orbital 6
• -modell 6
• Molekül-~ 24
Oxalsäure 71
Oxidation 82 ff.
• von Alkoholen 136 f
• -smittel 83, 136
• -szahl 83
Oxoniumion 67

Partialladung (Teil-
  ladung) 27, 39
Peptid 157 ff.
• -bindung 158
Periodensystem 4, 11 ff.
Phosphorsäure 70
Phosphorige Säure 70
pH-Wert 73 f.
Polarität 27,
• polare Bindung 27
• polare Stoffe 27, 40
• unpolare Stoffe 27, 40
Produkt (Endstoff) 47, 56
Protein 157 ff.
Protonen 4, 67
• -akzeptor 67
• -donator 67
Protolyse 68, 74
• von Carbonsäuren 134

Radikalische Substitution
  118 f.
• bei Alkanen 118
Räumlicher Bau 109, 126
• von Alkanen 109
• von Alkenen 109
• von Alkinen 109
Reaktion 45 ff.
• Aufstellen von ~ 47, 49
• -sgleichung 32 f., 56 ff.
• Säure-Base-~ 66 ff.
• -stypen 58
Redoxreaktion 82 ff.
• korrespondierende Redoxpaare 83
Redoxgleichung 82 f., 100
• Aufstellen von ~ 84 f.
Reduktion 82 ff.
• -smittel 83
Reinstoff 56

RGT-Regel 52
RUTHERFORD 3
- Streuversuch 3

Saccharide 153 ff.
- Mono-~ 153 f.
- Di-~ 153 f.
- Poly-~ 153 f.
Salpetersäure 70
Salpetrige Säure 70
Salz 30 ff.
Säure 66 ff.
- ARRHENIUS 67
- BRÖNSTED 67
- korrespondierendes Säure-
  Base-Paar 68
- mehrprotonige ~ 73
- saure Lösungen 68
- Schwefel-~ 71
- Schweflige ~ 70
Silberspiegelprobe (TOLLENS-
  Probe) 137 f., 165, 199
- bei Kohlenhydraten 156
Skelettformel 109, 126

Stoffklassen 106 ff., 125 f.
Stoffmenge 47, 75 ff., 97 ff.
- -nkonzentration 199 f.
Strukturformel 108 f., 116
Synthese 32, 58

Teilchen 2 ff.
- -masse 97 f.
- -zahl 97
Titration 75

Umsetzung 58
Übergangszustand 51

VAN-DER-WAALS-Kräfte 38 f.,
  114, 130 f.
Valenz
- -elektron 7 ff.
- -schale 7
- -schreibweise (Valenz-
  strichformel, LEWIS-
  Formel) 7, 25 f.
Verbrennung 117 f.
- vollständige ~ von KW 117
- unvollständige ~ von KW
  117

Verhältnisformel 18, 31
Verseifung 142 f.
- von Fetten 152 f.
Vollacetal 140 f.
Vollketal 140 f.

Wasserstoff
- -bromid 70
- -brücken 38 f., 130 f.
- -chlorid 70
- -fluorid 70
- -iodid 70
Wertigkeit 12, 20 ff., 30
Wechselwirkungen 38 ff
- Dipol-Dipol-~ 38 f., 131
- intermolekulare (zwischenmolekulare) 38 ff., 130
- Ion-Dipol-~ 38 f.
Wortgleichung 57

Zwitterion 158

Quellenverzeichnis

Umschlagbild: © Ca-ssis/iStockphoto
Kapitelbild 1:
    Mann mit Modell © DragonImages – Fotolia.com
    CO2-Molekül © ibreakstock-Fotolia.com
    Salzgitter © natros – Fotolia.com
    Salzgitter 2 © molekuul.be – Fotolia.com
    Benzol-Modell © Jose Gil – Fotolia.com
Seite 10:
    Diamant takasumi.123rf.com
    Graphit 123rf.com
Kapitelbild 2: © Smileus – Fotolia.com
Kapitelbild 3:
    Feuerwerk © Botond Horvorth / 123RF
    Fahrrad © Bidouze Stephane / 123RF
    Reagenzglas/Brenner © luchschen / 123RF
    Spiegelei © Liliia Rudchenko / 123RF
Kapitelbild 4:
    Waage © WavebreakMediaMicro – Fotolia.com
    Becherglas © Schlierner – Fotolia.com
    Titration © bigy9950 – Fotolia.com
    Pipettieren © tarekhouzam – Fotolia.com
Seite 100: Autoabgase 123rf.com
Seite 102: Messenger Raumsonde NASA / JHU/APL

Der Verlag hat sich bemüht, die Urheber der in diesem Werk abgedruckten Abbildungen ausfindig zu machen. Wo dies nicht gelungen ist, bitten wir diese, sich gegebenenfalls an den Verlag zu wenden.

Bist du bereit für deinen Einstellungstest?

Hier kannst du testen, wie gut du in einem Einstellungstest zurechtkommen würdest.

1. **Allgemeinwissen**
Der Baustil des Kölner Doms ist dem/der ... zuzuordnen.

a) Klassizismus   b) Romantizismus
c) Gotik   d) Barock

2. **Wortschatz**
Welches Wort ist das?

N O R I N E T K T A Z N O

3. **Grundrechnen**
-11 + 23 - (-1) =

a) 10   b) 11   c) 12   d) 13

4. **Zahlenreihen**
Welche Zahl ergänzt die Reihe logisch?

17 14 7 21 18 9 ?

5. **Buchstabenreihen**
Welche Auswahlmöglichkeit ergänzt die Reihe logisch?

e d f f e g g f h ? ? ?

a) h i j   b) h g i   c) f g h   d) g h i

Lösungen: 1 c; 2 Konzentration; 3 d; 4 27; 5 b

Alles zum Thema Einstellungstests findest du hier:

www.stark-verlag.de   **STARK**